老龄社会研究报告
（2019）

REPORT ON THE DEVELOPMENT OF AGEING SOCIETY
(2019)

大转折：从年轻社会到老龄社会

主　编／易　鹏　梁春晓
盘古智库老龄社会研究中心
老龄社会30人论坛

社会科学文献出版社
SOCIAL SCIENCES ACADEMIC PRESS（CHINA）

主要编撰者简介

易 鹏 盘古智库创始人、理事长，老龄社会30人论坛轮值主席，中联部"一带一路"智库合作联盟理事。2017年5月和2019年4月先后参加首届和第二届"一带一路"国际合作高峰论坛，2017年11月受邀参加中国共产党与世界政党高层对话会，2018年4月受邀参加博鳌亚洲论坛并发言，2018年11月参加财政部美国研究智库联盟闭门研讨会和北京团市委的闭门研讨会等。在国新网、新华社、《人民日报》、《光明日报》、《经济日报》、《新加坡联合早报》、《印度经济时报》等国内外重要媒体、期刊上，围绕"一带一路"、全球治理、区域产业发展等热点问题发表评论、研究文章500余篇。主持或参与10余项课题研究，包括"盘古智库丝绸之路经济带""电子商务与城镇化路径""贵州生态旅游发展规划""中国经济可持续发展的能源战略方向——煤炭清洁利用"等。出版书籍10余部，包括《下一个黄金时代——"一带一路"节点国家态度研究》《中国新路——新型城镇化路径》《低碳真相》《盘古智库谈"一带一路"》《盘古智库谈城镇化》《盘古智库谈创新创业》《重新发现土耳其》等。

梁春晓 老龄社会30人论坛发起人，信息社会50人论坛轮值主席，阿里研究院高级顾问，北京市信息化专家咨询委员，中国信息经济学会常务理事，苇草智酷联合创始人，盘古智库学术委员，盘古智库老龄社会研究中心主任，曾任阿里巴巴集团高级研究员、副总裁，阿里研究中心主任和阿里研究院学术委员会主任，长期专注于电子商务、信息社会、老龄社会和社会创新领域研究。

王俊秀 中国信息经济学会信息社会研究所所长，信息社会 50 人论坛成员，老龄社会 30 人论坛成员，苇草智酷创始合伙人，互联网实验室联合创始人，阿里研究院学术委员会副主席，主要关注领域：互联网、信息社会与中国转型。

马旗戟 信息社会 50 人论坛成员，老龄社会 30 人论坛成员，盘古智库老龄社会研究中心执行主任，国家广告研究院研究员，中国商务广告协会数字研究院院长，中国大陆最早期的市场研究从业者，中国首批注册咨询师之一，主要研究领域为市场与消费、媒体、广告与营销、商业市场分析和咨询。

李 佳 盘古智库老龄社会研究中心副主任、研究员，曾长期从事信息分析的理论研究与工作实践，现致力于探寻老龄社会下各领域各层面的机遇和挑战，同时追踪人工智能在场景应用上的最新动态和观察零售业的变化趋势。

王 岳 盘古智库副秘书长、盘古智库老龄社会研究中心秘书长。

老龄社会30人论坛

老龄社会 30 人论坛由盘古智库、信息社会 50 人论坛、中国人民大学中国创新公益研究院、北京大学中国社会与发展研究中心和思德库养老信息化研究院等机构共同发起成立，旨在汇聚各方专家学者等有识之士，成为老龄社会领域的研究、交流和影响力平台。

论坛成立于 2018 年 4 月，秘书处设在盘古智库老龄社会研究中心。论坛致力于站在人类发展和社会转型的高度，从趋势、特征、文化变迁和公共政策等维度，结合数据和案例，组织老龄化、信息化和城镇化等不同领域的专家学者，深入研究和交流老龄化对社会结构、社会形态及其演化的全方面影响，形成有影响力的研究成果。

论坛以微信公众号等媒介为载体，借助盘古智库媒体矩阵，推动老龄社会领域的交流和传播，扩大论坛影响力。

盘古智库

盘古智库（The Pangoal Institution）成立于 2013 年，总部位于北京，是由中外知名学者共同组成，植根于中国的公共政策研究机构。智库秉持"天地人和、经世致用"理念，以"客观、开放、包容"的态度，深耕于"一带一路"沿线国别研究与民间外交、区域产业与新经济、老龄社会、宏观经济与金融等领域，服务国家大政方针。

作为中国最具影响力的社会智库之一，盘古智库汇聚了 350 余位在国内外学界、政界、智库界、企业界声望卓著的专业人士担任高级顾问、学术委员、高级研究员及研究员，设有研究中心 14 个；举办了包括"2016 香山全球智库论坛""'一带一路'倡议高层会议""盘古智库—韩国东亚基金会中韩战略对话""老龄 30 人论坛""人工智能沙龙"等在内的高水平国际论坛逾 400 场、活动研讨 800 多场、内部头脑风暴 1000 余场；发布公开报告 100 多份。智库还作为主要发起单位，倡议成立了由中国、美国、德国、意大利、印度、韩国、新加坡、加拿大等海内外 50 余家一流智库组成的"全球治理智库连线"，大大提高了中国智库在全球治理中的话语权。全球多位前政要和各领域资深学者都曾到访智库，并深度参与智库的建设和交流。

盘古智库是中联部"金砖国家智库中方理事会"成员、财政部"美国研究智库联盟"理事单位、中联部"一带一路"智库合作联盟理事单位，多个部委和地方政府的合作咨询单位；连年荣膺美国宾夕法尼亚大学"智库研究项目"（TTCSP）亚洲最佳智库；在国内多个智库排行榜中位列影响力之首。

摘　要

2018 年，中国人口结构开始出现转折性变化。年初，老龄人口年增长首次突破 1000 万。年末，出生人口数量骤减，人口出生率创历史新低；劳动年龄人口首次跌破 9 亿，比预期早了五年。

老龄化的加剧，主要来自长寿、少子、迁移三个方面。寿命的不断延长，是老龄化的发动机，推动着人口年龄"金字塔"顶部的不断扩大。生育率的持续下降，是老龄化的加速器，推动着人口年龄"金字塔"底部持续缩小。大规模的迁移流动，是老龄化的变压器，加剧或缓解着当地人口年龄结构的变化。与发达国家相比，中国在改革开放、计划生育、城镇化等多重政策的共同作用下，寿命快速提高、生育快速下降、迁移快速增长。这就使中国在短短的几十年里，进入了发达国家历经百年才走到的老龄化社会。

从全球老龄化进程看，发达国家老龄化起步最早，发展中国家老龄化速度更快，全球老龄化已是大势所趋。从中国老龄化进程看，随着国家、社会对老龄化的重视和行动，以及经济的发展，中国正从未备先老、未富先老到边备边老、边富边老。

相较年轻社会，老龄社会里，各个群体的世界观、人生观、价值观等将通过一系列对生命、传统、伦理和家庭的具体文化表现和社会行为进行新的构建，从而产生出不同于以往的表征。一是从人口特征上看，个体的生命长度、生命周期、生活方式等变化显著；人口总量、劳动年龄人口数量、老龄人口数量先升后降；老龄人口与少儿人口在总人口中的比重转换，人口年龄结构倒置；城乡分布、区域分布不均衡现象突出。二是从社会关系上看，家庭变迁加剧，养老压力日益加大；家庭和社会代际矛盾增加；参与社会生产的方式更加多样。三是从社会规则上看，老龄群体的社会地位提升、社会作用增强；社会管理体系重心转移。四是从文化心理上看，传统"孝"文化发生变化，文化形式更加多样，但全社会普遍对老龄社会心理准备不足。

老龄社会关乎民生，但更重要的是事关经济。老龄社会下经济的可持续发展，是老龄化机遇和挑战的关键节点。需要重新从供给、需求、竞争、创新等维度出发，对传统的经济理论、经济模式、生产方式、增长动力、产业结构、收入分配和市场供需等做出重大调整和改变，以推动老龄社会的可持续发展。中国在老龄化与经济中速增长趋势交织并进的情况下，为避免结构性失业、劳动力成本上升等矛盾，提高全要素生产率迫在眉睫。同时，围绕老龄社会催生的大量新需求，借势信息化的发展，"互联网＋"可以更多地赋能老龄群体，令他们深度参与经济社会活动；适老、养老、助老产品和服务需求将更加多层次多样化，相关产业迎来发展机遇期；增加公共产品投资，将适老化作为智慧城市建设考量因素等都是老龄社会新的经济增长点。

积极应对老龄社会，政府的主导作用至关重要。为此，政府应充分发挥公共服务和管理职能，以参与、包容、融合、精准、可持续为政策制定原则，突出差异性、公平性、全面性和创新性，科学制定人口政策、保障政策、产业政策，鼓励技术进步，加快从年轻社会到老龄社会的制度创新。

综上所述，老龄社会带来的机遇和挑战是全局的、长期的、不可逆转的，不是局部的，也不是暂时的；不限于养老，也不限于社会保障。面对老龄社会，必须打破老龄社会就是解决如何养老的思维桎梏，从经济发展和社会可持续的角度，充分认清老龄社会潜在的巨大价值，积极推动市场创新、社会创新和政策创新，催生适应老龄社会的创新平台、创新模式、创新产品和创新生活方式，从而创造出一个任何年龄都可以追求美好生活的幸福社会。

Abstract

Ageing, which refers to the dynamic development trend of the proportion of the elderly population in the total population, is a product of economic and social development, as well as a major issue human society has to face in the 21st century. Its influence is wide-ranging in almost all fields and all levels, including people's livelihood, economy, culture, politics, even urban and rural, regional and international strategic patterns. Aging constitutes a cognitive background and basic force for reshaping human society with informatization, urbanization, and globalization, In 2018, Chinese demographic structure began to change. At the beginning of the year, the annual growth of the elderly population exceeded 10 million for the first time. At the end of the year, the number of births declined sharply, and the birth rate fell to a historical low. The working-age population dropped below 900 million for the first time, five years earlier than expected. There was a strong impact of aging on Chinese livelihood, economy and society throughout the year. Therefore people are waiting for a "Dwelling in the Fuchun Mountains" which represent a outline of a future about the aging society, in order to form a cognitive system and action strategy for the aging society.

Under the guidance from the experts and scholars of the 30 – person forum of the aging society, as well as on the basis of launched the "Top Ten Issues in the Ageing Society" and the "Aging Society Consensus of the Aged Society", the Pangoal Ageing Society Research Center started research on the dynamics and development trend of global aging, Chinese aging development process, aging social representation, aging social and economic development, public policy recommendations, etc. The main points are as follows:

The main powers of aging are longevity, lower birth rate and migration. The longevity of life is an engine of aging which drives the expansion of the top of the population age pyramid. Meanwhile, birth rate consistently decreased is a booster of aging, which pushes the bottom of the population age pyramid to continue to decline. What's more large-scale migration are the aging transformers that exacerbate or alleviate changes in the age structure of the local population. Compared with developed countries, under multiple policies such as reform and opening up, family planning, and urbanization, China has led to rapid growth in life expectancy, rapid decline in birth rate, and rapid migration, which has enabled China to catch up the aging level that developed countries have often reached in a few hundred years in just few decades.

According to the global aging process, the aging of developed countries is the earliest, while the aging of developing countries is faster, and the global aging is the trend of the times. From the perspective of Chinese aging process, with the attention and actions of the country and society on aging, as well as the development of the economy, China has translated from "never prepared for the old" to "get rich and old together".

Compared with younger society, the world outlook, outlook on life, and values of each group in the aging society will produce a different characterization than before.

Through newly constructing a series of specific cultural expressions and social behaviors of life in life, tradition, ethic and families. First of all, from the perspective of demographic characteristics, the individual's life length, life cycle, and lifestyle have changed significantly; the total population, the number of working-age population, and the number of the senior rose before fell; the proportion of the elderly and children exchanged, which makes the age structure of the population inverted; the imbalance between urban and rural distribution and regional distribution is salient. Second, according to the social relations, families structure changes a lot. Therefore, the burden of pension has become heavier, as well as the contradictions from generation gaps of families and society have increased. Meanwhile the methods of families participating in society have become diverse. Third, from the perspective of social rules, the social status of the aging has increased, moreover, the role of society has enhanced; the focus of the social management system has shifted. Forth, from the cultural psychology, the core of traditional culture about "filial piety" has changed, and the cultural forms are more diverse. However, the whole society prepared for the ageing society inadequately.

Although the aging society is related to people's livelihood, more importantly, it is related to economy. The economic sustainable development which is under the aging society is the key opportunity and challenge of aging. To promote the sustainable development of an aging society, it is necessary to re-examine and change the traditional economic theory, economic model, production mode, growth momentum, industrial structure, income distribution, market supply and demand from supply, demand, competition and innovation. In the context of aging and the rapid growth of the economy, it is imminent for China to productivity, in order to avoid structural unemployment, rising labor costs and other contradictions. Meanwhile, focusing on the large number of new demands spawned by the aging society, and with the development of information technology, "Internet Plus" can give more elderly people ability and energy, which can make them participate in economic and social activities. In addition, the pension products and service demand, which are suitable for the elderly and help them, will become more multilevel diversification, as well as related industries meet development opportunities. Increasing public product investment, taking aging as a consideration for smart city construction are all new economic growth points under the new situation of aging society.

To welcome the aging society actively, the leading role of the government is crucial. Therefore, government should give full play to public service and management functions. In addition, according to principles of participation, inclusion, integration, precision, and sustainability, highlighting differences, fairness, comprehensiveness, and innovation, government have to formulate population policies, safeguard policies, industrial policies and encourage technological progress scientifically to accelerate institutional innovation from young to old age.

Generally speaking, the opportunities and challenges brought by the aging society are global, long-term, irreversible, not partial and temporary; they are not only for the elderly, but also for social security. Facing an aging society, it is necessary to break the thinking shackles of the aging society, which aim to solve the problem of caring for the elderly, stand in the dimension of economic development and social sustainability, fully recognize the huge potential value of the aging society, promote market innovation, social innovation and policy innovation, and promote the innovation platform, models, products and lifestyles to adapt to the aging society actively, thus creating a happy and beautiful society that can pursue a better life at any age.

前　言

2016 年 5 月 27 日，中共中央政治局就我国人口老龄化的形势和对策举行第三十二次集体学习，习近平总书记明确提出要积极看待老龄社会，"老龄社会"一词正式出现在党和国家领导人的讲话中。

回溯人类社会历史，长生不老一直是人类孜孜以求的美好夙愿，科技进步、环境改造的动力皆源于此，人类的寿命也因此不断增长，现在平均寿命已经超过了 70 岁。长寿、少子、城镇化的发展使得社会呈现出老龄化趋势。大约在 80 年前，欧洲学者开始探寻年龄结构变化对经济的影响，国际社会日益重视老龄化现象及其对人类社会产生的影响，老龄产业随之而起、逐渐壮大、蓬勃发展，人口老龄化由涓涓细流变成裹挟社会方方面面关键要素的一股洪流，拍打撞击着社会发展形态的固有堤岸，不断向新的领域蔓延扩散。

作为全球人口大国，中国老龄化带来的问题和影响不仅关系到老年人的养老问题，还牵动着经济结构调整、城镇化进程、社会生活方式的变革。1999 年末，中国 60 岁以上老龄人口比重达到 10.3%，中国进入了老龄社会，并且将从快速老龄化阶段、急速老龄化阶段发展到深度老龄化阶段、重度老龄化阶段，呈现出超大规模的老龄人口、超快速度的老龄化进程、超高水平的老龄化程度、超级稳定的老龄化形态。因此，未来百年也被称为"老龄化世纪"。

在过去几十年中，我国相关部门和社会对老龄问题的认知随着养老领域研究的深入而不断升级迭代。1996 年以前，养老在"八五"发展计划的文件标题中写作"老年医疗保健"，"九五"计划时期开始使用"老年事业发展"的提法。1982 年第一届世界老龄大会的主旨是"提高能力应对老龄化，保证老龄群体生活能够得到有效保障，使之有机会对经济社会发展做出贡献"。2002 年，第二届世界老龄大会的主张则变成"建立一个不分年龄，人人共享的社会"。2012 年以后，在《老龄事业"十二五"规划》《社会化养老服务体系建设规划（2011～2015)》以及民政部"129 号文件"指导下，大量资金和资源进入老龄产业，中国现代化老龄事业进入高质高速发展阶段。

在此背景之下，2018 年 4 月由盘古智库联合信息社会 50 人论坛、中国人民大学中国创新公益研究院、北京大学中国社会与发展研究院、思德库养老信息化研究院等机构共同发起成立"老龄社会 30 人论坛"，论坛成员包括多位来自人口、经济、文化、科技等多领域的专家学者，以及在老龄社会发展中先行先试的优秀企业和社会团体等。盘古智库老龄社会研究中心作为老龄社会 30 人论坛的执行机构，致力于根据老龄化发展趋势，从全面、系统和长远的角度研究老龄化对政策、经济、科技、社会、宗教等的多方面影响；搭建政府与高校、社会机构与企业间的交流平台，探索政府和市场如何应对老龄社会中的挑战与机遇。迄今为止，"老龄社会 30 人论坛"已举办了七次专题研讨会，发布了《老龄社会十大议题》和《老龄社会香山共识（2018)》，倡导积极应对老龄化的价值取向和实践模式，获得了良好的社会反响，成为老龄社会领域的专家研究、交流和推介思想成果的优质平台。论坛站在人类发展和社会转型的高度，从趋势、特征、文化变迁和公共政策等维度，结合数据和案例，组织老龄化、信息化和城镇化等不同领域的专家学者，深入研究和交流老龄化对社会结构、社会形态及其演化的全方面影响，其所形成的既有成果也成为本书策划与编撰的基本材料。

我们发现，当前学术界关于老龄问题的研究主要聚焦在形成机制、发展态势、对经济社会文化影响等领域，研究的广度、深度和理论性、系统性还在不断提升之中，跨学科、跨领域研究不足，现有研究人员力量分散且专业素养有待提高，研究成果实证性、针对性和可操作性不足，数据支撑匮乏，亟须进行老龄产业相关领域信息化网络的建设与共享，尤其缺乏对老年科学学科和涉老交叉学科理论的体系化构建与创新。而老龄化与老龄产业发展则呼唤老年心理学、老年护理学、临终关怀等养老服务类专业的规模化与规范化，推动医养结合、智慧养老、养老金融、互助式养老等新模式、新手段的精准运用与深度融合，促进人口老龄化从单一学科问题演变成辐射社会多个领域的立体交叉学科。因此，无论是从学科演进的角度还是从老龄事业发展的角度来看，这样一个覆盖民生、经济、社会全产业链的老龄社会的到来，都是人类社会发展过程中一个必然的历史性转折。

《老子》云，道与名，众妙之门；夫唯道，善贷且成。比起老龄化的现象与局部对策研究，更为关键的是全学科、全产业链式老龄社会的研究，唯其系统性、综合性，才能实现从问题研究到社会形态研究、从解决问题到建构新的社会形态的转变，其本质上是从"应对之术"到"应对之道术俱进"的转变。

从 2016 年开始，中国学界开始提出"老龄社会"概念，从内容、性质、根源、表现形态等方面对老龄问题进行了重新界定，出现了一批主张从社会形态理论和人类社会发展兴衰之道的高度重新认识老龄问题的学者，研究视角从单纯关注老年人问题拓展到结构性问题、社会形态问题和探寻老龄社会的兴衰之道。

本书的立意正在于推动中国老龄研究理论的整体发展从"人口老龄化研究"阶段迈向"老龄社会研究"阶段。首先，站在人类发展和社会转型的高度，跳出传统的养老、人口保障的局限，从趋势、特征、文化变迁和公共政策等维度，结合数据和案例，深入研究和探讨老龄社会下社会结构、社会形态的全面转型。其次，将老龄化与全球化、城市化、信息化、智能化等趋势联系起来，深入探讨了老龄社会下乡村振兴、文化建构、社会创新、经济转型等热点问题。最后，综合运用定性、定量、专家座谈和大数据分析等研究方法，对老龄社会进行了前瞻性、整体性、全方位、大视野的研究。

我们会集了在养老领域深耕多年的权威专家和优秀学者，对老龄社会发展与研究现状做了全面、细致、深入的调研与分析，开拓广阔视野、注重实证与实操、走在学科前沿，共同为社会献上这部集理论开创性、案例丰富性和实践可行性于一体的《老龄社会研究报告》。

书中各篇，或通过社会调查、内容分析、模型构建、统计分析等多种研究技术摸清老龄社会整体状况、特征和发展趋势；或通过深度访谈、焦点小组、田野调查等定性研究法洞察老龄社会痛点，运用新思维，产生新观点，探索总结新模式；或针对热点议题及时组织相关领域专家座谈，群策群力，深化认识；或综合使用文献分析法、历史比较分析法和逻辑思辨法深入分析老龄社会与各领域、各主体之间的关系，进行全方位、系统化、整体性理论分析；或充分发挥信息化优势，进行老龄大数据挖掘与分析，力图将老龄社会的变革性与未来该领域发展的整体趋势与基本对策囊括其中。

就在本书编撰的过程中，2018 年底，国务院提出要探索建立国家级老龄科学新兴学科群，建立国家级老龄科学研究交流平台、成果信息共享发布平台和老龄科学重要成果研究报告发布制度，为积极应对老龄化提供理论支持，我辈大受鼓舞，同时我们也意识到，解决老龄社会问题需要更多有高度历史责任感和家国情怀的人的参与。2019 年，全国性的老龄科学大会将会召开，期待更多有识之士与我们同行共勉，为老龄社会研究与老龄事业的发展贡献智慧成果。

盘古智库创始人、理事长

老龄社会 30 人论坛轮值主席

目 录

Ⅲ 专题篇

Ⅳ 实践篇

V　借鉴篇

VI　附录

总　报　告

ℝ.1

大转折：从民生、经济到社会

总报告编写组*

摘　要：　人口老龄化影响之广之深，遍及民生、经济、文化、政治，
以及城乡、区域和国际战略格局等几乎所有领域、所有层面。
老龄化正同信息化、城市化、全球化一道，构成重塑人类社
会的认知背景和基础力量。2018 年，中国人口结构开始出现

* 梁春晓，老龄社会30人论坛发起人，信息社会50人论坛轮值主席，阿里研究院高级顾问，
北京市信息化专家咨询委员，中国信息经济学会常务理事，荠草智酷联合创始人，盘古智库
学术委员，盘古智库老龄社会研究中心主任，主要研究领域：电子商务、信息社会、老龄社
会和社会创新；王俊秀，毕业于中国政法大学法律系，信息社会转型问题专家，中国IT界资
深传播和媒体专家，国内首家互联网咨询机构互联网实验室联合创始人，中国国家互联网景
气指数首席架构师；马旗戟，盘古智库老龄社会研究中心执行主任，国家广告研究院研究员，
中国商务广告协会数字研究院院长，中国大陆最早期的市场研究从业者，中国首批注册咨询
师之一，主要研究领域：市场与消费、媒体、广告与营销、商业市场分析和咨询；李佳，盘
古智库老龄社会研究中心副主任、研究员，主要研究领域：老龄社会、人工智能；赵钊，盘
古智库老龄社会研究中心研究员；王岳，盘古智库副秘书长、盘古智库老龄社会研究中心秘
书长；唐颖，老龄社会30人论坛秘书长、盘古智库特约研究员。

转折性变化，从有史以来的年轻社会步入前所未有的社会形态——老龄社会。老龄社会与人口老龄化相伴而成，与社会发展相向而行，与人类进步相促而进。其带来的机遇和挑战是全局的、长期的，是不可逆转的，不是局部的，也不是暂时的；不限于养老，也不限于社会保障。面对老龄社会，必须打破老龄社会就是解决如何养老的思维桎梏，站在经济发展和社会可持续的角度，充分认清老龄社会潜在的巨大价值，积极推动市场创新、社会创新和政策创新，催生适应老龄社会的创新平台、创新模式、创新产品和创新生活方式，从而创造出一个任何年龄都可以追求美好生活的幸福社会。

关键词： 人口老龄化　老龄社会　社会转型　民生

一　老龄化三动力

老龄化，指的是老龄人口在总人口中所占比例不断上升的动态发展趋势。[①] 它是经济社会发展的产物，也是 21 世纪人类社会共同面临的重大课题。

推动老龄化的力量，主要来自长寿、少子、迁移三个方面。

（一）长寿：老龄化"发动机"

经济社会的发展、生活水平的提高和医疗技术的进步，带来了人类平均预期寿命的延长。随着寿命的越来越长，老龄人口自然增多，由此推动着人口年龄"金字塔"顶部不断扩大。

从全球范围来看，人口平均预期寿命已从 2000～2005 年的 67.2 岁上升

---

① 联合国：《人口老龄化及其社会经济后果》，1956。

到 2010～2015 年的 70.8 岁，增长了 3.6 岁。未来，人口平均寿命还将继续上升，2045～2050 年有望达到 77 岁。[①]

从中国的情况看，中国人口平均预期寿命 1949 年只有约 35 岁，1957 年达到 57 岁，1981 年增至 68 岁，2000 年升至 71.4 岁。在短短的 51 年时间里，中国人口平均预期寿命提高了一倍还多，提高的幅度远远超过发达国家和世界平均水平。2017 年，中国人口平均预期寿命达到 76.7 岁，越来越接近高收入国家平均水平（见图 1）。

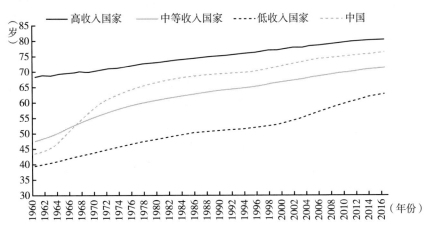

图 1　中国人口平均寿命的国际比较

资料来源：世界银行。

（二）少子：老龄化"加速器"

与寿命延长同步而来的，还有少子。受工作、生活、文化等多方面因素的影响，全球总和生育率持续下降。生得越来越少，使人口年龄"金字塔"在顶部不断扩大的同时，底部持续缩小，进一步加速了老龄化的步伐。

全球多数国家和地区的生育水平都在下降，越来越多国家进入低生育水平。2010～2015 年，全球有 83 个国家的生育率低于更替水平（平均每个妇

[①] 联合国：《世界人口展望（2017 年修订版）》，2017。

女生育 2.1 个），而这些国家的人口占全球人口的 46%。其中，26 个国家的总和生育率低于 1.5。按照中位数预测，全球总和生育率将从 2010 ~ 2015 年的 2.5 降至 2045 ~ 2050 年的 2.2，进而降至 2095 ~ 2100 年的 2.0。[①]

中国自 20 世纪 70 年代全面实施计划生育以来，人口生育率迅速从高转低，并一直处于低生育水平。尽管 2016 年中国开始实施了二孩政策，但从 2017 年和 2018 年的情况看，生育水平仍呈现出持续下滑的趋势。2017 年，中国出生人口 1723 万人，人口出生率 12.43‰，与 2016 年的 1786 万人和 12.95‰相比，双双有所下降。并且新出生人口中，二孩比例超过一孩比例。[②] 2018 年，中国出生人口 1523 万人，为新中国成立以来第三低，人口出生率为 10.94‰，创新中国成立以来历史新低。[③]

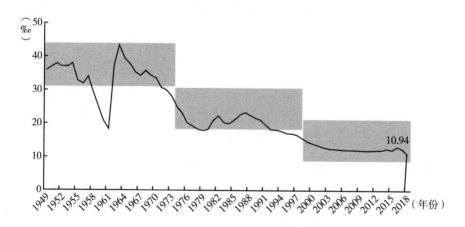

图 2　1949 ~ 2018 年中国人口出生率

资料来源：国家统计局。

（三）迁移：老龄化"变压器"

与长寿、少子相比，人口的迁移流动不是推动老龄化的直接动力，但大

---

① 联合国：《世界人口展望（2017 年修订版）》，2017。
② 来自中国国家统计局 2018 年 1 月 18 日数据。
③ 来自中国国家统计局 2019 年 1 月 21 日数据。

规模的人口迁移流动，特别是大量劳动年龄人口的迁移流动，能够对迁入地和迁出地人口年龄结构产生巨大影响，起到缓解或加剧当地老龄化程度的直接作用。

截至 2017 年，世界范围内的移民数量约 2.58 亿人，占全球人口的 3.4%，比 2000 年增长了 49%。并且，这些移民中 75% 处于劳动年龄，大多在 20～64 岁，占全球劳动年龄人口的 4.5%。这些国际移民对于世界多个地区的人口增长都做出了重要贡献，甚至缓解了部分国家或地区人口衰退的状况。2000～2015 年，移民对北美地区人口增长的贡献率达到 42%，对大洋洲国家的贡献率为 31%。如果没有移民的人口贡献，欧洲 2000～2015 年的人口总数就已下降。[①]

2011 年以来，中国流动人口总量虽然有升有降，但长期在总人口中保持较大比重。2011 年为 2.30 亿人，2014 年增至 2.53 亿人，2015 年为 2.47 亿人，2016 年为 2.45 亿人，2017 年为 2.44 亿，2018 年为 2.41 亿人。以 2016 年为例，流动人口中有 75% 以上都是劳动年龄人口。[②] 北京、上海、广州等大城市，受益于流动人口的大量涌入，在相当程度上对冲了常住人口的老龄化。

总体上看，与发达国家相比，中国在改革开放、计划生育、城镇化等多重政策的共同作用下，人均寿命快速提高、生育快速下降、迁移快速增长。这就使中国在短短的几十年里，进入了发达国家历经百年才走到的老龄化社会。

二 老龄化进程

关于老龄化，国际上普遍认同的标准有：对个人而言，60 岁为进入老龄；对一个国家或地区而言，60 岁以上老龄人口占比超过 10%，或 65 岁以

---

① 联合国经济与社会事务部：《国际移民报告（2017）》，2017 年 12 月 18 日。
② 国家卫生和计划生育委员会流动人口司：《中国流动人口发展报告 2017》，中国人口出版社，2017。

上老龄人口占比超过7%，即意味着这个国家或地区进入老龄化社会。

老龄化社会还可进一步区分为轻度、中度、重度和超重度。轻度指65岁以上老龄人口占比超过7%但低于14%，中度指65岁以上老龄人口占比超过14%但低于20%，重度指65岁以上老龄人口占比超过20%但低于40%，超重度指65岁以上老龄人口占比超过40%。

（一）全球老龄化大势所趋

19世纪中叶，以法国为首，瑞典、挪威等欧洲国家最早进入老龄化社会。20世纪40年代，部分欧洲学者开始探讨年龄结构变化对经济的影响。1956年，联合国发布了由法国人口学家皮撒撰写的《人口老龄化及其社会经济后果》，国际社会开始重视老龄化。1974年，世界第一次人口大会确认老龄化对经济和社会的影响既是机会也是挑战，呼吁各国高度关注老龄化。1982年，第一届世界老龄大会提出，从发展和人道两个方面加强应对老龄化的能力，保证老龄群体生活能够得到有效保障，并有机会对经济社会发展做出贡献。1999年，《国际人口与发展会议行动纲领》重申，所有社会都必须重视未来老龄化的发展。2002年，第二届世界老龄大会提出，"建立一个不分年龄，人人共享的社会"（见图3）。

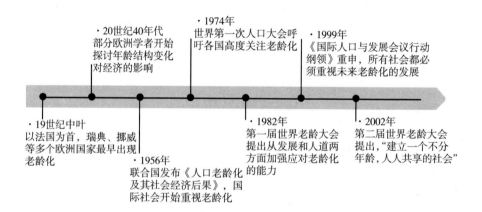

图3 国际社会关注老龄化的历史进程

1. 发达国家领跑世界老龄化

发达国家以法国为首，自19世纪中叶开始相继步入老龄社会，是世界上老龄化起步最早的国家和地区。1950年，发达国家老龄人口达0.94亿人，约占世界老龄人口的一半；老龄化水平11.6%，比世界平均值高3.5个百分点。此后，发达国家老龄人口规模不断扩大，老龄化水平快速升高，遥遥领先世界平均水平。2015年，发达国家老龄人口增加至2.99亿，扩大了2.2倍；老龄化水平升至23.9%，比世界平均水平高1倍。目前，发达国家已经全部进入老龄社会。世界老龄化水平最高的前20个国家中，大都是发达国家。2050年，发达国家老龄人口规模将增至4.22亿，老龄化水平达到32.8%。[①]

2. 发展中国家老龄化速度后来居上

比较各国65岁老龄人口占比从7%到14%所需要的时间跨度，法国130年、瑞典85年、美国70年、菲律宾35年、蒙古25年、泰国20年。与发达国家老龄化一般和经济增长同步且时间跨度长、呈渐进式发展不同，发展中国家老龄化的速度基本上是发达国家的2倍。

老龄化在发展中国家的快速发展，使发展中国家老龄人口占世界比重持续攀升，1950年为53.5%，2015年为66.8%，2050年将达到79.9%，2100年将增至86%。2015~2050年，全球老龄人口净增加量的90%将来自发展中国家，2050~2100年该比重还将扩大到98%。

3. 全球老龄化展望

2017年6月，联合国发布《世界人口展望（2017年修订版）》，预测了未来全球老龄化的趋势。

从数量上看，全球老龄人口将继续增多。2017年全球60岁以上老龄人口达9.62亿，占全球人口的12.7%。未来将以每年约3%的速度增长。2050年，全球老龄人口将达到21亿，占全球人口的21.4%。2100年，全球老龄人口将达到31亿。

---

① 联合国：《世界人口展望（2017年修订版）》，2017。

从规模上看，越来越多的国家和地区正步入老龄化。1950年，世界上只有49个国家或地区跨入老龄社会，不足国家总数的1/4，老龄化水平最高不过17.2%。2015年，这一数字已增至94个。其中43个国家或地区是中度老龄社会；还有1个国家达到33.1%，进入重度老龄社会。到2050年，进入老龄社会的国家或地区将增至158个，占国家总数的约3/4，其中9个国家超过40%，为超重度老龄社会；48个国家或地区为重度老龄社会。

2017~2050年，欧洲老龄化水平将从25%增长至35%；拉丁美洲和加勒比地区老龄化水平将从12%增长至25%；亚洲老龄化水平将从12%增长至24%；北美地区老龄化水平将从22%增长至28%；大洋洲老龄化水平将从17%增加至23%；即使拥有最年轻人口分布的非洲，老龄化水平也将从5%上升至9%。

（二）中国老龄化发展阶段

1999年末，中国60岁以上老龄人口比重达到10.3%，标志着中国进入老龄社会。以此为起点，中国开始进入为期百年的老龄化世纪。

《国家应对人口老龄化战略研究总报告》将中国这长达一个世纪的老龄化进程分为四个发展阶段。①

1.快速老龄化阶段（1999~2022年）

老龄人口数量从1.31亿增至2.68亿，老龄化水平从10.3%升至18.5%。

2009年，随着1949~1958年第一次出生高峰人口步入老龄，中国老龄人口迎来第一个增长高峰，年均净增加840万，年均增长率4.07%，是同期总人口年均增长率的6倍。

2022年，随着1962~1976年第二次出生高峰大部分人口步入老龄，中

---

① 国家应对人口老龄化战略研究总课题组：《国家应对人口老龄化战略研究总报告》，华龄出版社，2014。

国老龄人口迎来第二个增长高峰，年均净增加 1106 万，年均增长率 3.26%，是同期总人口年均增长率的 98 倍。中国老龄人口与少儿人口数量相同。之后，老龄人口数量开始超过少儿人口数量，中国进入以抚养老龄人口为主的时代。

2. 急速老龄化阶段（2023~2036年）

老龄人口数量从 2.68 亿增至 4.23 亿，老龄化水平从 18.5% 升至 29.1%。2029 年，中国总人口数量达到峰值 14.63 亿；2030 年，中国总人口开始负增长。

3. 深度老龄化阶段（2037~2053年）

老龄人口数量从 4.23 亿增至 4.87 亿的峰值，人口老龄化水平从 29.1% 升至 34.8%。

2046 年，随着 1987~1995 年第三次出生高峰人口进入老龄，中国老龄人口迎来第三个增长高峰，年均净增加 666 万，年均增长率 1.42%。

4. 重度老龄化平台阶段（2054~2100年）

老龄人口增长期结束，由 4.87 亿减少到 3.83 亿，人口老龄化水平始终稳定在 34% 上下。

2053 年，中国老龄人口数量达到峰值 4.87 亿，比同期发达国家老龄人口总和多约 6700 万人，约占届时亚洲老龄人口的 1/2、世界老龄人口的 1/4。

2054 年，中国人口老龄化水平达到峰值 34.9%。

2055 年，中国老龄人口总体规模开始进入缩减期，老龄化水平略有下降且基本稳定在 34% 上下。

（三）中国老龄化未来"四超"格局

1. 超大规模的老龄人口

由于人口基数的原因，中国老龄人口规模十分巨大。中国老龄人口 2013 年超过 2 亿，预计在 2025 年和 2033 年分别达到 3 亿和 4 亿，2053 年将升至峰值 4.87 亿，21 世纪后半叶一直稳定在 3.8 亿~4.0 亿，约占总人口的 1/3。2070 年前，中国将一直是世界上老龄人口最多的国家。

2. 超快速度的老龄化进程

中国是世界上除日本外老龄化速度最快的国家。中国老龄化水平从 1999 年的 10.3% 到 2054 年的峰值 34.9%，仅用 55 年时间。而英国、法国等国家这一过程基本都在 100 年以上。

3. 超高水平的老龄化程度

中国 80 岁以上高龄人口 2010 年为 1904 万，2021 年达 3000 万，2033 年超过 5000 万，2049 年达到 1 亿，2073 年达到峰值 1.34 亿，年平均净增加 183 万人，是老龄人口中增长最快的群体。21 世纪中叶，中国高龄人口将占世界高龄人口总量的 1/4，相当于发达国家高龄人口的总和。21 世纪 90 年代之前，中国始终是世界上高龄人口规模最大的国家。到 2100 年，高龄人口占老龄人口的比例达到 33.6%，每九个人中就有一个是 80 岁以上者。

4. 超稳定的老龄化结构

中国老龄化水平在 2054 年前呈持续增长状态，2054 年达到峰值 34.9%。此后，虽然中国老龄人口开始缩减，但其他年龄段人口也将同步减少，老龄化水平仍将长期稳定在 33% 左右。一直到 21 世纪末，中国将一直处于超级稳定的重度老龄社会。

（四）中国：边备边老、边富边老

2018 年，是中国第一次出生高峰人口步入老龄的最后一年。2019 年开始，中国的老龄化进程将处于三年缓和期，每年老龄人口的增长数量有所缓和。2022 年前，尽管老龄人口绝对数量和所占比例快速上升，但中国劳动力资源供给仍然相对充分，还处于老龄化的初级阶段。同时，随着国家、社会对老龄化的重视，中国正从未备先老、未富先老转向边备边老、边富边老。

从国家层面看，党的十八大、十九大报告以及"十三五"规则纲要都明确提出积极应对老龄化，一系列相关政策文件密集出台，有关政策体系逐步完善。2013 年以来，国家层面出台的"十三五"涉老专项规划 20 多项，国务院及有关部门出台的涉老政策近300项，应对老龄化的政策体系更加成熟健全，政策涉及领域持续拓展，政策内容更加精细化。

从社会层面看，老龄化已成为中国全社会关注的焦点和热点。关注的人群从个别专业人士扩展到全社会各个群体；关注的视角从个人、家庭及其生活方式扩展到全社会的各个方面；关注的领域从局部性的养老、人口政策、社会保障等民生问题扩展到全局性的经济、社会、文化、政治，以及城乡、区域和国际战略格局等几乎所有领域、所有层面。

从经济层面看，中国在持续走向老龄化的同时，经济发展也非常迅速。1999年中国老龄化水平超过7%，进入老龄社会时，人均GDP为7229元；而当2017年中国老龄化水平达17.3%时，人均GDP已提升到59660元，增长了7.25倍。比较中、美、日、韩四国在老龄化7%和10%时的人均GNI——老龄化水平7%时，美国、日本、韩国的人均GNI分别是中国的1.66倍、2.31倍和10.12倍；老龄化水平10%时，美国、日本、韩国的人均GNI分别是中国的1.02倍、1.39倍和2.73倍。[1]

从服务层面看，中国已初步建立起以居家为基础、社区为依托、机构为补充的多层次养老服务体系。2014～2017年，社区养老机构和设施从1.9万家增至4.3万家，社区互助养老设施从4.0万家增至8.3万家，社区养老床位从187.5万张增至338.5万张。同时，养老机构及服务设施从2006年的3.8万家增至2016年的14万家，每千名老年人拥有养老床位从2011年的19.1张增至31.6张。[2]

三　中国老龄社会表征

所谓老龄社会，指的是人类社会在老龄化的持续推动和影响下，社会结

---

[1]　孙鹃娟、高秀文著《"边富边老"：现阶段我国人口老龄化特征——国际视野中的中国人口老龄化若干趋势》，《北京日报》2018年8月13日。

[2]　杜鹏、陆杰华、何文炯主编《新时代积极应对人口老龄化发展报告·2018》，华龄出版社，2018。

构、关系、特征发生整体性、持久性和不可逆变化，从有史以来的年轻社会发展形成的一种新型社会形态。

老龄社会起于老龄化带来的人口结构转变，带来的是社会所有领域、所有层面的全方位变革，包括更加广泛的政治、经济、文化、伦理等各方面内容，包含但不限于社会老龄化、老龄人口保障等视角。

相较年轻社会，老龄社会的主要特点有：一是人口年龄结构发生重大变化，老龄人口与其他年龄人口一起构成推动社会可持续发展的重要力量；二是经济供需两侧发生重大改变，基本的经济模式、生产方式、增长动力、核心要素、产业结构、收入分配和市场供需发生重大调整和改变，以适应人口年龄结构变化所提出的需求；三是各个群体的世界观、人生观、价值观等通过一系列对生命、传统、伦理和家庭的具体文化表现和社会行为进行新的构建。

具体到中国而言，中国的老龄化是信息化、城镇化和农业现代化进程中的老龄化，中国老龄社会与经济崛起和文化复兴几乎同时到来，中国特定的文化传统决定了中国老龄社会有其特定的发展路径和模式。

（一）人口特征

1. 个体变化显著

从生命长度上看，中国人的平均预期寿命明显提高。从 1949 年的 35 岁到 2017 年的 76.7 岁，个体的生命长度增长了 1 倍有余。人生七十古来稀，已变为人生七十很平常。面对日益延长的生命周期，每个人的生活方式、工作方式、家庭形态、消费模式、心理状态都需要做出大幅调整。

从生命周期上看，老龄时期占生命周期的比例明显提高，日益接近 1/4，如何有效调适年龄增长带来的心理变化，建立全生命周期的健康管理体系，实现积极养老、有为生活，需要个体早做规划，提前做好准备。

从生活方式上看，各种需求明显增强。中国人越来越重视健康、文化等软性需求，并且个性化需求越来越多。同时，互联网、人工智能等新技术日新月异，传统的生产、生活和消费方式正在被重塑，这些都将对老龄群体产生重要影响。

2. 总量先升后降

一是人口总量先升后降。中国人口总量 2012 年为 13.54 亿，随后以年净增量递减的方式继续增长，2018 年达到 13.95 亿，预计 2029 年达到峰值 14.63 亿。从 2030 年开始，每年出生人口数量将少于死亡人口数量。人口总量开始缩减，2050 年减少至 14.17 亿，2100 年进一步减少至 11.31 亿。[①]

二是劳动年龄人口数量先升后降。2012 年前，中国劳动年龄人口数量不断增长。从 1982 年第三次人口普查到 2011 年，中国劳动年龄人口数量从 5.89 亿增长至 9.40 亿，净增 3.51 亿，年均净增加 1210 万人，年均增长率为 1.61%。2011 年，中国劳动年龄人口数量达到最大值 9.40 亿，进入劳动力资源从增加转为减少的"拐点"。2012 年起，中国劳动年龄人口数量开始缓慢缩减，2018 年已降至 9 亿以下，预计 2042 年减少到不足 8 亿，2052 年进一步缩减到 7 亿以下，21 世纪后半叶稳定在 6 亿上下，到 2100 年降至 5.81 亿。[②]

三是老龄人口数量先升后降。中国老龄人口数量自 20 世纪 90 年代开始快速上升，2013 年超过 2 亿，预计在 2025 年达到 3 亿，2033 年达到 4 亿，2053 年升至峰值 4.87 亿，此后进入负增长，2100 年降至 3.82 亿。[③]

3. 老少结构倒置

与世界各国一样，中国传统人口年龄结构呈"橄榄形"，劳动年龄人口居于中间，占大多数；少儿人口和老龄人口居于两头，少儿人口始终多于老龄人口（见图 4）。随着老龄化的发展，中国老龄人口持续增多，少儿人口持续减少，人口年龄结构逐步向"倒梯形"转变。老龄人口数量将于 2022 年追平少儿人口数量，此后超过少儿人口数量，并逐渐拉大差距。2035 年，老龄人口数量将达到少儿人口数量的 1 倍以上。

[①] 国家应对人口老龄化战略研究总课题组：《国家应对人口老龄化战略研究总报告》，华龄出版社，2014。

[②] 国家应对人口老龄化战略研究总课题组：《国家应对人口老龄化战略研究总报告》，华龄出版社，2014。

[③] 国家应对人口老龄化战略研究总课题组：《国家应对人口老龄化战略研究总报告》，华龄出版社，2014。

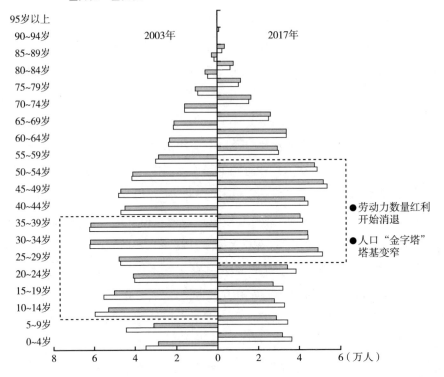

图4　2003年和2017年中国人口结构对比

注：抽样调查人口数。

资料来源：国家统计局。

2050～2100年，中国人口总量和少儿人口、劳动年龄人口、老龄人口数量同步减少。总人口规模从14.17亿缩减到11.31亿。少儿人口规模从2.21亿逐渐减少到1.66亿，占总人口比重稳定在14%～15%；劳动年龄人口从7.13亿递减到5.82亿，占总人口比重徘徊在50%～52%；老龄人口数量从4.83亿以上逐渐减少到3.83亿，占总人口比重在33%～34%波动。①

---

① 国家应对人口老龄化战略研究总课题组：《国家应对人口老龄化战略研究总报告》，华龄出版社，2014。

4. 分布不均衡现象突出

从城乡分布上看，农村老龄化水平和速度明显高于城镇。受经济发展水平和就业机会等因素影响，中国劳动年龄人口持续由农村向城市迁移。2010年，农村人口老龄化水平为 15.6%，比城镇高 5.7 个百分点；2028 年，农村人口老龄化水平将达到 30.5%，农村将进入重度人口老龄化阶段，比城镇高 10.9 个百分点；2030 年起，中国进入老龄化进程最快的时期，农村和城镇人口老龄化程度的差距也达到最大，相差 12～13 个百分点；2053 年中国老龄人口达到峰值开始回落后，城乡老龄化水平的差异虽然不断缩减，但是农村的老龄化程度始终高于城镇。

从区域分布上看，21 世纪中国所有省、直辖市、自治区的人口都将快速老龄化，但是进度上参差不齐。按 65 岁老龄人口所占比重计算，2000 年全国有 14 个省、市、自治区已经进入老龄社会。到 2030 年，将有 10 个省、市（黑龙江、吉林、辽宁、北京、天津、山东、江苏、上海、浙江和重庆）的老龄化水平超过 20%；11 个省、自治区（内蒙古、河北、安徽、福建、河南、陕西、四川、湖南、湖北、广西、山西）老龄比水平为 15%～20%；9 个省、自治区（广东、新疆、青海、甘肃、宁夏、贵州、海南、云南以及江西）老龄化水平为 10%～14.9%；只有西藏略低于 10%。到 2050 年，吉林、上海、黑龙江、浙江、辽宁、天津、内蒙古等 7 个省、市、自治区的老龄化水平将超过 30%；北京、山东、江苏等 10 个省、市、自治区老龄化水平将达到 25%～30%；河北、安徽、江西、海南等 10 个省、市、自治区的老龄化水平将达到 20%～25%；贵州、青海、新疆、西藏 4 个少数民族地区的老龄化水平将在 15%～20%。

（二）社会关系

1. 家庭变迁加剧

近年来，中国家庭小型化、少子化趋势明显，导致家庭养老基础日渐薄弱，养老压力日益加大。平均家庭规模从 1982 年人口普查的 4.41 人缩小到 2000 年的 3.42 人、2010 年的 3.10 人，2050 年将进一步缩小至 2.51 人。独生子女家庭占全国家庭总数的比重已经达到1/3，并呈增加趋势。无子女老龄家庭还将由2010年的840万户增加至2050年的4000万户。

同时，中国面临高风险的独居和空巢老龄家庭持续增加。无配偶老龄人口2010年为5162万人，2030年将倍增至1.05亿人，2055年左右达到峰值约1.62亿人，2100年仍保持1.40亿人。丧偶老龄人口2010年为4786万人，2030年将倍增至9770万人，2055年达到峰值约1.55亿人，2100年仍保持1.35亿人。

2. 代际矛盾增加

在家庭内部，中国老人基于财产和经验的传统优势逐渐丧失，在家庭中从强势转为弱势，年轻人和成年人在家庭中的地位和作用持续提升，开始处于主导地位。这种家庭结构的转型，带来了家庭代际矛盾的增加。

在社会层面，老龄化水平的提高，需要社会加大对老龄人口住房、养老、生活服务、娱乐等方面的供给力度，从而改变中国传统的代际利益分配格局。这种改变在一定范围和程度上将影响其他年龄人口的利益，催生社会利益分配链条上的一系列矛盾。同时，部分老龄群体无法适应网上办公、电子支付、手机打车等新模式，代际间形成新的电子鸿沟。[①]

3. 参与社会生产方式多样

老龄化必然伴随劳动力绝对数量的减少，中国也不例外。劳动力稀缺性提高，劳动力成本抬升，促使企业寻求资本和技术对劳动力的替代。再加上信息化、网络化的快速发展，个体参与社会生产方式的形式、就业渠道、工作标准、工作收入将更加多样。

（三）社会规则

1. 老龄群体的社会地位提升

传统社会结构下，老龄人口数量少、比例低，并已退出主流生产领域，通常处于边缘群体的位置。随着老龄化的加剧，老龄人口持续增多，

---

① 左美云著《智慧养老内涵与模式》，清华大学出版社，2018。

在总人口中比例不断攀升，分享社会发展成果的意识增强，对社会保障和就业、教育等基本公共服务方面的诉求增多。2015 年，中国 65% 的老龄人口参加了最近一次的社区选举，[①] 反映出老龄群体对此的重视。这就要求社会规则从传统的年轻社会向老龄社会全面调整，将老龄群体作为规则制定者之一。

2. 老龄群体的社会作用增强

权利意识的增强和参与能力的提升，改变了老龄群体仅是社会管理客体的传统社会管理结构。2015 年，中国 45% 的老龄人口参加了帮助邻里、维护社区卫生环境、调解邻里纠纷等社会活动；73% 的老龄人口愿意帮助其他有困难的人。[②] 老龄群体越来越多地既是照顾享受者，也是照顾提供者，兼具社会管理客体和社会管理主体多重身份。老龄群体社会参与意识与能动性的增强，对未来中国社会发展具有重要意义。

3. 社会管理体系重心转移

与劳动年龄人口主要活动于企事业单位、少儿人口主要活动于学校不同，老龄人口主要活动于社区，普遍对社区有较强的归宿感、认同感和依赖感，习惯依托社区居家生活，由社区提供各种管理和服务。同时，就业人员退休后，原单位也会将其社会管理和服务职能移交社区，使其由"单位人"转变为"社区人"。社区在社会管理体系中的重要性日益提升，担负起越来越多的社会管理和服务职能。

社会组织介于政府和市场之间，凭借其灵活性、专业性特征，能够有效弥补政府兜底和市场追求利润之间的空白地带。中国现有各类老龄社会组织80 多万个，推动这些社会组织健康发展，以不同的能力和知识发挥不同的功能，互为补充和支持，可以帮助老龄群体更充分实现自我管理、自我服务、自我教育和自我监督。

另外，兼具公益性和商业性的社会企业，以民非和企业相结合的"双

---

① 党俊武主编《中国城乡老年人生活状况调查报告（2018）》，社会科学文献出版社，2018。
② 党俊武主编《中国城乡老年人生活状况调查报告（2018）》，社会科学文献出版社，2018。

轮驱动"模式，可以同时获得政府支持和商业投资，实现快速扩展和高效运营。

（四）文化心理

1. 传统"孝"文化受冲击，内容和形式发生变化

家庭规模的小型化，打破了中国传统的大家庭模式，在一定程度上削弱了孝文化所依赖的载体。"421"结构下，代际赡养负担加重，再加上城市化带来的迁移流动，子女往往对尽孝行为心有余而力不足。生前遗嘱、心灵呵护等观念的出现，也让很多人对传统孝文化的内容和形式有了不同的认识和理解。

2. 文化形式更加多样

老龄化改变了中国传统以青年为消费主体的文化市场。老龄人口的文化消费意识和消费购买力持续增强，成为推动中国文化产业的新动力。京剧、书法、绘画、秧歌、鸣鞭、空竹等传统文化持续回温，广场舞、门球、沙狐球等群体性文娱活动广受欢迎。越来越多的老龄群体走出家门步入社会，成为社会文化活动的主体力量。中国老龄文化产业发展迅速，呈现数量多、种类全、坚持久、影响大等特点。

3. 心理准备严重不足

对于进入老龄后的生活，中国老龄群体普遍没有制定新的人生目标和规划。对丧偶、重大疾病等负面因素，特别是由此导致的家庭贫困、居住方式和生活方式转变等，老龄群体普遍缺乏心理准备。此外，对于如何借助老龄群体的丰富经验和能力，满足老龄群体继续参与社会发展的积极心态，社会各阶层不同程度地缺乏制度安排。

四 中国老龄社会经济发展新动能

老龄化带来的人口结构改变，是劳动力数量在全社会人口中占比的缩小。劳动力是经济发展中生产要素的重要组成部分，生产要素出现重大改

变，生产方式、经济模式、增长动力、产业结构、收入分配和市场供需等都需要做出重大调整和改变，以适应老龄社会人口结构变化所提出的需求。

（一）人口老龄化与经济中速增长交织

中国在 1999 年正式进入国际标准的人口老龄化社会后，人口老龄化趋势不断加深。与此同时，中国经济增长趋势先升后降，经历了 2000～2007 年的飞速发展阶段，GDP 从 2000 年增长 8.4% 跃升至 2007 年增长 14.2%。随后，受国际经济形势、国内经济结构调整等诸多因素影响，GDP 增速逐步放缓。近十年，中国经济总体上由 10% 左右的高速增长转向了中高速增长。在这个过程中，维持高增长的供需结构已经发生转变。需求方面，基建、房地产及支撑它们的煤炭、钢铁、建材等工业产品需求见顶，国家做出了相应的去产能、去杠杆等供给侧改革的调整。

从国际经验看，虽然很多发达国家在人口老龄化的同时也面临了经济增长放缓趋势，然而我国老龄化面临的形势跟日本、美国不同。发达国家是进入高收入水平之后才进入老龄社会，我国正从未富先老走向边富边老。就老年人占总人口比例而言，当下的中国与 20 世纪 80 年代末的日本类似，但就人均国内生产总值（GDP）而言，中国才刚刚达到日本 20 世纪 70 年代初的水平。

（二）老龄社会要求更高效的生产力

在老龄社会中，劳动力数量红利逐渐消退，不仅要求劳动力质量的提升，也要求更高的生产力。老龄化最直接的表现就是劳动力人口占总人口的比重下降而老龄群体占比上升，从而使劳动力供给减少。虽然有学者指出中国的劳动参与率与其他主要国家相比一直处于高位，但我国劳动密集型经济仍占一定比重，劳动力供给迅速降低，对于经济运行影响很大，2018 年毕业季多省上演的"人才大战"即是佐证。

部分进入深度老龄社会的国家通过推迟退休年龄来增加劳动力供给，让有能力的老龄群体参与有偿工作可在一定程度上缓解老龄化趋势下的劳动力供给压力。我国也高度关注延迟退休方案，2018年1月，《人民日报》刊发的人社部部长尹蔚民《全面建成多层次社会保障体系》一文，提出"针对人口老龄化加速发展的趋势，适时研究出台渐进式延迟退休年龄等应对措施"。

"延迟退休"尚存争议，充分开发利用"大智移云"等信息技术是提升生产力的关键。"大智移云"时代让互联网与产业深度融合，颠覆了传统的生产方式。仅制造业领域，在波士顿咨询的《工业4.0——未来生产力和制造业发展前景》报告中指出，以云计算、大数据分析为代表的新技术将为中国制造业的生产效率带来15%~25%的提升，额外创造附加值4万~6万亿元。

（三）新型城镇化建设需要适老化考量

城镇化建设是我国拉动投资和经济增长的重要动力之一。在老龄社会中，城市建设需要更多考虑到老龄群体的需求，城市基础设施和服务配套需要融合适老化需求。

2016年我国的城镇常住人口7.9298亿人，乡村常住人口5.8973亿人，城镇人口占总人口比重（城镇化率）为57.35%。从所处阶段来看，中国的城镇化只到了中期，经历了粗放的规模扩张的上半场，正在进入以"人的城镇化"为核心的城镇化下半场。

老龄化和城镇化两大潮流汇集在一起，毫无疑问将成为影响中国发展的最重大的趋势性事件。据美国公共政策研究机构Demographic的成果，世界人口第一大国——中国目前有102个人口超百万的城市，今后十年这一数字可能将翻倍。世界银行估计，到2030年，中国将有10亿人生活在城镇，占中国人口的70%。据麦肯锡咨询公司的估算，到2025年，中国将至少有221个人口上百万的城市。

除了基础设施和服务配套的适老化需求，老龄社会也深度影响着城市产业演变。从目前趋势看，城市服务业在各个城市中所占比重都在上升。随着老龄化背景下的大城市增多，对老龄看护、医疗卫生健康服务、心理健康、社会养老、养老餐饮、日常生活用品、保险业、金融理财等多种老龄服务业的需求增加，相应的服务业配套设施和保障措施也要随之而变。未来的城市规划可能需要面向老龄化社会进行调整。

未来中国的各大城市需要大量调整或出台面向老龄化的政策体系。中国虽然已经进入老龄化社会，正在迈向深度老龄化社会，但中国的政策体系还停留在人口数量红利时期的工业化阶段，严重滞后。未来的城市政府需要针对老龄化问题来调整政策体系。

（四）老龄相关行业消费需求加大

不仅城市产业，老龄相关的行业消费需求也在增加。一是老龄金融产品需要开发。目前，我国"421"家庭结构数量巨大，民众出于对家庭养老功能弱化、社会保险支付能力和养老医疗保障能力的焦虑，仍然习惯积极储蓄和置办房产，从本质上看，这还是依靠个人和家庭养老传统观念在理财行为上的体现。如何使这部分财富"活"起来，推动国民储蓄向社会投资转变，需要银行、保险公司和投资公司等金融机构推出适宜的金融产品，使个人客户资产配置形式更为多样化，当然，在保值增值的同时，这部分资产的风险需严格管控。

二是开发老龄社会真正需要的老龄用品。我国老龄人口巨大的体量决定了我国拥有世界最大的老龄用品市场。但长期以来，由于老龄人口受收入水平、消费观念、消费能力的限制，社会对这部分人口的需求重视程度不够。目前的老龄群体，由于经历了改革开放以来经济快速发展期，社会保障体系逐步完善，特别是城镇老龄群体，他们的消费观念已经有了很大的转变，对老龄医疗保健用品、老龄生活用品、老龄文化休闲用品甚至各种科技含量较高的智能设备的需求明显增加，有关企业需要改变观念，真正重视老年群体的需要，开发出更适合市场的老龄用品，在这一巨大的蓝海市场抢得先机。

三是老龄服务需求旺盛，升级要求强烈。目前，我国老龄人口服务主要集中在生活照料、医疗康复护理领域，近些年，随着老龄群体经济保障水平的提高和消费观念的改变，老龄人口对精神层面的服务需求增长迅速。比如，全国无处不在的老年广场舞，实际上就是老龄人口精神需求旺盛而市场不能满足的一种表现。相关企业可以通过开发老年旅游产品、提供老年文化娱乐消费产品来满足老龄群体在精神层面的需求。

四是细化发展养老机构，满足民众需求，真正实现养老的社会化。社会化养老是我国国情的要求，目前我国传统的居家养老模式已经发生改变。如今，不少老龄群体开始选择社区养老、机构养老等新型模式。在发达的一、二线城市，养老机构床位紧张，部分城市甚至出现一"床"难求的境况，这种资源不足表现在两个方面：一方面是养老机构数量、设施不足，不能满足民众需求；另一方面是部分养老机构不能提供真正满足老龄群体需要的服务而造成床位空置等资源需求和供给不匹配而产生的不足。为解决这些问题，保障民生，需要政府加大投入，新建更多的养老设施，承担政府的社会责任，增加供给；政府应该提供政策支持，通过市场机制调动更多社会资本，以解决养老服务需求和供给之间的矛盾，实现养老的真正社会化；养老机构不仅应该升级硬件设施，还应在提高服务水平上下功夫，不仅使老龄群体能够住得进，还要能够留得住、住得满意，为老龄群体提供其真正需要的服务。

（五）创新融合：老龄社会视角下的经济新动能

老龄化对我国经济发展既带来了挑战也带来了机遇。因此，要看清老龄化下的中国经济发展环境，抓住主要矛盾和新生需求。

科学技术的创新及应用对老龄化下的经济增长具有决定性意义，需要尽快转变经济发展方式，强化老龄化对经济增长的正向作用，在经济发展"新常态"下老龄社会可以赋予经济新动能。

1. "互联网＋"为老年群体赋能，提高社会参与率

有观点认为老龄群体处在技术发明年龄谱的尾部使得本身的创新能力下降，老龄群体缺乏对新技术的适应能力使增长率下降，并且老龄化降低了对新产品创新的刺激、加剧了需求饱和，使社会缺乏有利的投资机会从而不利于科学技术的创新及应用。

但根据中国互联网信息中心的数据，2016 年我国 60 岁以上老年网民占

网民总量的 4%，数量达到 2924 万，相比 2013 年的 1.9% 增长了近 2 个百分点。中国社科院副研究员朱迪认为，互联网和社交网络对老年人的影响，主要在于工具性赋能、社会参与赋能和情感赋能。

所谓工具性赋能，是指老年人从互联网和社交网络中获取的信息和资源，成为他们选择与行动的依据。在不使用互联网的老年人中，近四成人表示不知道如何获取最新信息，在使用互联网与社交网络的老年人中，这个比例仅有两成。与此同时，"拓宽自己的知识和信息渠道"也是老年群体认为从手机和社交网络所获得的最大帮助，持这一观点的老年人占比 69.4%。

在获得知识之外，互联网和社交网络开拓的新空间也让老年人可以更深入地参与社会生活和公共生活，降低老年人由脱离工作单位和原有组织而可能带来的隔离感，这就是社会参与赋能。调查显示，约有八成使用社交网络的老年人表示只要愿意就能参与社会活动，比不使用互联网的老年人提高了近 15 个百分点。更重要的是，社交网络能增进老年人与同辈群体、不同代际群体之间的亲密关系，这种主观福利的提升使得老年人的精神世界具有"满足感"和"成就感"。

2. 智慧城市战略背景下的适老化改造

随着我国人口的快速老龄化，老年人日益增长的宜居环境需求与现有居住环境不适应之间的矛盾越来越突出，生活环境应从"成年型"向"全龄型"转变。2016 年，全国老龄办、国家发展改革委、国土资源部、住房和城乡建设部等 25 个部委共同制定发布了《关于推进老年宜居环境建设的指导意见》。指导意见颁布两年多以来，多数城市进行了老旧小区加装电梯、公共场所无障碍通道等适老化改造。

构建老年宜居环境不仅仅是加装适老设施，应在智慧城市战略的背景下进行全面考量。融入适老化考量的新一代智慧型城市就是建设绿色、安心、安全、便利的城市。这类城市不仅注重居住、行政、商业等功能区域的划分，更加注重建设小而全的复合设施，既便利生活又减少交通流量，既适合老年人生活又是多代宜居型城市。"适老化"作为城市建设组织中的重要节点，是城市社会关系、多元文化的物质基础和市民公共生活的载体，更是老年群体最重要的社交场所和生活保障配套设施的载体。

3. 通过创新创造满足助老养老需求

老龄社会的需求结构特点已经发生了变化，老龄化趋势下的科学和技术创新及应用的方向正是在于破解"当前"产品和产业结构下的需求饱和问题，以新技术产生新产品，从而刺激需求、带来新的投资及可持续的经济增长。

我国智能助老、养老产品和服务与发达国家相比起步晚，自 2010 年以来，随着互联网技术的发展才开始将智能化应用于助老、养老领域。尤其是最近几年，伴随着国家政策引导和网络技术的飞速发展，科研机构尝试把居家、社区和机构助老养老通过网络智能进行融合，在科学技术的支撑下，智能助老养老模式也在逐步完善。

五　老龄社会下中国公共政策建议

积极迎接老龄社会，政府的主导作用至关重要。为此，政府应充分发挥公共服务和管理职能，着眼全局，因地制宜，积极引导，科学制定顺应老龄社会的公共政策和法律法规，加快从年轻社会到老龄社会的制度创新。

（一）公共政策五原则

1. 参与

要鼓励全社会积极看待老龄群体，充分认清老龄群体对社会发展的重要贡献，老龄群体的丰富知识和经验是宝贵的社会财富。要鼓励人们积极看待老龄生活，既不一味悲观，也不盲目乐观，积极构建百岁人生规划。要构建人人参与的参与型社会，保障每个人的参与权利，尊重每个人的参与愿望，发挥每个人的参与才能。

2. 包容

要立足年龄包容、能力包容、理念包容和文化包容，统筹考虑少儿人口、劳动年龄人口与老龄人口的责任分担、利益诉求和权益保障等问题。要加强社会美德教育，教育少儿孝敬父母、尊敬长辈；帮助中青年人自觉履行孝道文化，承担社会责任和家庭责任；引导老龄群体热情爱护、积极帮助年轻人。要促进不同年龄群体增强代际文化认同，共享社会资源和权利，共担社会责任和义务，形成一个和谐的社会环境。

3. 融合

要充分激发不同年龄人口的积极性、主动性、创造性，推动相互融合，形成合力。要充分推进社会管理体制由年轻社会转向老龄社会，加强政府、社会、市场、家庭、个人间的融合，使其各尽所职、各施所能、各得其所，共同迎接老龄社会带来的机遇与挑战。

4. 精准

要充分考虑各地老龄化具体情况，制定政策时因地制宜、有的放矢，避免南橘北枳。要充分结合实际，找准破解问题的关键所在，确保政策从细处着眼，精准发力。要充分认清老龄化的独特性和长期性，认清政策制定既无一定之规，也非一时之功，根据具体情况及时调整相关政策。

5. 可持续

积极推进全民终身健康促进方略，鼓励个人积极制订健康计划，从孩童开始培养良好行为习惯并终身实行。探索建立以家庭为中心的基本公共服务体系，开展针对特殊家庭的帮扶服务，提高家庭发展能力。引导社会与市场切实发挥多元利益群体参与的优势，实现在老龄社会条件下保持社会活力和持续发展等社会和经济目标。

（二）公共政策四方向

1. 人口政策：突出差异性

要根据各地区人口发展的具体情况，找准问题，摸清规律，分步骤、分区域、分城乡出台政策，不能搞"一刀切"。对国外延迟退休、长期照护险等做法不能照搬照抄，必须充分结合具体情况分析并进行适应性调整。应对少子化要综合施策，重点分析一孩生育率下降的原因，对症下药，不能只是单纯地全面放开计划生育。

2. 保障政策：突出公平性

应整合重构城镇职工基本养老保险、新型农村养老保险、城镇居民养老保险制度等三大社会养老保险制度，逐步建立国民基本养老保险制度。推进城镇居民医保和新农合制度整合，逐步在全国范围内建立起统一的城乡居民医保制度。同时，要把解决老龄群体的问题提升为解决全体公民老龄期的问题，使全体公民进入老龄期后都能够享有更有尊严、更加体面的幸福生活。

3. 产业政策：突出全面性

摒弃老龄产业等于养老产业的错误观念，充分认清老龄产业涵盖第一、二、三产业，涉及养老服务、卫生保健、产品制造、金融保险、文化娱乐等各个领域，潜在市场价值巨大。面对老龄化问题带来的挑战，应最大限度地激发老龄产业的积极性、主动性和创造性，进而调动整个经济社会的发展活力，谋求老龄社会的长期发展和繁荣稳定。

4. 技术进步：突出创新性

老龄社会下，中国经济发展模式面临重大拐点。传统基于劳动力持续增长的经济发展模式正走向尽头，以技术与资本替代劳动力成为未来产业发展的长期趋势。一方面，要依靠技术进步促进经济增长，最大程度地抵销人口老龄化对经济增长的负面效应；另一方面，通过推动技术进步，增加人力资本投资、加强人才培养，从而提高劳动力质量，提高劳动生产率，在总体上化解老龄化问题带来的挑战。

参考文献

［1］国家应对人口老龄化战略研究总课题组：《国家应对人口老龄化战略研究总报告》，华龄出版社，2014。

［2］联合国：《世界人口展望（2017年修订版）》，2017。

［3］杜鹏、陆杰华、何文炯主编《新时代积极应对人口老龄化发展报告·2018》，华龄出版社，2018。

［4］ 党俊武主编《中国城乡老年人生活状况调查报告（2018）》，社会科学文献出版社，2018。

［5］ 党俊武著《老龄社会的革命——人类的风险与前景》，人民出版社，2015。

［6］ 原新著《全球近百个国家已跨入老龄社会，大势不可逆转》，腾讯财经，2018年8月。

［7］ 原新著《相对性视野下的老龄社会问题与机遇》，老龄与未来公众号，2018年10月。

［8］ 左美云著《智慧养老内涵与模式》，清华大学出版社，2018。

［9］ 国家卫生和计划生育委员会流动人口司：《中国流动人口发展报告2017》，中国人口出版社，2017。

［10］ 蔡昉、张车伟主编《中国人口与劳动问题报告："十二五"回顾与"十三五"展望》，社会科学文献出版社，2015。

［11］ 李军、刘龙生著《人口老龄化对经济增长的影响——理论与实证分析》，中国社会科学出版社，2017。

［12］ 李建强、张淑翠：《老龄化影响财政与货币政策的有效性吗?》，《财经研究》2018年第7期。

［13］ 聂高辉、蔡琪：《适应中国老龄化现状的产业结构调整研究——基于动态面板数据模型与面板数据联立方程模型》，《调研世界》2017年6月。

［14］ 钱婷婷：《老龄化背景下退休冲击对居民家庭消费的影响研究》，上海社会科学院，2017。

［15］ 田艳平著《三维人口红利、人口政策与经济增长》，武汉大学出版社，2016。

［16］ 叶璐著《西南边疆人口老龄化经济效应研究》，云南财经大学硕士学位论文，2013。

综 合 篇

$\mathbb{R}.2$
发达国家领跑世界人口老龄化进程

原 新*

摘　要：　随着工业化、现代化、城市化的发展，发达国家已经进入老
龄化时代，并引领人类社会走向深度老龄化。国际上对老龄
化现象和问题的认识已经发生转变，对老年生活的认识从安
享晚年到鼓励老年参与发展，不断探索建立和完善养老保障
体系，通过鼓励生育、吸纳移民和延迟退休缓解人口老龄化
程度，更多地发挥家庭在养老中的重要作用。

关键词：　人口老龄化　养老保障体制　发达国家

* 原新，中国人民大学人与发展研究中心驻所研究员，南开大学人与发展研究所教授、博士生
导师。

一 发达国家率先进入老龄化社会

随着工业化、现代化、城市化的发展，发达国家领先完成了人口再生产类型从高出生、高死亡、低增长向低出生、低死亡、低增长的现代转型，人口年龄结构也随之由年轻型向老年型转变。

（一）发达国家已经全部进入老龄化时代

19世纪中叶欧洲产业革命即将结束时，1864年法国60岁及以上的老年人口占总人口比重突破10%，成为全球最早步入老龄化社会的国家。西欧、北欧国家紧随其后相继步入老龄化社会。第二次世界大战结束后，人类社会进入相对和平时期，寿命不断延长，在经历了短暂的战后"婴儿潮"之后，出生率和生育率水平开始快速下降，到20世纪六七十年代，几乎所有的发达国家都进入了老龄化社会。目前，世界上老龄化水平最高的20个国家几乎都是发达国家（见表1），人口老龄化问题开始引起国际社会的普遍关注。今天，很多发展中国家，特别是新兴经济体国家也相继步入人口老龄化快车道。人口老龄化正在改变世界发展的人口基础，并挑战着传统的经济社会发展模式。

表1　2012年和2050年世界人口老龄化严重的前20个国家

单位：%

2012 年		2050 年	
国家	老龄化水平	国家	老龄化水平
日　　本	32	日　　本	41
意 大 利	27	波　　黑	40
德　　国	27	葡 萄 牙	40
芬　兰	26	韩　　国	39
瑞　典	25	古　巴	39
希　腊	25	新 加 坡	38
保 加 利 亚	25	西 班 牙	38

续表

2012 年		2050 年	
国家	老龄化水平	国家	老龄化水平
法　　国	24	意 大 利	38
比 利 时	24	德　　国	37
奥 地 利	24	马 耳 他	37
葡 萄 牙	24	斯洛文尼亚	37
丹　　麦	24	马 其 顿	37
克 罗 地 亚	24	瑞　　士	37
英　　国	23	阿 联 酋	36
西 班 牙	23	保 加 利 亚	36
荷　　兰	23	罗 马 尼 亚	36
瑞　　士	23	奥 地 利	36
斯洛文尼亚	23	希　　腊	36
捷　　克	23	格 鲁 吉 亚	35
爱 沙 尼 亚	23	斯 洛 伐 克	35

资料来源：联合国：《人口老龄化与发展报告》，2012。

（二）发达国家引领人类社会走向深度老龄化

在 19 世纪以前老年人口仅占全球总人口中很小的部分，即便是发达国家也是如此。发达国家人口老龄化起步于 20 世纪初期甚至更早，1930 ～ 1940 年就已经步入老龄化社会，20 世纪后半叶进入快速老龄化发展阶段，老年人口规模不断扩大，人口老龄化水平快速升高，遥遥领先于世界平均水平。1950 年发达国家的老年人口数量和老龄化水平分别为 0.94 亿和 11.6%，老年人口约为世界老年人口的一半，老龄化水平比世界平均值高 3.5 个百分点。2015 年，发达国家的老年人口规模增加到 2.99 亿，老龄化水平升至 23.9%，比世界平均水平高 1 倍。此时的发达国家老年人口增长速度已经达到最高值，未来将以速度递减的方式继续增加。到 2050 年，发达国家老年人口规模将达到 4.22 亿，老龄化水平达到 32.8%，进入了高度老龄社会。根据联合国《世界人口展望（2015 年修订版）》中方案预测，21 世纪后半叶，发达国家将进入深度老龄化稳定期，2100 年老年人数量达

4.42 亿，老龄化程度达到 34.6%。发达国家老年人口快速增加的同时，其占世界老年人口的份额在持续下降，1950 年约占 1/2，2015 年占 1/3，2050 年占比为 1/5，2100 年占比仅为 1/7。

发达国家中，欧洲是人口老龄化起步最早、进程最快、水平最高、整体性最强的地区，2015 年，除个别国家外，欧洲所有国家的老龄化水平均超过 20%，平均水平达到 23.9%，整体步入老龄社会。2050 年，欧洲老龄化水平将升至 34.2% 的重度水平。全球老龄化程度最高的国家是日本，2015 年为 33.1%，是世界唯一进入重度老龄社会的国家。2050 年，将有日本、韩国、西班牙、葡萄牙、希腊、意大利、波黑、新加坡等国超过 40%，超级人口老龄化国家的队伍不断壮大。与此同时，发达国家的劳动年龄人口目前已经停止增长，达到峰值，21 世纪中叶比现在减少 15% 左右，欧洲将缩减 1/4，日本将减少 1/3，直接危及发达国家的经济社会持续发展。

（三）发达国家的人口高龄化趋势将日益明显

在老龄化趋势加剧的同时，发达国家的高龄化（即 80 岁及以上高龄老年人口占总人口的比重不断上升的过程）趋势日益凸显。发达国家人口的平均预期寿命从 1950 年的 64 岁提高到目前的 79 岁，本世纪中叶将升至 83 岁，高龄化快速推进，1950 年发达国家 80 岁及以上高龄老人规模仅为 809 万，高龄化水平仅 0.99%；2015 年，高龄老人规模和高龄化水平分别增加到 5910 万和 4.72%；2050 年进一步增至 1.28 亿和 9.93%。100 年间，高龄老人增加了约 15 倍，高龄化程度提升 9 倍。高龄老人中的失能、失智比例高，自我料理能力减退，生活的依赖性强，是老年人群中真正需要家庭和社会照料的对象，高龄化水平攀升势必增大养老服务的压力。

二 发达国家应对人口老龄化的主要举措

历史上，发达国家曾经是全球人口老龄化最早的区域，目前又是全球老龄化程度最高的区域。未来，发达国家的老龄化趋势将更加严峻。国际上对老龄化现象和问题的认识及其应对经验多源自发达国家。

（一）转变观念

对老年生活的认识从安享晚年到鼓励老年参与发展。对老年人的态度直接决定了对待老年人的行为。早期的养老概念是建立在老年人是社会和家庭负担认知的基础上，把老年人作为被动接受各项服务的对象，把解决老年人的生存问题作为首要和前提条件，提出要充实老年人的生活，让他们在和平、健康和有保障的情况下，身心都充分、自由地安享晚年。当今社会则把老年人视为社会和家庭的财富，大多数的老年人是身体健康的自理者，是愿意为社会和家庭继续做出贡献的，要强调和鼓励老年人积极参与社会发展，为老年人提供继续参与社会生活的机会。

（二）制度保障

建立和完善养老保障体系是保证老年生活的根本和基础。发达国家早期的老年保障主要针对失能、残障、身心障碍等人群，以社会救助为目标；目前养老保障覆盖范围已经扩大到全体老年人，以普惠制和保基本为目标。第一，建立健全养老社会保障、医疗保障和长期照护服务体系，这是老年保障和养老服务的三大支柱，采用法律形式保障包括老年人在内的每个公民的基本权益。西方社会最早的社会福利法律源于 1883 年德国俾斯麦政府颁布的《疾病保险法》，在随后的半个世纪，英国、美国、瑞典、挪威、丹麦等先发的工业化国家相继制定了家庭津贴、社会保障、社会保险、国民健康、国民救济、儿童福利、老年福利等法律；后发的工业化国家后来居上，如日本、韩国、新加坡出台年金、老年福利、老年保健、老年赡养等法规，保障老年人基本权益，构成了发达国家社会福利法律体系的基础。20 世纪 80 年代以来，长期照料保险和服务也进入了发达国家养老保障制度建设的视野。

目前，发达国家养老保障体制主要有三种模式：一是俾斯麦社会保险模式，以就业为基础，与个人缴费相联系，养老补贴与职业、收入挂钩，现有德国、意大利、奥地利、比利时、卢森堡和法国等欧洲国家实行；二是贝弗里奇社会福利模式，以英国、美国和加拿大为代表，国家向每个公民提供基本社会保障，保障资金来源于强制性缴费或者政府转移支付，领取者获得相同数额养老金，在此基础上衍生出各种补充养老计划，以提高退休生活水平；三是个人积累市场模式，以新加坡、智利、澳大利亚等国为代表，养老保险资金来源于雇主和雇员，政府不负担任何费用，就业者本人实行自我保障、自存自用、多存多用，属于个人和家庭基本养老金，具有强制性，参保人的养老储蓄享有政府税收减免待遇，就业不足和养老储蓄不足的人，可申领政府养老补贴。

（三）缓解老化

鼓励生育、吸纳移民和延迟退休是缓解人口老龄化程度的有效手段。第一，鼓励生育。早在20世纪上半叶，西方发达国家就已经开始经历普遍的人口老龄化过程，并逐渐认识到生育率下降和预期寿命延长是人口老龄化的原因，随即开始想方设法提升生育率，以求在根本上改善人口年龄结构，增加劳动力资源，减缓人口老龄化进程，但是这是慢功，需要数代人的时间才能见效。然而，现实情况是手段用尽，收效甚微，只有个别国家的生育率略有回升，靠提升生育率缓和老龄化问题的功效遥遥无期。第二，吸纳移民是成本低廉且能在短期内优化人口年龄结构的捷径。如美国、加拿大、澳大利亚等国，主要接受商务型（business）、学习型（education）、技能型（skill）、科技型（technical）的"best"移民，既能通过招揽年轻人口改善本国人口年龄结构，还能选择素质型人才，提升人口素质。成本低廉，因为移民的基础教育、技术培训甚至大学教育都是在母国接受的，拿来即用。第三，延迟退休，并不影响人口的变动趋势，只是人为地改变界定老年人的年龄界限，本质上是把部分低龄老年人转变为现实的劳动力资源，延长个体生命周期中生产性时间段，缩短消费性时间段，增加人力资源供给，减轻老年人口的压力，体现"寿命更长，工作更长"的理念。当前，多数发达国家正采取循序渐进的方式提高退休年龄。如日本宣布每三年延长退休一年，到

2016 年升至 65 岁；美国提出在 2002～2027 年，通过对不同出生队列的人采用不同的调整方式，把退休年龄由 65 岁延长到 67 岁；法国计划每年延迟退休 4 个月，到 2018 年实现 62 岁退休；德国计划在 2012～2029 年把退休年龄从 65 岁提升至 67 岁；韩国计划逐步从 61 岁延长到 65 岁；瑞典法定退休年龄为 67 岁，是世界之最。目前的 24 个发达国家中，法定退休年龄为 65 岁占 67%、67 岁占 17%、60 岁占 13%、55 岁占 3%。

（四）居家养老

发挥家庭在养老中的重要作用依然是养老方式的主打。现代社会，尽管家庭的养老职能正在淡化，但赡养、照护老人仍然是家庭的一项重要职能。发达国家虽然有比较健全的养老保障制度和养老服务体系，但是多数发达国家依然普遍重视、积极鼓励和全力支持居家养老。今天的发达国家，九成以上的老人仍然为居家养老。

政府为鼓励居家养老所采取的主要措施有：在政策和投资上扶持居家养老服务产业，减免进入居家养老服务市场企业的税收、对使用居家养老服务的消费者给予财政补贴，实施家庭服务业促进计划，为居家老年人提供"在地服务"和社区服务，通过住房保障措施鼓励子女同父母共同居住、多代同堂，发展社区照顾和志愿者服务，对居家老人进行住房适老化改造，提倡自主自助养老、"倒按揭"方式以房养老，等等。而对机构养老的发展，则要求既要适度，更要分类指导，解决老年人的不同需求。

R.3
我国人口老龄化和劳动力
年龄结构的地区差异

封进　赵发强*

摘　要：　本文首先从人口老龄化和劳动力人口年龄结构两个维度分析
　　　　　地区差异，再将人口年龄结构和经济发展程度相结合，给出
　　　　　三类具有不同特征的典型地区，最后提出不同地区在应对人
　　　　　口老龄化方面的政策重点。

关键词：　人口老龄化　劳动力　年龄结构

　　根据国家统计局发布的最新老年人口统计数据，2017 年末，我国 60 周
岁及以上人口 2.41 亿，占总人口的 17.3%，65 周岁及以上人口 1.58 亿，
占总人口的 11.4%。根据联合国老龄社会标准（60 岁以上人口达到 10%，
65 岁以上人口占比达到 7%），整体上看我国已进入老龄社会。值得重视的
是，我国人口老龄化程度在地区间差异十分明显，可能是地区经济发展水平
差异所致，同时可能影响地区经济增长。特别地，劳动力作为重要生产要素之
一，其年龄结构对地区间劳动生产率差异及未来地区经济增长具有直接影响。

一　高龄老人数量占比的省际差异

　　老龄化社会中高龄老人对社会保障和照料体系的需求更大。这是因为不

---

　　* 封进，复旦大学教授，博士生导师，公共经济系主任，复旦大学就业与社会保障中心副主
　　任，主要研究领域为社会保障和健康经济学；赵发强，复旦大学经济学院硕士研究生。

同年龄的老年人在健康状况、生活环境等方面都不相同，从而使得老年人的生活自理能力存在年龄差异，而年龄越大的老年人生活不能自理的比例越高。[1] 我们采用中国健康与退休跟踪调查数据（CHARLS）的分析也发现，75 岁之后是老人健康快速下降的阶段。日常生活（简称 ADL）障碍和工具性日常活动（简称 IADL）[2] 障碍的老人占比在 60～64 岁、65～74 岁和 75 岁以上年龄组分别为 5%、10% 和 20%。认知得分在 75 岁之后有比较大的下降，这三个年龄段的得分分别为 8.3、8 和 6.9。[3] 同时，即使老年人的生活自理能力保持不变或者下降，由于预期寿命的延长，老年人在高龄阶段中处于失能期的时间也会延长。[4] 所以，考察高龄老人占比更能体现我国不同省份间由人口老龄化带来的社会负担差异。

我国 75 岁以上老人和 65～74 岁老人的比例正在逐步增长。以 2000 年和 2010 年两次人口普查数据作为对照，2000 年这一比例是 0.46，2010 年上升到 0.61。换言之，2000 年 65 岁以上老人中有 31% 是 75 岁以上老人，到 2010 年有 38% 是 75 岁以上老人，这一趋势还将持续。从全国整体来看，75 岁及以上人口占比相对于 65 岁及以上人口占比增加更快。

不同省份间 65 岁及以上和 75 岁及以上的老年人口占比存在差异（见图 1）。一般情况下，在人口老龄化程度（65 岁及以上人口占比）比较高的省份，75 岁及以上人口（简称"高龄老人"）占比也较高，值得注意的是，有些省份高龄老人占比相对较高，如上海、湖北、天津，高龄老人占比大约在 3.52%，高于全国平均水平。还存在老龄化程度相对不高，但是高龄老人的占比较大的情况，如海南、福建、江西、北京，它们 65 岁及以上的人口占

---

[1] 杜鹏、武超:《中国老年人的生活自理能力状况与变化》,《人口研究》2006 年第 1 期。
[2] 穿衣、洗澡、进食、移动、上厕所、控制大小便这六项中任何一项需要他人的帮助即认定为存在日常生活障碍（ADL disability），做家务、做饭、购物、理财、服药和打电话这六项中任何一项自己完成存在一定困难即认定为存在工具性日常活动障碍（IADL disability）。
[3] 认知能力包括日期认知、画图、计算三个部分，每部分五道题，答对一题得一分，即最高分为 15 分。
[4] 顾大男、曾毅:《1992～2002 年中国老年人生活自理能力变化研究》,《人口和经济》2006 年第 4 期。

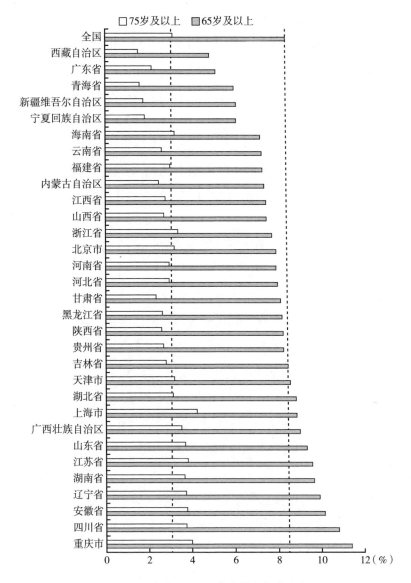

图 1 2010 年全国及 31 个省份老年人口占比

资料来源：第六次全国人口普查数据。

比相对较低，大约在 7.4%，低于 8.34% 的全国平均水平，但是 75 岁及以上的人口占比较高，大约在 3.02%，基本接近 3.11% 的全国平均水平。

从对社会医疗和照护资源需求角度看，关注高龄老人占比更具现实意义。高龄人口占比较高的省份需要将更多资源配置到医疗和护理服务中，尤其是经济发展水平并不高，但高龄老人占比较高的省份面临的压力更大。同时，高龄老人占比较大也是经济发展的结果，老年人占比更大的省份大多位于东部经济发达地区。有研究利用我国省际面板数据发现，随着经济发展和技术进步，人口出生率和死亡率均会呈现下降趋势，我国经济发展每增加1%，人口老龄化会增长 0.035%。[①] 这与世界人口老龄化趋势一致，二战以来，随着经济的发展和生活水平的提升，人类预期寿命延长，尽管存在1950 年代和 1960 年代的婴儿潮，OECD 国家的老龄化问题依然不可避免。

二 老年劳动参与的地区差异

随着收入水平增加、教育水平提高、医疗卫生可及性提升，我国老年健康存在日常行为能力指标在代际间逐步改善、慢性病和健康风险指标逐步恶化的趋势。研究发现在其他条件相同（尤其是年龄）的情况下，1940 年代出生老人的 IADL 概率比 1920 年代出生的老人低 20.3%。采用身体质量指数［简称 BMI，体重（公斤）除以身高（米）的平方］作为健康风险的指标，发现 1940 年代出生的老人高血压和健康风险（超重）比 1920 年代出生的分别高 5.18% 和 11.98%。[②] 这一趋势为我国老年人口继续参与劳动提供了基础。

根据 2010 年的人口普查数据，60 岁及以上还在从事生产性工作的人口占 60 岁及以上总人口的 30%。其中，60~64 岁人口中 2010 年有 48% 的人在工作，65~69 岁人口中 2010 年有 35.1% 的人在工作，70 岁及以上人口中 2010 年有 12.49% 的人仍在工作。这说明仍有很多老人，尤其是 70 岁之前的老人，他们的人力资本和健康状况仍可胜任某些工作。由

---

① 姚雪松、王志勇：《经济发展、技术进步对人口老龄化的影响》，《经济问题》2014 年第 5 期。

② Yu, Y., and F. A. Sloan, "Trends in Elderly Health by Cohort：Evidence from China", *China Economic Review*, 2017 (44).

于我国城镇职工受到退休年龄制约，女性 50 ~ 55 岁、男性 60 岁需要办理退休手续，虽然退休后还可返聘，但有相当一部分退休职工即使想工作也无机会。所以上述普查数据看到的 60 岁以上劳动参与率实际上是被低估了的。

我们按照国家统计局的口径，将全国除港澳台之外的 31 个省份划分为东部地区、中部地区、西部地区和东北地区。① 利用 2010 年的人口普查数据进一步分析不同地区间老年人劳动参与率之间的差异。比较而言，东北三省老年劳动参与率最低，60 岁及以上老年人的劳动参与率为 19.41%，中西部地区相对较高，在 33% 左右，东部地区为 26.46%（见表 1）。而且这一差异体现在 60 岁之后的每一个年龄段中。

表 1　老年劳动参与率

单位：%

区域	60 ~ 64 岁	65 ~ 69 岁	70 岁及以上	60 岁及以上
东部地区	44.50	31.76	10.79	26.46
中部地区	53.44	40.13	14.66	33.54
西部地区	52.23	38.54	14.80	32.95
东北地区	34.04	21.20	6.00	19.41

资料来源：第六次全国人口普查数据。

这一差异可能与地区所有制结构、城镇化水平以及经济发展程度带来的工作机会有关。东北地区国企众多且经济发展水平低于东部沿海地区，60 岁及以上老年人按照现行的退休制度退休后很难再进入劳动力市场。中部地区和西部地区的老年人劳动参与率的各项指标都高于全国平均水平，这可能与中西部地区近年来经济增速加快，产业由沿海地区向中部地区和西部地区转移，从而为中西部提供了更多的就业机会有关，同时中部地区和西部地区

---

① 东部 10 省（市）包括北京、天津、河北、上海、江苏、浙江、福建、山东、广东和海南；中部 6 省包括山西、安徽、江西、河南、湖北和湖南；西部 12 省（区、市）包括内蒙古、广西、重庆、四川、贵州、云南、西藏、陕西、甘肃、青海、宁夏和新疆；东北 3 省包括辽宁、吉林和黑龙江。

在非正规部门就业的比例高，受退休制度的影响相对较小，这些因素在一定程度上使得中部地区和西部地区老年人的劳动参与率有所上升。而东部地区的经济发展水平高，社会保障体系完善，老年人进入劳动力市场继续从事生产性劳动的意愿没有中部地区和西部地区强。

除了进入劳动力市场继续从事生产性劳动外，还有很多老年人退休后成为家务劳动的主要承担者，在力所能及的范围内为子女提供帮助。特别是许多调查都发现我国老人在婴幼儿照料中起到不可替代的作用，例如中国健康与养老跟踪调查的数据发现，45～79岁的老人中有58%在照料孙子孙女。中国健康与营养调查数据显示，2009～2010年由祖父母照料的儿童的比例从39.4%升至53.8%。

研究发现，祖母退休后照料儿童的可能性增加29个百分点，祖父退休后照料儿童的可能性增加21个百分点。而且，教育程度较低的祖父母退休后照料孙子孙女的可能性更大。一方面因为他们退休后再就业的机会比较少，照料儿童的机会成本较低；另一方面他们养老金水平较低，更希望能依靠子女养老，更愿意为子女照料孩子。[1]

三 劳动力人口年龄结构差异及对劳动生产率的影响

在人口老龄化的同时，我国人口中15～64岁群体（以下简称劳动力人口）的年龄结构也在发生变化，劳动力人口中55～64岁的群体（以下简称高龄劳动力人口）占比从2000年的10.64%上升至2010年的13.10%。而不同省份间劳动力人口年龄结构也存在一定的差异。以2010年为例，高龄劳动力人口占比（高龄劳动力占劳动力人口的比例）最高和最低的分别是重庆（17.67%）和广东（7.06%），前者约为后者的2.5倍（见图2）。

有文献研究发现，人口老龄化进而劳动力高龄化，会对劳动生产率产生

---

[1] 封进、韩旭：《退休年龄制度对家庭照料和劳动参与的影响》，《世界经济》2017年第6期。

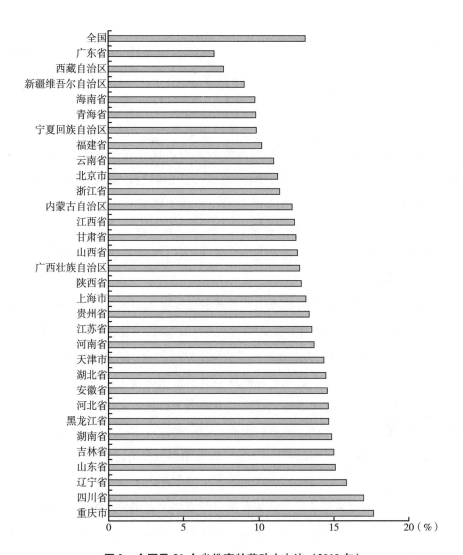

图2 全国及31个省份高龄劳动力占比（2010年）

资料来源：第六次人口普查数据。

影响，但是这种影响是正向还是负向则存在争议。这是因为，一方面劳动力高龄化会通过减弱劳动者身体和脑力机能及工作动机对劳动生产率带来不利影响，另一方面劳动力高龄化会通过提高劳动者的技能熟练程度和人力资本为劳动生产率带来有利影响，而且还有可能促进企业更多采用资本替代劳动的技术。

　　为了考察我国现阶段人口老龄化对劳动生产率的影响，我们利用 2000 年、2010 年两次人口普查数据和 2005 年全国 1% 人口抽查数据，研究了全国 340 个地级行政地区（包括地级的市、州、地区）劳动生产率与劳动力人口年龄结构的关系。产业劳动生产率定义为某一产业的劳均增加值。[①] 如图 3 所示，可以发现劳动生产率与高龄劳动力占比存在正相关关系。通过更为严谨的分析发现，在排除时间和地区特征影响后，地级地区的劳动力人口中高龄劳动力占比每增加 1 个百分点，该地区劳动生产率会增加 1.20 个百分点。进一步区分三次产业来看，第二、第三产业的这一效应分别为 4.4% 和 1.34%，且统计上都很显著，但对第一产业劳动生产率的影响并不显著。

　　现有文献采用跨国数据和我国分省数据证实了人口老龄化导致的劳动力短缺会促使一个经济体更多地采用智能化生产，而智能化生产对当地生产总值产生正向影响，[②] 我们的发现进一步验证了这一假说。从这个角度来看，人口老龄化带来的劳动力老龄化会促使社会生产使用更加先进的机器设备，同时劳动力中高龄群体占比增加也意味着劳动力人口整体工作经验的积累，两者的共同作用带来了劳动生产率的提高，而这种效应在技术密集度更高的第二、第三产业体现得更为明显。对于第一产业来说，我国目前的生产方式更多还是依赖于劳动者数量，科技化和智能化水平还有待提升。

　　以上的结果仅是基于样本数据在统计学意义上做出的一种回归分析，并不意味着高龄劳动力占比高的地方一定会有较高劳动生产率。我们发现，样本中依然存在一些不满足这种关系的地区。进行上述分析的目的在于说明存在"高龄劳动力占比对劳动生产率有正向影响"这种可能性，从而为应对人口老龄化提供一个有益的尝试方向。

---

①　即"产业增加值除以该产业全部就业人数"。例如，某市第一产业劳动生产率（元/人）= 该市当年第一产业增加值（元）÷ 第一产业全部就业人数（人）。

②　陈秋霖、许多、周羿：《人口老龄化背景下人工智能的劳动力替代效应——基于跨国面板数据和中国省级面板数据的分析》，《中国人口科学》2018 年第 6 期。

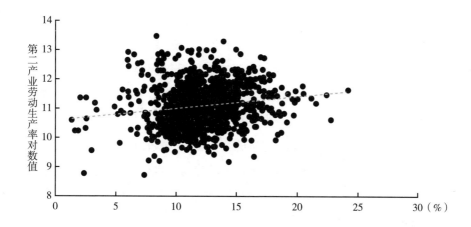

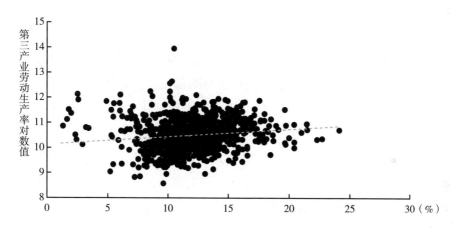

图3　劳动生产率与高龄劳动力占比之间的关系（2000～2010年）

资料来源：人口普查数据、国家统计局。

四　人口老龄化、经济发展水平与政策重点

综合我国不同地区人口年龄结构和经济发展程度之间的关系，可得到在如下三类典型地区，不同地区应对人口老龄化的政策重点有所差异。

第一类地区的经济发展程度较高，预期寿命较长，人口出生率较低，65岁及以上人口占比高，但0～14岁少儿占比较低，主要包括上海、北京、江苏、浙江等省市。例如2017年上海人均GDP 12.67万元，65岁及以上人口占比14.3%，0～14岁人口占比仅为9.94%。如表2所示，整体来看这些省份的人均GDP都超过1万美元，已经达到国际上中等偏上收入国家的水平，且维持着较高的经济增速。同时，这些省份的城镇化率已达到较高的水平，在公共服务、医疗条件等方面又为应对老龄化的挑战提供了较好的基础。但是，相对于其他省份来说，这些省份的0～14岁人口占比较低，未来劳动力供给受限，而且，北京、上海当前老年劳动参与率也较低。因此，这些省份虽然有一定的财力应对人口老龄化带来的挑战，但是人口结构不利于长期发展，其面临的主要挑战是劳动力供给下降，需要充分利用劳动力资源，并促进生育率提升。

第二类是经济发展程度较低，人口净流出，且人口增长率较低的省份，包括东北三省、四川、安徽等。如表2所示，从总体上看这些省份的人均GDP处于全国中下水平，经济发展程度与东部发达地区存在一定的差距。例如，这类省份中2017年人均GDP最高的吉林，其人均GDP也只有上海的43.4%。这些省份在应对人口老龄化时面临的共同挑战是自身财政能力有限，地方政府对与老年相关的公共支出可负担性较差，需要依赖中央政府转移支付。尤其是东北三省，不仅2017年的人均GDP水平不高，而且经济增速也处于末位，经济发展前景堪忧，同时人口结构方面的指标也不尽如人意，其2017年常住人口自然增长率几乎为零，0～14岁人口占比仅为10%左右，从长期来看也面临巨大的挑战。

第三类是65岁及以上人口占比较高，同时0～14岁人口占比相对较高的省份，包括重庆、山东、湖南、陕西、河南。例如，重庆65岁及以上人口占14.3%，0～14岁人口占16.4%，其65岁及以上人口占比与上海相当，但少儿人口占比比上海高6.45个百分点。如表2所示，这些省份的人均GDP基本位于全国中下等水平，城镇化水平相对较低，难以为应对人口老龄化提供充足的财力支持。其潜力在于它们的经济增速远高于全国平均水平，同时这些省份的0～14岁人口占比高于其他老龄化程度高的省份，其人口结构处于比较优势的地位，而且这些省份老年劳动参与率普遍较高，长期来看有利于应对人口老龄化的挑战。这些省份需要通过发展本地经济和促进人力资本投资，加快劳动力从农业部门向非农部门转移，提高劳动生产率，应对老龄社会的来临。

表2 代表性省份的相关指标

单位：万元，%

省份	人均GDP	65岁及以上占比	0~14岁占比	老年劳动参与率	高龄劳动力占比	城镇化率
上　海	12.67	14.26	9.94	6.06	13.17	87.70
北　京	12.91	12.50	10.90	6.00	11.25	86.50
江　苏	10.69	13.93	13.45	29.66	13.54	68.76
浙　江	9.15	12.48	12.17	26.88	11.40	68.00
四　川	4.45	13.93	15.83	37.35	16.98	50.79
安　徽	4.32	12.99	19.10	38.80	14.59	53.49
辽　宁	5.36	14.07	10.15	19.98	15.87	67.49
吉　林	5.50	12.19	12.44	22.13	14.99	56.65
黑龙江	4.20	12.14	9.95	16.70	14.65	59.4
重　庆	6.32	14.28	16.39	35.50	17.67	64.08
山　东	7.26	12.93	17.68	36.40	15.08	60.58
陕　西	5.71	11.10	15.63	30.35	12.81	56.79
河　南	3.71	10.84	20.85	37.60	13.68	50.16
湖　南	4.94	12.17	18.41	31.82	14.85	54.62

注：老年劳动参与率和高龄劳动力占比为2010年人口普查数据，除此以外其他指标为2017年数据；老年劳动参与率统计口径为60岁及以上的老年人。

资料来源：CEIC数据库、公开资料。

此外，从全国总体来看农村地区的人口老龄化程度高于城镇，2016年65岁及以上人口占比城镇和农村分别为9.6%和12.5%，75岁以上人口占比分别为3.5%和4.5%，而且农村老人的健康状况显著低于城镇老人。通常经济欠发达地区也是城镇化率较低的地区，外出打工的劳动者较多，老人不仅家庭收入水平低，还面临缺乏家庭照料的困境。第四次中国城乡老年人生活状况抽样调查显示，独居/空巢老人占比为13.3%，其中农村占比要高于城市。研究发现，与子女同住有利于提升老人的认知健康，减少精神抑郁，其中的主要机制是老人需要与人沟通，排解孤独。目前老年津贴均由户籍地政府提供，欠发达地区和农村地区津贴低于发达地区，而他们的子女可能主要在发达地区常住和工作。为此，需要考虑按常住人口提供老年津贴，鼓励老人随迁，由此缩小基本公共服务的地区差异和城乡差异。

参考文献

［1］陈秋霖、许多、周羿：《人口老龄化背景下人工智能的劳动力替代效应——基于跨国面板数据和中国省级面板数据的分析》，《中国人口科学》2018 年第 6 期。

［2］杜鹏、武超：《中国老年人的生活自理能力状况与变化》，《人口研究》2006 年第 1 期。

［3］封进、韩旭：《退休年龄制度对家庭照料和劳动参与的影响》，《世界经济》2017 年第 6 期。

［4］顾大男、曾毅：《1992～2002 年中国老年人生活自理能力变化研究》，《人口和经济》2006 年第 4 期。

［5］姚雪松、王志勇：《经济发展、技术进步对人口老龄化的影响》，《经济问题》2014 年第 5 期。

［6］Yu, Y., and F. A. Sloan, "Trends in Elderly Health by Cohort: Evidence from China", *China Economic Review*, 2017（44）.

R.4
从社会转型的角度看待老龄化

梁春晓*

摘　要： 老龄化日益引起全社会的广泛关注，对老龄化的关注日益从局部问题拓展到全社会各方面的问题。这种转变是当前我国社会形态转型的一种反映，老龄化所带来的挑战已经远远超出了养老的范畴，它促使我们进入另一种社会形态——老龄社会。中国老龄社会的到来有其自身特点，正值我国处于一个经济高速发展、国力迅速崛起的时期，与城镇化、工业化、信息化和农业现代化同步展开，与发达国家相比，有其独特的发展模式。因此中国应对老龄社会的来临需要进行市场创新、社会创新和政府创新。当前，联合多方资源对老龄社会进行跨界研究已被提上议事日程。在此背景下，一批有识之士成立老龄社会30人论坛，致力于推动全社会从关注老龄化现象向关注老龄社会转变，在广泛讨论的基础上总结出老龄社会的十大议题，汇聚社会各界力量，共创老龄社会美好未来。

关键词： 老龄化　老龄社会　老龄社会30人论坛　老龄社会

* 梁春晓，阿里研究院高级顾问，菁草智酷创始合伙人，信息社会50人论坛理事，老龄社会30人论坛发起人，盘古智库老龄社会研究中心主任，中国红十字基金会理事，阿里巴巴商学院特聘教授。2007~2016年任阿里巴巴集团高级研究员、副总裁和阿里研究中心主任，以及阿里研究院学术委员会主席。长期致力于电子商务、信息社会和老龄社会领域研究。

老龄化相关的研究基本上分为两类。第一类是把老龄化降为养老，谈养老机构、养老产业等。第二类是把老龄化上升到了社会层面，但还没有构想出一个比较完整的体系。老龄社会30人论坛和盘古智库老龄社会研究中心希望能引领社会，从整个社会转型的角度来看待老龄化。

一　我们或已进入常态化的老龄社会

我们现在应该考虑的绝不仅仅是怎么解决老年人的问题，而是面临着人类可能要在现阶段就此挥别延续上万年的青年社会，进入一个常态化老龄社会的状态。在这一大背景下，整个社会从经济、文化、心理到宗教等方方面面几乎毫无准备，在解决伴随老龄化出现的种种问题时常常"按下葫芦起了瓢"。

老龄化带来了巨大挑战，目前中国缺乏足够的理论和视野应对这些挑战。前段时间我看到的一篇文章讲到，如果没有基本的理论支撑，对大数据的研究毫无意义。今天，如果我们没有系统、深入地思考和研究老龄化，面对问题的时候也必然会捉襟见肘，会有很大挑战。

二　对老龄化认知不清容易对形势产生严重误判

比如在养老产业的问题上，市场一开始对形势做出了误判。看到老龄人口增加很多机构就奋不顾身地投入，建养老院、建养老驿站等等，结果就是养老床位的使用率很低，离市场预期相去甚远，其原因在于我们缺乏对整个形势的总体认知，还停留在原来的思考框架下看待养老问题。

我们希望能够站在更高的角度，全面地看待老龄化这一社会问题，因为老龄化带来的影响非常全面。比如随着人口结构变化，家庭结构也在变化，中青年比例降低会导致整个社会活跃度发生变化。

例如，北京近十年工资增长速度最快的行业之一是家政服务，2008年北京小时工的工资一个小时15元左右，现在至少35元。还有哪些行业的工资增长速度能这么快？原因主要是，一方面是能够从事家政服务行业的人群在减少；另一方面家政服务的需求在快速增长。

随着人口结构变化，人民的生活方式也发生了变化。当家庭结构发生变化的时候，经济和社会将受到全方位的影响。因此我们发布老龄社会年度报告，希望在一定程度上从比较全面的角度理解老龄社会的发展，推动整个经济更好地转型。在此基础上，我们才能够为政策设计提供一个真正可以依托的思路。

回顾整个人类的发展，人口、技术、文化三个重要的因素决定了整个人类的未来。最近20多年，以互联网为核心的信息技术发挥了巨大的作用，思德库非常重视养老服务领域的技术创新。文化这一块，我们同样非常重视。不同的文化背景会决定和影响整个社会的发展。但是往往最容易忽略的就是人口的发展。有一种理论讲，从过去十年的人口结构和发展状况可以推断出未来五年的经济发展情况。人口结构在人类社会的发展中起到了非常重要的作用，针对这一因素影响社会发展的研究却很匮乏。人口的"金字塔"结构已经发生了巨大的变化，我国的社会保障体系就是建立在一个"金字塔形"的人口结构假设之上，一旦这种结构发生改变，那不光是我国甚至欧洲、美国的社会保障体系都会面临极大的冲击。几年前当我从阿里研究院负责人的位置上退下来之后，我关注的重点就是老龄化和老龄社会，我和田兰宁院长一起参加过几次思德库项目的评选，真的是受益匪浅。今年是整个中国社会认识老龄化和老龄社会的转折之年，具体表现为：第一，老龄化开始受到全社会的关注；第二，关注老龄化问题的人群从一小部分从业人员拓展到全社会的各个人群，把局部问题拓展至全社会问题。这种拓展的深层次原因在于老龄化所带来的挑战已经远远超出了养老的范畴，它拓展到社会的各个方面。

对于老龄化社会形成的一个基本认知就是，老龄化社会是由三个因素造成的——长寿、少子、人口的迁移和流动。从经济发展的角度考虑就是如何看待老龄人口在社会和经济发展中所扮演的角色，他们究竟是经济创造者还是产品的消费者，这是一个全局性问题，不能仅仅看成是养老问题。我们需要转变的是对于老龄社会的认识。不能再把它当成一个问题，而要把老龄社会当成一个常态来面对。老龄化的人口结构在短期内不仅不会改变，很有可能会更加严重。学术界对于老龄社会有两种态度。第一种是盲目乐观。认为人类社会几千年都是这么过来的，进入老龄化社会同样也会安全度过。但是，以前的经济结构和社会发展都不适应现在我们所处的这种老龄化的人口结构，以前的社会也未曾遇到这样严重的老龄化问题。第二种是一味悲观。应该积极应对这样一个新常态。我们举办老龄社会 30 人论坛就希望提出一些新的观点、新的策略，我们不能将老龄社会的问题局限于一个产业、一个部门之中。

对于中国来说，老龄社会具有许多特色。第一，老龄社会的到来是与城镇化、工业化、信息化和农业现代化同步展开的，这一点与许多欧美发达国家有很大区别。思德库就是在把老龄社会与信息化结合在一起。第二，中国是在一个经济高速发展、国力迅速崛起的时期突然进入老龄化的，有特定的发展模式。可以借鉴发达国家的经验教训，但是可借鉴的不多。因此中国应对自己的老龄化危机进行市场创新、社会创新和政府创新。田院长和我们能做的就是希望在这个基础上推动老龄社会的市场创新，我一直在强调，田兰宁老师是我们 30 人论坛的缘起，是她建立了这样一个平台，各方面的专家学者聚集在一起致力于推动全社会从关注老龄化现象向关注老龄社会转变。我们希望能够在以前的基础上推动老龄化研究的进一步深入，因此我们总结了老龄社会的十大议题。

第一，重新认识老龄化社会。这是一个新的社会形态，相对应的就是要求社会产生新的公共政策、文化氛围和社会结构等等，要求我们对经济、社会、文化、科技和制度层面做出全方位研究，在哲学观念、研究范式和行动理念上做出重大的改变。

第二，信息技术、信息化、信息社会条件下的老龄社会。信息化对于社会的发展有着很强的正面效应，现在的人类在工作和学习中已经非常依赖互联网，所有年龄段的人都在利用互联网。互联网已经完全融入整个社会。当然在老龄化社会面前，信息化也有一些负面效应，高度信息化的社会使得老人与现代社会之间出现了一个非常巨大的数字鸿沟，使老人难以融入信息化社会。例如老人手机的选择问题。我们需要依据老龄化社会来进行全面的评估，而不是刻板的印象。例如，老人使用老人机并不一定真的方便，他们也可以很好地使用智能机。而且，我们也可以根据老年人的使用习惯和使用意见来改进信息化的发展方向，使其更加适应老龄社会。

第三，城镇化进程中的老龄化社会。上海、深圳等一线城市的老龄问题不是很严重，其原因在于这些城市吸引了大量年轻劳动力来减缓老龄化问题。这就导致了小城镇和农村的老龄化问题更加严重。所以说老龄化和城镇化是紧密联系在一起的。但是我们也要看到好的一面。信息化和城镇化带来的一个好的现象就是淘宝村的兴起，据相关研究显示，2018 年中国已经出现了淘宝村 3000 多个。这一现象带动了很多年轻人回乡创业。这是缓解农村地区老龄化问题的一个重要方式。这个现象同样值得研究。其他值得研究的还包括在老龄化背景下的城乡一体化、乡村可持续发展问题。

第四，全球化格局下的老龄社会。从全球视野来看，全世界进入老龄化的国家已经超过 100 个。这就使得各个国家和地区的政治生态和政策发生变化，国际关系、地缘政治和国家竞争也与过去有了很大不同。

第五，老龄社会与文化传统、文化建构。老龄社会不仅改变了经济发展和社会结构，同样改变了文化传统。我国尊老、重老的文化传统与几千年的农耕历史有着很深的渊源。然而，随着近几十年的工业化、信息化发展，这种文化传统也在发生着改变。在新的社会结构下如何建立起新的文化架构和文化传统？以前的社会所形成的世界观、人生观和价值观都是围绕以前的那种"金字塔形"的人口结构来建立的。很多文化传统的根基是人口和技术，人口和技术的变化就会导致文化传统的变化。

第六，老龄社会与社会创新、公益转型。我认为国家十分需要一场大的社会创新来迎接老龄社会。所谓社会创新一是需要一个新的社会主体出现，二是需要新的社会关系形成。把养老和信息化结合起来就是新的社会关系。新的社会主体就是居家养老、机构养老和社区养老等等。我们观察人类社会的发展历史可以看出，其实社会保障政策就是 100 多年前的社会创新。我在调研时发现，一种新的养老模式就是寺院养老，这也是一种社会创新。其实寺院养老这种方式有着很长的历史，最远可以追溯到唐朝。唐朝的寺庙就有一个部门叫悲恬院，住的都是老年僧人和周围无家可归的老年人。这就是一种应对老龄社会而产生的社会创新。

第七，老龄社会与经济发展、经济转型。我们 30 人论坛正在推动的养老产业集群也是一种经济转型的模式。这只是一种尝试。我们很难想象 20 年后这种产业集群会对社会产生怎样的影响，就像我们 20 年前根本无法想象互联网会对我们的社会产生这么大的影响。我们的邻国日本已经处于老龄化社会很长一段时间了，其很多研究成果值得我们借鉴。日本提出了社会 5.0 的概念，值得我们重视。新的社会形态就是，老龄社会中我们应该从一味地追求高速经济增长中慢下来。老龄社会是一种新的社会形态，那么这种新的社会形态中，经济模式、生产模式、增长动力、核心要素、产业结构、收入分配、市场供需等因素都会发生改变，这种改变同样值得研究。

第八，老龄社会与乡村振兴。老龄社会最大的挑战在农村，尤其是贫困地区的农村，"空心村"现象非常严重。如何把两者结合起来是很重要的研究议题。我在调研时发现了一个很有意思的现象——现在的老年服务中心都是由以前的小学改造的。这说明年轻人都已经离开农村，留下的都是老人。现在的问题是如何利用这些服务中心把农村联结起来，促进乡村的发展。

第九，老龄化的生活方式与身心健康，包括生活空间、家庭形态、消费方式、心理状态、社会网络和社交方式等议题，这些变化同样值得研究。

第十，老龄社会的公共政策与制度创新。我们 30 人论坛的很多议题都希望能够落实到公共政策上，包括人口政策、产业政策、医疗政策、社保政策和老龄人口权利保障政策。哪些政策应该落实，如何落实这些政策，政策落地的后续影响，都是我们关注的重点。

R . 5
中国的老龄社会大格局

党俊武[*]

摘　要：　当前认识老龄社会存在以下三个误区。一是认为老龄社会就是老龄人口数量上升。很多政府文件和企业决策的基本出发点就是应对老龄人口上升。然而事实上，如果少儿在老龄人口增多的同时也增多就没有老龄问题了，也就没有老龄社会了。所以把老龄社会当成是老龄人口数量越来越多的社会是不科学的，我们不做出改变将付出历史性的代价。二是把老龄社会当作养老的问题。很多人认为老龄社会既然是老年人问题，把老人服务好就可以解决问题，这是以前的一些普遍认识。包括政府出台的一些文件很多都与如何养老相关。在如何养老的问题上，近两年爆发出的核心问题是失能老人的长期照护，于是又产生了更狭隘的养老服务问题。结果是把老龄社会简化成养老服务，简化成政府和企业建设养老院的问题。三是把老龄社会当成健康卫生问题。这是在建设养老院过程中的问题之一——养老床位紧张。有些人觉得老龄社会需要解决的是养老床位的问题、健康卫生服务体系怎么解决照料护理老年人的问题。

关键词：　老龄社会　人口老龄化　长寿红利

---

* 党俊武，南开大学经济学博士，著有《老龄社会引论》，发表论文20余篇，参加《国家应对人口老龄化战略研究》《中共中央　国务院关于加强老龄工作的决定》《中国老龄事业发展"十一五"规划》《中国老龄事业的发展白皮书》等重要文件的起草工作。

一 什么是老龄社会

人口老龄化，也就是老年人增多小孩减少，处于中间的成年人口也在慢慢减少。为什么会这样？背后的原因是社会形态已经发生了深刻变化。人口老龄化只不过是社会形态改变的一个标志而已。那么，老龄社会到底是什么？我想用一个关键词来刻画的话，那就是革新。

（一）人口领域的革新

从有人类历史以来到 19 世纪中叶，60 岁以上老人的比例在 4% 以下。未来，这一比例将达到 1/3。并且，这种趋势基本不可逆转。这是一场人口革命。道理很简单，大家都想长寿，又不愿意生小孩，结果必然是老龄化。但一旦老年人口的比例超过 40%，这个国家、这个民族的发展就会受影响。日本该比例现在已经超过 30%，就是这个问题，不是存亡问题而是兴衰问题。因此，对老龄社会要做中长期研究。现在我们对人口发展的研究还只是到 2050 年，下一步要研究 2100 年乃至更长时间内中国人口会什么样。以前我们做人口预测也就做 70 年，而现在是百岁人生，所以今后做人口预测就应该用 100 年的标准来考量。

（二）经济领域的革新

经济的发展离不开理论的指导。但现在经济学的基本理论都是建立在劳动力充足的假定上的。老龄社会的到来，让这个假定发生了改变。可以说，现在的经济学理论已经崩溃了，敲响了丧钟，但现在没有人提出新的经济学理论。经济学理论正处在革命的关头。同时，关于人口老龄化对经济发展的影响，大部分都认为是负面的。但老龄社会对经济发展也有正面的影响。我们做过一个预测，老龄社会的到来会给中国带来 100 万亿元的老龄产业潜力。按照中国的态势，老龄产业的产值可能要占到 GDP 的 30% 以上。如老龄金融，有很多事情可以做。目前只有少数银行和保险机构参与，大多数的金融机构还没有加入进来。

（三）社会领域的革新

社会主体结构三分天下，这是革命性的。欧洲的动荡不安，与老龄问题大有关系，而且是根子上的。提高年轻人的支出，保障老年人的收入，年轻人不干；减少老年人的退休金，老年人不干。两大群体的对立，结果就是社会不安。在老龄社会下，如何切分社会资源，是一个非常大的难题。第二个难题是社会失去发展活力的问题。美国、欧洲、日本都出现了这个问题。第三个难题是整个社会的公共服务设施都不适宜老龄社会。老年人三分天下将考验我们的社会治理能力。

（四）文化领域的革新

人类已经创造出的所有文化都是基于年轻社会的。当老龄社会、超老龄社会来了该怎么办，文化上完全是一个空白。

（五）对城乡和区域的革新

老龄社会的到来，意味着一个再城市化的问题。老人服务体系面临再城市化；老年人是留在农村还是出来，也面临着再城市化。还有区域聚焦问题，都到海南去，这样能行吗？异地养老现在才刚刚开始，商业模式还不清晰。如果真的找到商业模式并发展起来，将来我们区域的老龄经济资源如何配置？异地养老保险结算背后的经济社会问题怎么办？这都是要考虑的问题。

（六）国际战略格局的革新

发达国家针对老龄问题已经在积极想办法，其中就包括通过新兴市场来分散其老龄化压力。这中间的金融安全涉及新贸易战略问题、养老资源的全球化竞争战略问题、全球视野下的产业结构格局重塑问题。现在各国都在重构本国的产业结构，我们怎么办？这些都是重大的国际战略问题。需要提醒的是，这些年，关于全球迈入老龄社会格局下的国际战略问题实际上也是人类命运共同体问题尚未引起足够的重视和关注，这更是未来人类社会最具革命性的重大议题。

迈入老龄社会，机遇与挑战、积极与消极、乐观与悲观这些二元思维方式已然过时。因为，不管我们持什么态度，老龄社会的到来是不以人的意志为转移的，这是一个新的社会形态。因此，我们要摆脱二元思维，站在人类命运共同体的高度来把握老龄社会。而这也正是我们今天论坛成立的定位和起点。

二 从大格局看待老龄社会

人口老龄化是人类告别短寿旧时代和年轻社会、迎来长寿新时代和老龄社会的重要标志。党的十八大以来，习近平总书记提出一系列积极应对人口老龄化的战略思想，并集中体现为党的十九大做出的积极应对的长远战略部署，这既表明了世界上老龄化压力第一大国积极应对挑战赢得伟大胜利的坚强决心，也是对全体中国人民过上幸福美好晚年生活的庄严承诺，更是人类应对长寿新时代和老龄社会的中国方案、中国智慧和中国道路。

（一）释放长寿红利需要深化改革

聚焦老龄社会的新起点、新视野和新方位，我们面临的机遇不可多得。转变观念，抓住机遇，积极作为，开发长寿时代的巨大红利，不仅是推动经济社会持续发展、实现中华民族伟大复兴宏伟目标的必然战略选择，也是长寿新时代中国的"大卫生""大健康"问题。这不是一般意义上的卫生、健康问题，更不是短寿时代和年轻社会意义上的卫生、健康问题，而是长寿时代和老龄社会意义上的卫生健康问题，需要彻底进行观念变革，树立全新的"大卫生观""大健康观"观念。构建老龄工作大格局和老龄社会条件下实现全体人民健康长寿、富足养老的美好生活是中国梦的题中之义。

党和政府高度重视积极应对人口老龄化问题。自 1999 年建立各级老龄工作委员会以来，特别是党的十八大以来，按照习近平总书记关于积极应对人口老龄化的战略思想和要求，各级党委和政府采取了一系列重大举措，各级老龄工作委员会统筹协调、各成员单位齐抓共管，社会各界积极作为，应对人口老龄化的全民自觉意识显著提升，相关顶层设计显露雏形，相应重大制度安排积极推进，老龄工作、老龄事业和老龄产业取得重大成就。

但是，由于我国人口老龄化超前于社会主义现代化，"未富先老""未备先老"特征显著，应对人口老龄化的物质基础相对薄弱，制度安排体系还不完善，精神准备还不充分，特别是动员政府、市场和社会三大部门共同应对的体制机制尚未真正形成，迫切需要按照习近平总书记关于"党委领导、政府主导、社会参与、全民行动"的老龄工作方针，深化老龄工作体制机制改革。

当前，老龄工作体制机制改革面临新的机遇和重大转折，关系着应对人口老龄化全面战役的成败。按照习近平总书记关于积极应对人口老龄化的战略思想，老龄工作的核心任务就是积极应对人口老龄化，而不是简单的老年人的养老问题或者老年人的健康医疗问题。积极应对人口老龄化涉及社会方方面面，需要立足当前、着眼长远，既要有人口领域的战略安排，更要有经济领域的战略布局；既要有社会治理领域的战略储备，更要有社会发展领域全民全生命周期的制度安排；既要有文化领域的事业产业支撑，更要有社会主义文化的核心价值引领；既要有立足全球视野的国家层面的顶层设计，更要有落地生根的区域性的战略部署；既要有政府主导和市场配置资源决定性机制的健全完善，更要有全民全生命周期的主动行动。这是落实习近平总书记关于积极应对人口老龄化战略思想的必然逻辑，也是落实中央关于党和国家机构改革中完善老龄工作体制机制的基点。

（二）形成推动老龄工作发展大格局

此次党和国家机构改革基于积极应对人口老龄化的全民性、全域性、全局性需要，强化了全国老龄工作委员会的职责，并由国家卫生健康委员会承担拟定应对人口老龄化政策措施等具体职能。总结 1999 年以来近 20 年老龄工作的历史、经验和教训，新的全国老龄工作委员会需要把握好"事关国家发展全局、事关亿万百姓福祉"的老龄工作的未来方向。

全面领会和落实习近平总书记关于积极应对人口老龄化战略思想的精神实质。党的十八大以来，习近平总书记立足中国国情、借鉴国际经验，提出了一系列应对人口老龄化和老龄社会的科学论断，也提出了一系列加强老龄工作、发展老龄事业和产业的战略思想论断。全党全社会必须深入学习、深刻领会，全面谋划，从当前做起，从人人做起，全面付诸实施。

着力构建老龄工作的大格局。老龄工作涉及各个领域各个方面，需要完善中央贯通地方、党委统一领导、政府依法行政、老龄委协调督察、部门密切配合、群团组织积极参与、上下左右协同联动的老龄工作机制，形成有效动员政府、市场、社会三大部门共同推动老龄工作的大格局。要确保各级老龄工作有人抓、有人管。要健全社会参与机制，发挥有关社会组织作用，发展为老志愿服务和慈善事业。

科学把握各级老龄工作委员会及其办公室的职能。新的全国老龄工作委员会的职能是综合性的，应当包括：拟定积极应对人口老龄化的中长期战略、规划和政策，拟定老龄事业发展规划、政策、标准、规范并组织实施，拟定老龄事业的法律法规草案、规章、标准、规范，拟定老龄产业发展规划、政策、标准、规范并组织实施，负责监督管理老龄产业市场，指导、协调开展老龄社会国情宣传教育、孝亲敬老传统美德宣传教育以及积极老龄观宣传教育，协调推进养老、孝老、敬老社会环境建设和老年宜居环境建设，组织指导老龄工作领域的国际合作与交流、对外宣传、援外工作，督促、检查中央和全国老龄工作委员会决定事项在有关部门和各地的落实情况，负责成员单位的联系、协调工作，日常工作由全国老龄工作委员会办公室承担。地方参照全国老龄工作委员会及其办公室设置。

加强全国老龄工作委员会自身建设。中国的老龄问题不仅仅是老年人的养老、健康和医疗问题，而且是关系未来发展全局和全体人民的重大战略问题。新的全国老龄工作委员会要按照党的十九大精神要求，立意高远，谋划和做好全国的老龄工作，切实强化自身建设。国家卫生健康委员会既是全国老龄工作委员会的成员单位，又是全国老龄工作的牵头部门，既要做好本部门的老龄工作，更要牵头做好全局的老龄工作，防止以部门的局部老龄工作替代全局性的老龄工作，在做好全国健康工作的同时，重点是协调推动政府、市场和社会三大部分特别是全国老龄工作委员会各成员单位共同做好全国的老龄工作。

老龄工作涉及方方面面，党和国家机构改革方案中用医养结合等来表述全国老龄工作委员会和作为老龄工作牵头部门的国家卫生健康委员会的职能和工作。这就需要按照党的十九大精神的要求和政府工作报告的要求，结合当前和今后中长期的重大老龄问题，尽快明确任务清单。至于医养结合，主要包括两个层面：事业层面主要指长期照护保障制度建设，产业层面主要解决实现医养结合的相应金融、产品和服务体系的支撑问题。目前，关于医养结合尚处于起步阶段，基本上还没有破题，需要抓紧研究，明确定位各相关主体的责任边界和具体任务。

ℝ.6
养老政策再设计

曾红颖*

摘　要：　老龄社会是必然的发展趋势，未来一定会有养老需求爆发的峰值出现，有了这个预判，我们迎接老龄化冲击的准备就会更充分。根据人口结构演变，如果养老需求爆发的峰值在10年、15年后到来，那么企业不一定现在就要注重机构养老等的"硬件"，而是要关注开拓养生市场、补足养老市场需求匮乏的短板。

关键词：　养老机构　养老需求　养老政策

一　政策有何用

养老政策在市场上应起到以下三个方面的作用。

第一，调节市场准入。很多养老企业需要大量用地，必然存在拿地资格问题。现在的市场环境中，有的人想变相拿地就涉及土地性质的问题，还有经营方向、业务模式、卫生、医疗、食品安全等。这些都会影响养老市场的准入条件，由现行的政策划定具体边界。

第二，降低运营成本。在调研过程中，我们发现无论高端养老院还是社区养老设施都存在大量闲置的现象。有效需求不足让企业感受到较大运营压力，很多企业反映运营成本高加剧了运营压力，包括水、电、气、暖、消

---

* 曾红颖，博士，北京大学社会发展研究所研究员，国家发改委宏观经济研究院社会研究所副主任。

防，还有对于养老设施的一些空间要求和一些必要设施配置，都是影响这个行业、企业成本的重要因素，同时也存在较高的制度门槛。

第三，规范市场秩序。政府应制定一种标准，特别是服务标准，明确市场主体可以在什么条件下竞争。政府能做的不仅仅是补贴，还应该考虑在确立标准的前提下为哪种企业赋能。这就预示着养老市场会形成一个怎样的市场格局。

目前，养老市场中以社会公益性质的机构参与为主，多由政府举办，这是政府通过事业单位、购买服务直接将政策作用于养老领域。另一个重要方面，政策的影响和效果要通过市场主体——企业来展示。由企业服务到市场需求的实现，这个过程也应是政策作用的效果。

二　养老市场研判

（一）养老机构数量庞大

1999 年，我国 60 岁以上的人口占总人口的 7%，按照国际标准我国进入老龄社会已近 20 年。这期间我们做了什么？先看养老市场的"硬件"。根据 2017 年民政统计年鉴，2016 年我国养老机构和设施提供的床位 730.2 万张，使用人数 327.6 万人，所有床位的使用率是 44.8%。城市养老服务机构入住率是 50.1%，农村是 62.9%。还有体量占比最大的社区养老机构，入住率最低的只有 24.6%；民间非营利组织举办的机构大概 10 万家，还有基于社区的其他机构，入住率 33% 左右。

老龄办提供的 2017 年数据显示，包括城市、农村的养老服务机构，以及社会福利院、光荣院、康养院到军休所，全国各类养老服务机构 15.5 万家，注册登记服务机构 2.9 万家。

（二）市场缺乏龙头，极度分散

这么庞大的市场规模，给大家的感觉是我国老龄化问题太严重了，老龄社会真的来了。但是我们提供的服务、支点从各层面来看都有一定问题。

和君咨询养老中心的研究显示，目前养老产业市场主要的六个类型的企业——地产企业、保险企业、央企国企、复合型企业、服务型企业和外资企业都有介入，大家都在超前布局上考虑很多，这六类都是有实力的市场主体。

重量级的竞争者不断涌入并进行全方位的布局，前 20 家赫赫有名的企业床位占有率共计 2.78%，说明当前的养老市场是一个极度分散的市场，尚未出现引领产业发展的龙头企业。

（三）企业运营模式尚不成熟

从运营模式来看，50% 以上的民办养老机制只能维持收支平衡，40% 的长期处于亏损状态，能盈利的不足 9%。从资本市场来看，Wind 的数据能查到 300 万份年报，但是输入"养老"一个都没有。如果是一个已经成熟的可盈利的运营模式，资本市场一定会深入研究。

我们在观察和调研中核算过北京某区养老驿站提供服务的成本支出。这个区现有 10 家驿站，按照北京养老驿站布局的要求，2018～2020 年需要布局 37 家养老驿站，覆盖 6.5 万老人。现在这 10 家驿站运行 10 个月，共服务了 3.4 万人次。每个驿站每月平均服务 490 人次、每天 15～20 人次。驿站运营成本开办场地 100～1000 平方米（社区驿站要求最低面积 100 平方米），人工、通信、水电及其他运行成本每个月最低 10 万元。北京一个社工的工资是 7000 元，10 个驿站的支付水平都没达到平均工资水平。

三 机构养老峰值未至 健康养生正是刚需

从统计数据来看，截至 2017 年底，全国 60 周岁及以上老年 2.4 亿人，占总人口的 17.3%，我国已经中度老龄化了。其中 65 周岁以上的 1.5 亿人，占总人口的 11.4%。享受高龄补贴的 2682 万人，享受护理补贴的 61.3 万人，享受养老服务补贴的 354 万人，这是我们政府做的一些工作。

在我们现有的服务体系设计里，机构养老是一个刚需，但还未到大规模爆发时间。简单按照人口的出生结构算一下，1958 年出生的人 2018 年进入 60 岁，他们正好赶上改革开放 40 年，也赶上了计划生育。这些人收入要比前 20 年迈入 60 岁台阶的老人经济条件更好。现有家庭结构不支撑在家由子女养老，因为少子，但收入水平有保障，能接受社会机构提供服务这种模式。但随着平均寿命的提高，现在人们普遍感觉 60 岁基本不需要养老服务，80 岁可能才真正需要。如果这批人是我们机构养老的用户，70 岁考虑入住机构那就是 2028 年，今年 60 岁的人到 2028 年有 8000 万人。如果他们 75 岁入住机构，那就是 2033 年，按照现在的年龄往前推一下，应该是新增 5600 万。看人口结构，机构养老的刚需虽然必然会集中爆发，但以医疗照护为主的机构养老的刚需时点还未到来。

目前的银发经济其实可以有非常多的选择。养老床位是被动消费，现在 65 岁以上的人有着非常强烈的养生需求，想到处去玩但需要健康。我们做了养老文献的回溯，老人消费中 28% 属于健康消费。健康消费可以做什么？就是消费产品和消费服务。

（一）养老政策演变及背后的逻辑

1999 年是我国人口红利的一个分界线，1999 年之后是老龄人口迅速增加的时期。2013 年政府提出了老龄产业的概念，养老事业原来由政府做的可以由市场供给。随后 2015 年提出医养结合，相对来讲，医养结合是一个成功的商业模式，降低大家去医院的成本，在机构里提供服务要比在医疗体系里提供服务便宜。

但这只是医疗应对养老的变化，全球医疗健康产业的主体都在关注这一点。医疗卫生产业，以前有一个算法叫暮年费用，在人生的最后一个月会花掉人一生医疗费用的 90%，这种支出效益不是特别好。所以我们才要改变这种模式，老年时期是医疗的支出重头，这实际上是医疗产业，不能直接叫养老或者健康产业。2017 年十九大提出了健康中国国家战略，养老成为大健康中一个重要的组成部分。

国家层面的养老政策最早于 1983 年出台，中国老龄问题全国委员会印发《关于老龄工作情况及今后活动计划要点》，最近的一份是 2018 年 10 月住建部发布的《关于城乡养老设施规划的标准》。我们共检索、整理了 350 份国家层面养老政策，通过对这些政策的初步统计，发文单位是中共中央、国务院联合发文的有 10 份，这是最高层级的；由国务院发的有 22 份；由发改委发的有 18 份；民政发的最多，217 份，养老一直由民政主管。在这些政策中，25 份涉及待遇问题，35 份涉及养老金管理问题，和卫生相关的 55 份，和健康相关的 18 份，和标准相关的 74 份，我们还整理了差不多 1000 份的各地养老政策。

通过我们对这些文件的初步分析发现，政府职能还在强化管理，对养老产业发展做出引导的很少。虽然希望通过市场去提供多样化的供给，但是目前来讲，各层级的制度壁垒还没有破除，行业管理面临的瓶颈还不少。

在养老市场问题上，政府对关键问题、痛点的判断没有达成共识，反映到政策层面就呈现出多样化的态势，并没找到市场痛点。

（二）养老政策如何再设计

综上可以看出，养老政策需要再设计，那么要如何设计？

第一，养老政策应从规范市场向引导市场创造需求转变。当前中国社会的简单需求可以得到基本满足，贫困人口只有 3000 万，而且扶贫的力度加大，吃不上饭的几乎没有。美国 20 世纪 60 年代提出叫"后工业社会的消费"，是对需求的再塑造。日本提出一个概念叫"饱和社会"，在饱和社会里应怎么创造需求？日本给出的答案是把那些熟悉的东西变得让人不熟悉。所以在当前我国社会发展阶段中，创造需求才是最关键的。

养老政策以前总在规范市场这个层面上下功夫，现在是老年人兜里有钱但不愿拿出来消费，因为没有创造出让他值得消费的新增需求。在新增需求中，养老服务质量、服务标准都很重要，但这些需求的落地还需要一个系统、全面的监督管理。

第二，养老政策应由解决问题向激励市场解决问题转变。原来解决养老问题的做法是政府率先冲上来，但政府的运行机制容易陷入高成本、低效率的困境。养老政策应该激励解决问题的那些人，用市场机制解决问题。大家经常提的一个问题——养老市场不充分，有国有的、有民非的、有事业单位的，很多人在身份的问题上备受困扰。其实可以借鉴互联网经济的经验，就好像京东的自营业务和平台业务一样，市场上的自营业务要做得好、做成标准、做成规范、做成需求引导就把市场问题解决，而平台提供各式各样的商品或服务完全可以去寻找自己的市场。

今天我们应该找到一种国有和民营合力解决问题的方案，不要在身份问题上纠结。

第三，养老政策应该由表达公益向传递尊重转变。政府应转变落实养老政策是为民办好事办实事的想法，应该由表达公益到传递尊重，通过政策推动、撬动市场参与养老产业，在过程中政策要不断助推，而不是代替。属于老龄社会基础体制建设的问题，比如养老金、医疗保险、长期护理险、服务标准、服务人员和服务机构的全面监督管理等需要不断摸索经验，成熟后再上升为法律等。

老龄社会是必然的发展趋势，未来一定会有养老需求爆发的峰值出现，有了这个预判，我们迎接老龄化冲击的准备就会更充分。根据人口结构演变，如果养老需求爆发的峰值在10年、15年后到来，企业不一定现在就要注重机构养老等的"硬件"，而是要关注开拓养生市场、补足养老市场需求匮乏的短板。

R.7
新社会企业的兴起

王俊秀*

摘　要： 信息技术带来的第三次工业革命正在孕育出一种全新的企业形态——平台型企业。我们把这类脱胎于互联网平台、具有生态多样性、能够通过运营能力动员社会化参与的无边界主体，称为"新社会企业"。"新社会企业"以实现长期至上的价值为导向，其商业运营模式具有"三高三低"的典型特征，日益成为信息社会的中台。

关键词： 平台型企业　平台治理　社会共益责任　新社会企业

近年来，云计算、大数据、人工智能和量子通信等先进信息技术渐次涌现，持续推动着以信息化、智能化为突出特征的新技术革命走向深入。与此同时，在商业生态中现象级的"新社会企业"应运而生，就像一部驱动经济发展的新型社会机器，正在用思想、技术、服务与责任催生着新的商业文明。

2018年，国际互联网接入中国的第24年，中国互联网行业迎来了第三次上市潮，9月20日，美团点评在港交所成功上市，吸引了海内外投资人的关注目光。但是与大多数投资人所关心的市值多少、商业模式相比，更值

---

* 王俊秀，信息社会转型问题专家，中国IT界资深传播和媒体专家，中国互联网事业的肇始者，国内首家互联网咨询机构互联网实验室联合创始人，中国国家互联网景气指数的首席架构师。

得研究和关注的一点，则是以美团为代表的新一代互联网企业背后，其作为新时代社会企业所创造的价值及承担的社会责任。

早在 2017 年 10 月，美团点评宣布完成新一轮 40 亿美元融资后，美团点评 CEO 王兴就在中国互联网企业中率先提出美团点评进入"社会企业"阶段，"此轮融资后，公司进入了一个全新的阶段——社会企业，集使命驱动、就业发展、产业合作、社会责任于一体"。

社会企业一般是指，以优先追求社会效益为根本目标，持续用商业手段提供产品或服务，解决社会问题、创新公共服务供给，并取得可测量的社会成果的企业或社会组织。作为上市公众公司的美团点评，要保障投资人的利益，与一般性的社会企业所要求的社会价值优先目标显然有所不同。但是，美团点评又确实与一般性的社会企业具有共同的价值追求和相似的社会价值属性。

以美团为代表的新一代互联网企业在塑造信息社会基础设施和扩展经济秩序的过程中，一种"先利他、后利己""互惠利他""互惠共生""强互惠"等的交换价值秩序，一种新的商业文明，渐次从技术创新和经济秩序扩展中诞生出来。这也是美团等互联网超大型平台公司与一般性的社会企业不同的地方。我们把这类脱胎于互联网平台、具有生态多样性、能够通过运营能力动员社会化参与的无边界主体，称为"新社会企业"。

进而，我们把"新社会企业"进一步定义为：承担着信息社会基础设施的功能，具有高度技术能力，在具体领域占据市场领先位置的超级互联网平台，具备业务生态的多样性，有自觉履行平台治理和社会责任的强烈意识，具有广泛的正面社会影响力的企业。

一 新社会企业的按需平台

我们所熟悉的"现代企业"组织形态是第二次工业革命以后逐渐形成的。工业经济生产形态是"规模经济"，通过标准化的产品进行大规模生产，使成本降到最低、利润达到最高。工业经济的市场主导是生产者，产品的研发、生产权掌握在供给方，信息不对称的盲点主体是消费者，他们没有太多的发言权。

100 多年来，以新技术为代表的生产力进步不断地改变着企业管理的理念，特别是随着互联网经济的兴起，云计算、大数据、人工智能等技术不断创新发展，网络效应逐步发挥作用，新的平台型商业模式正在出现，就像 20 世纪初的第二次工业革命产生了跨国企业一样，信息技术带来的第三次工业革命正在孕育出一种全新的企业形态——平台型企业。

以刚刚在香港上市的美团点评为例，它用科技连接消费者和商家，基于平台优势解决海量 B 端与 C 端难以高效对接的问题。它在多方面打破了我们对企业形态的固有认知。

新社会企业是平台型企业，更确切地说，是一种按需平台。互联网技术的出现在最大程度上消除了信息的不对称，消费者的声音和需求得到重视，商家开始千方百计研究市场需求迎合消费者胃口，创新商业模式，不断开发新产品和提高服务质量以获取市场竞争力。

新社会企业是以高科技、低毛利，高效率、低成本，高品质、低价格——"三高三低"为典型的商业运营模式：每一个高低分别对应了消费者、商家和平台，核心在于平台用高科技、低毛利去驱动商家的高效率、低成本，最终实现消费者的高品质、低价格。这一内生循环的本质是实现长期至上的价值，以长期结果为导向与用户建立持续性的联系。具有哲学智慧的"长期至上"思维，也将越来越多地体现在新社会企业的运营之中。

二　平台治理和社会共益责任

当下，我们的生活已是 7×24 小时在线，网络空间越来越多地具备了实体空间的功能和属性。新社会企业在社会层次关系和信息枢纽中的地位愈发重要，它是信息社会的中台。作为中台，其前台是商家和消费者，后台是政府。在这个角色定位中，新社会企业的社会角色更加突出。面对数亿级的消费者和数百万级的商家，中台的每一个信息流动都牵一发而动全身。因此，对于类似亚马逊、谷歌、小米、美团这样的新社会企业而言，平台治理责任和社会共益责任已经内化于企业之中。

平台治理责任之于新社会企业是基础，它是平台立足社会的承诺。平台治理责任体现在平台的治理能力方面，如追求公平、品质、保障用户隐私等。

算法公平：算法是计算机科学领域最重要的基石之一，将成为平台竞争力的驱动力量。

隐私保护：隐私保护是一个越来越被人们关注和重视的话题。未来，隐私保护能力的强弱也将会成为决定新社会企业成败的重要因素。

合理竞争：公平有序的竞争能够推动竞争者利用技术、创新、管理等手段提升竞争能力，构建合理规制，促进行业健康发展。

品质保障：高品质是实现长期价值的基础，品质保障是企业持之以恒的追求。不同于传统生产企业对单一商品的品质把控，平台类生活服务的品质保障需要坚持"两手抓"，一手抓平台自身，一手抓平台上提供服务的商家。

共益责任脱胎于共益企业，共益企业是近年来兴起的一个新概念，社会共益责任之于新社会企业是担当，它是平台奉献社会的旗帜，内化于企业发展和模式之中，体现为企业社会责任的发展、绿色和科技、人文。

生态繁荣：构建生态繁荣的体系犹如打造一套复杂的社会操作系统，除了自身需要不断升级和迭代外，还需要有丰富的应用与操作系统连接，以开放姿态容纳更多子集。亚马逊之所以能被称为全能冠军，就是凭借"飞轮效应"让以电商为基础的生态在聚合了零售、云计算等子集后变得更加繁荣。

社会就业：员工与企业不仅仅是雇佣关系，还是一种长期价值共享的团队关系。员工的价值除了体现在为企业创造的价值外，还有如何把自己在企业获得的知识转化为作为社会个体为社会增添的价值。所以新社会企业需要能够给予员工自食其力的机会，还要让员工能够突破现有的条件限制，职业上为他们提供更多的学习机会和场景。

环境保护：餐饮外卖离不开便餐盒、一次性筷子和纸巾等，长期的无序消耗必然会带来环境问题。新社会企业在快速成长的过程中正在不断用新的模式、技术方案去解决这些问题。

我们已越来越认识到，平台治理责任和社会共益责任是新经济的有机组成部分，追求各个利益主体的平衡是"新社会企业"运营的核心。作为信息社会的中台，"新社会企业"承担了诸多社会功能，已经超越了企业的边界。正因为如此，社会也会对这类追求"长期至上"的新兴企业组织予以回报，以保障整个生态的长久繁荣。

专 题 篇

R.8
养老产业发展之管见

徐永光*

摘　要： 养老产业发展是严重滞后的。政府对养老事业公共财政的投
入多多益善，但财政的投入主要应用于支持养老服务业的整
体发展，而不是自建公立养老院。中国养老产业已经形成养
老金融业、养老用品业、养老服务业和养老房地产业四大板
块相互融合的态势。其中养老金融业是核心板块——从 30 岁
到 59 岁约 6 亿人均为潜在老龄金融服务对象，这意味着巨大
的消费潜力。养老信托、保险、以房养老等养老金融是金融
蓝海，有待开发。

关键词： 老龄事业　养老产业　投资制度

* 徐永光，南都公益基金会秘书长、理事长，中国慈善联合会副会长，曾任中国青少年发展基
金会秘书长并创建希望工程，2015 年 5 月被聘为国务院参事室特约研究员。

一 中国老龄事业为何失灵

近几年有两个投资界和养老界比较关注的事件，可以以小观大。

一是著名养老品牌亲和源被收购。亲和源成立于 2015 年，创办人是周星增。其养老模式当时在中国很先进，甚至很多人说它是第一品牌，很多名人入驻——先交会员费（如今会员费超过 100 多万元，最开始大概是 70 万元），获得会员资格再入住，入住以后按照老人享用的房屋面积和服务，交纳老年公寓设施使用费和服务费。公寓还给每位老人配了一个随叫随到的秘书。

在亲和源运作一年后，2016 年、2017 年宜华健康分两次共斥资 7 亿元人民币收购亲和源集团有限公司全部股份。宜华第一次公告收购案，市值即跌去 45 亿元。这一事件背后反映了两个事实：其一，亲和源的企业性质阻碍其发展。如周星增所说，按要求，亲和源要登记成"民办非企业单位"，不利于其发展，处境尴尬。其二，亲和源的养老模式的发展前景并不乐观，所以才给宜华接盘。

二是"爱心养老院"惨案。2015 大年初一，湖南娄底双峰县"爱心养老院"六旬护工罗某因被拖欠半年工资 4 万多元而迁怒杀人。当天夜里 2 点钟，他将砖头砸向院内老人，制造了一起血腥惨案，18 位老人受害，其中死亡 8 人，另有 6 人重伤住院。背后的原因归咎于民办养老机构惨淡的经营状况。

（一）养老产业发展严重滞后

相关研究显示，我国民办养老机构床位空置率平均达 48%。接近 50% 的民办养老机构处于亏损状态。按照《北京养老产业发展报告》的测算，在北京经营一家民办非营利性养老机构入住率达到 70%、每床 10 平方米时每月收费需要达到 1455 元才能实现收支平衡，而这其中还没考虑特殊老人的一些辅助需求。对于补贴较少的营利性养老机构，拿地、各项补贴、税收等优惠均少于非营利性养老机构，而为了实现盈利，其价格必定较高。

养老产业发展严重滞后。老龄委研究显示，2012 年养老产业市场需求为 1 万亿元，实际供应只有 1000 亿元，市场的供给量只是市场需求的 10%。其原因是我国养老服务的体制存在非常大的问题。我国养老服务是公办、民办公益和商业三种模式并存发展。养老服务业发展滞后，政府、市场和公益部门都存在各自的问题。

1. 政府失灵

制度供给滞后，抑制了市场的发展。针对养老事业和产业的发展，政府的责任是保障基本，兜住底线，着力满足特殊困难老年养老的需求，同时通过规划和财税、价格、土地、投融资、人才等政策扶持和引导养老产业的健康发展，加强市场监管。但现状是，政府把制度供给变成自己做事情，遏制了市场的发展。

截至 2017 年 9 月，我国注册登记的养老机构已达 2.8 万余家，养老床位近 700 万张。同期，全国民办养老机构达到 1.25 万余家。尽管不断声称推动公建民营，实际上政府还是不愿放手，公立养老机构依然超过 55%。

政府对养老事业公共财政的投入多多益善，但财政的投入主要应用于支持养老服务业的整体发展，而不是自建公立养老院。公办养老院应保证"金字塔"底部老年人群的托底服务，包括满足失能失智老人的刚性需求。在过去很长时间里，政府对养老领域的公共财政投入，往往主要用在投资建设上，还要扩大事业单位编制，追求高端化。正如新华社的调查报道："城市公办养老院逐富弃贫，原本承担托底作用的公办养老院，正在自主经营中慢慢变味儿，养老资源被特权老人争相占用"，"大多数公办养老院'一床难求'。入住北京最火养老院，竟要排队 100 年才有床位。一些地方 1 个床位竟叫上了 3 万元的'天价'"。

比服务目标偏离更为严重的错位是财政投入和政府自建自营、不断输血的公办养老院还充当起市场竞争者的角色，扰乱了养老服务业的有序发展，影响了公益资源和民间资本进入养老领域。公立养老院"一床难求"的另一面，却是民办养老机构床位的高空置率。与没有投入和成本分摊的公立养老院竞争，让一半民办养老机构处于亏损状态。公立养老机构对民间养老投资的挤出效应非常明显。

2. 市场失灵

全国政协委员、合众人寿董事长戴皓在《关于养老服务业体制改革》的提案中讲："目前民间资本投资养老服务产业非常艰难，除固定资产投入外，人力成本、能源费用、房产税、土地使用税等构成的运营成本也非常高。而由于市场需要培育、前期入住率不足，民营养老机构运营压力非常大。以武汉一家纯照料型服务机构为例，2014 年服务收入仅 400 万元，而人员工资、水电气等能源费用和各种税费的运营成本高达 1300 万元，净亏损 900 万元。这还不算设施投资的 5 亿元，如果按照 5% 的银行利率保守计算，又是 2500 万元的损失。综合折算下来，这家养老机构一年至少亏损 3400 万元。民营养老机构的生存环境十分艰难。"

这家定位"纯照料型服务"的养老机构，实际上在很大程度上承担了政府公共服务的职能。对这样的机构，政府应在土地供应、税费、供水供电、信贷融资、床位补贴上都给予优惠和扶持。如果没有政策性扶持，亏损是必然的。

现在养老产业变成一个大蛋糕，很多房地产机构把养老产业做成养老地产，追求短期内就赚钱，打着"养老"的旗号圈地卖房，这是市场"失灵"的要害所在。把养老做好谈何容易，房子建得再好，服务跟不上也是错位的。

中国老龄科学研究院副院长、东方爱和养老公司董事长刘红尘说："目前各机构做养老地产的最大问题是急功近利，前期定位不准确、服务体系不健全、运营模式不清晰。"据他了解，北京一些投资商拿地之后，用好地段打造商品房，差地段则设立养老机构。养老机构建成之后，入住率很低，开发商"从大街上抢老人、公园里拉老人，中午请吃饭、晚上请跳舞"，"各机构投资者都看到那里有一块肥肉，端过来就吃，结果烫了一层皮，咽不下去，也吐不出来"。

3. 公益失灵

民间养老服务采取非营利性模式是否能够弥补政府和市场"失灵"呢？

我几年前发表的《万亿养老投资止于"民非"制度》，已经对此给予了明确否定。

据一份研究报告：个人为投资主体的养老机构占35.6%。个人为投资主体的养老机构，目前绝大多数登记为民办非企业单位，所占比重仅仅次于公办养老机构，这是发展我国养老服务业的一支重要力量。

依据《民办非企业单位登记管理暂行条例》和《企业所得税法实施条例》的规定，"民非"面临"五不"政策困境：第一，投资人对该组织不享有任何财产权利；第二，不得分红；第三，不能向银行贷款融资；第四，不准设立分支机构；第五，基本不享受税收优惠。

民办养老机构的两难选择：民间力量创办养老机构，希望获得国家对养老产业的扶持政策，一般会选择在民政部门申请"民非"注册，同时接受投资资产归社会所有、不能分红及资产不能用作抵押融资等法律规定的条件，肯定做不大。如果办商业性养老机构，就去工商注册，自然与国家扶持民办养老机构的一切优惠政策无缘，服务成本就会居高不下。

（二）揭秘"民非"制度——给商业投资开门

1998年，国务院发布《民办非企业单位条例》。过去由国家统管垄断的教育、医疗、养老、文化、体育等公共服务领域放开一点空间，允许民间力量进入，弥补公共服务供给不足。登记形式为非营利组织，实质上是公司拿到准入牌照。

民办非企业条例，原来叫民办事业单位条例，但由于事业单位是国家的，不是民办的，所以名称进行了更改。但是从原来的名称可以看出，它是事业，是过去公共服务领域的事业。过去是国家负责，现在交由民间来办，给谁？1998年全国的捐款是9.8亿元，当时希望工程拿走了2亿元，这些捐款是不够用的。"民非"实际上对商业开放，民办学校使教育企业拿到了办学许可证，比如新东方。新东方可以招生和收费，但它的服务由公司（新东方教育集团在美国上市，市值60亿美元）实现。民办医院使医疗企业拿到了行医许可证，民办养老使养老企业拿到了牌照。大学、中学、小学、幼儿园都要登记为民办非企业，但是背后都是公司。

（三）"民非"投资的制度困局

"民非"投资制度实际上是一个困局，投资主要来自市场资本而非公益捐赠，这其中就会经常遇到产权不清、公私不明的问题，遏制了社会投资的积极性。"民非"投资制度的"五不"政策——出资人无财产权、不能分红、不能贷款、不准设立分支机构、不予免税，对于投资者来说，也存在一定的顾虑。

二　社会企业和影响力投资

当养老产业在社会三个部门——政府、市场和公益均失灵时，社会企业影响力投资的模式能改变养老产业的未来。

（一）社会痛点，即社会企业的靶心

画一个靶向示意图，市场的枪往哪里打？0环到2环，制假售假、违规安全生产的企业，根本上很糟糕。依法纳税承担社会责任、承担公益事业的企业算6、7环，中国多数企业可能打在5环上下，其中有些还在偷税漏税，有些产品质量不高。8环主要是那些互联网、环保类企业，农业企业算到8环的是良心企业。养老、教育、医疗健康、文化、艺术、体育、儿童、残疾人就业等是9环企业，因为它们已经进入了公共服务和政府公共服务的交叉领域。10环企业是满足社会刚需、解决社会痛点、精准解决社会问题的企业，目标就是解决社会问题，是社会企业的典范。

（二）社会企业聚焦社会痛点的商业模式——以浙江绿康老年医养院为例

绿康医院是由浙江的一位临床医生在2006年创办的，其定位就是解决

失能失智老人的医养护理，形成医、养、护、康、教、研"六位一体"的健康养老产业。

绿康聚焦以下社会痛点：对失能失智老人，医院往外推，家庭难照料，社会有刚需，国家应担责。政府有分工，部门各分账，九龙难治水，自己干不好。

绿康关注以下政策导向：政府不操盘，财政重指引，投资闸门开，民办公助兴。服务社会化，惠民不费银，可排百姓忧，亦解政府难。

这个问题解决起来，说起来容易，做起来难，谁来解决？三个部门——政府、公益和企业，政府有权、有钱、有责任，该做做不好。NGO 无钱、无权、缺能力，想做做不了。企业有钱、有权、有能力，趋利不愿做。

绿康医院做了八年才做到 700 张床位，因此要向社会企业转型。

（三）社会结构中的三大部门

为什么找社会企业来做？社会三大部门，第一部门是提供垄断性公共产品的政府、第二部门是提供私人物品的市场、第三部门是提供竞争性的公共物品的社会组织。按照最新理论，社会企业是第四部门。社会企业跟公益很接近——服务社区、解决社会问题，有很强的公益性，但是它超越了公益。它和市场是一个商业模式，由公司运作，但是它又超越了商业。它既属公共服务领域，也要解决政府要做的事情。

（四）社会企业：正在兴起的社会第四部门

绿康医院是第四部门。2013 年，绿康医院经过八年努力形成 700 张床位，这时候它是公益模式，公益模式做到这样已经是全国第一了。上海雨虹资本在全国调查了 33 个机构后决定投资绿康医院，看准了刚需。因此 2014 年绿康有了 1400 张床位，翻了 1 倍。到第七年，它的床位超过了 1 万张，而且成为目前亚洲最大的医养集团。

问题来了，哪来的床位？这么多？床位大部分是政府建的，机构参加公开招标。绿康为什么成功？一是服务好，二是它拿到了中国社会企业奖，政府对其放心。绿康这样的机构，说它是商业机构，可运营的资产主要是政府的，它超越了商业，超越了政府，也超越了公立，所以叫第四部门。

社会企业和影响力投资对于养老产业的发展肯定会带来非常正面的影响，投资的空间很大，回报率可观。绿康医养院每月收费是 3000～5000 元，包括床位费、伙食费、护理费、药费，其中药费个人承担 12%，全失能的、全护理的不超过 5000 元，半失能的 3000 元，收费不高，但仍能实现盈利。

三 养老产业的未来展望

按照全国老龄委的数据，到 2030 年，我国养老产业规模有望达到 22 万亿元，可拉动 8% 的 GDP。近年来，国家出台的与医疗健康及养老产业密切相关的政策法规就有 68 部之多。其他涉及养老、医疗、健康的政策性文件，近五年来陆续出台了 300 多部，相关产业的政策支持体系正在逐步形成，政策红利正在持续释放。

2015 年民政部、发展改革委、财政部等十部委发布《关于鼓励民间资本参与养老服务业发展的实施意见》（民发〔2015〕33 号），明确鼓励用"民非 + 企业双轮驱动模式"来吸引社会投资，发展养老产业。养老机构可以"一手托两家"，办一个民非轻资产、办一个公司重资产，公司买地、建房、配人，民非囿于其非营利性质，只是一个牌照。等政府吸收了服务后，将会按照床位数补贴给机构。这样轻资产的公益模式 + 重资产的商业模式双轮驱动，有利于保持公益导向，也有利于大规模吸引社会投资，这是符合中国国情的务实道路。

中国养老产业已经形成养老金融业、养老用品业、养老服务业和养老房地产业四大板块相互融合的态势。其中养老金融业是核心板块——从 30 岁到 59 岁约 6 亿人均为潜在老龄金融服务对象，这意味着巨大的消费潜力。养老信托、保险、以房养老等养老金融是金融蓝海，有待开发。

《"十三五"国家老龄事业发展和养老体系建设规划》指出了以下明显短板。

（1）涉老法规政策系统性、协调性、针对性、可操作性有待增强；

（2）城乡、区域老龄事业发展和养老体系建设不均衡问题突出；

（3）养老服务有效供给不足，质量效益不高，人才队伍短缺；

（4）老年用品市场供需矛盾比较突出。

提出问题，而后解决问题。《"十三五"国家老龄事业发展和养老体系建设规划》中提出了以下措施：

（1）居家为基础、社区为依托、机构为补充、医养相结合的养老服务体系更加健全；

（2）政府运营的养老床位数占当地养老床位总数的比例不超过50%；

（3）鼓励社会力量通过独资、合资、合作、联营、参股、租赁等方式参与公办养老机构改革，政府投资建设和购置的养老设施、新建居住（小）区按规定配建并移交给民政部门的养老设施、党政机关和国有企事业单位培训疗养机构等改建的养老设施，均可实施公建民营；

（4）完善投入机制，民政部本级彩票公益金和地方各级政府用于社会福利事业的彩票公益金，50%以上要用于支持养老服务业发展；

（5）支持社会力量兴办养老机构，落实好对民办养老机构的投融资、税费、土地、人才等扶持政策；

（6）推进医养结合；

（7）繁荣老年消费市场，丰富养老服务业态。支持养老服务产业与健康、养生、旅游、文化、健身、休闲等产业融合发展，丰富养老服务产业新模式、新业态；

（8）鼓励金融、地产、互联网等企业进入养老服务产业，利用信息技术提升健康养老服务质量和效率，增加老年用品供给，提升老年用品科技含量；

（9）推进老年宜居环境建设，如成都朗力公司开展了居家适老化改造＋服务，针对老年人原有居住空间进行专业化评估、定制设计并改造，解决老人在居家养老中的各项安全性和便利性、舒适性等问题；

（10）丰富老年人精神文化生活，如北京"乐退族"；

（11）发展老年教育；

（12）人才短缺，是养老产业发展的最大瓶颈，应加快建立以品德、能力和业绩为导向的职称评价和技能等级评价制度，推动各地逐步提高养老服务从业人员薪酬待遇。

全国失能失智老人约 4000 万，按照 3∶1 配备专业护理员，需要 1300 万人，目前持证上岗的不足 10 万人，另外居家养老服务、机构养老一般照料都需要专业人员，同时应培养老年医学、营养、心理、经营管理、康复辅具配置等方面的人才，这是一个不亚于未来制造业的吸纳劳动力的巨大市场。推进涉老相关专业教育体系建设，将促使养老产业发展为巨大的市场，也是投资风险最小的市场。

养老产业，是朝阳产业，其"青春活力"亟待激发。

四　推动与老龄事业相关的"尊严死"立法

北京生前预嘱推广协会是一家社会创新机构，创立于 2012 年底，探究用社会企业模式来推动临终病人"缓和医疗"（台湾、香港称"舒缓疗护""安宁疗护"）。

生前预嘱的概念来自西方，指人们在健康或意识清楚时签署的、说明在不可治愈的伤病末期或临终时，要或不要哪种医疗护理的指示文件。它不是传统法律意义上的遗嘱，不违反绝大多数国家现行的任何法律。就是说，到这个协会，下载表格，写上"你愿意在你不能救的时候，你要求停止无效的抢救"。

据生前预嘱推广协会介绍，恶性肿瘤患者临终前在北京社区医院接受"缓和医疗"，每日花费仅为 200~300 元，主要用止痛剂解除病人痛苦；而在北京市某三甲综合医院临终前 30 天的费用达到人均 13.6 万元。前者让病人无痛苦"尊严死"，后者用插管、贵重药来无谓维持病人生命。

上海市一些社区医院已经开始试行，效果非常好。临终的地方装修得庄严漂亮，上面是天空，可以把信仰挂在一面墙上，最后有尊严地离开人世。

市政府曾组织市民对 30 个民生服务项目进行走访评估，投票结果显示，缓和医疗项目得票高居第一。假如这一制度得以推行，不仅可以减轻每年 280 万癌症死亡病人的痛苦——当然远不止癌症患者，还可以为个人和国家减少上千亿元医疗开支。美国、日本已将"尊严死"立法，有效提高了死亡质量。

等不及国家医疗制度改革的未知时间表，生前预嘱推广协会正寻求民办医疗机构、养老机构合作。"缓和医疗"制度应在社会企业先行。

从养老产业现状到"尊严死"立法，由表及里，由浅入深，"什么样、为什么、怎么办"三大核心问题有了答案。老龄化是挑战，更是机遇，在政府、市场、社会组织和社会企业这四大部门面前的不是一条荆棘丛生的小路，而是一条有希望的、为实干家和勇敢者准备的大道。

R.9
中国养老产业发展新思路

卢 峰[*]

摘 要： 科学制定顺应老龄社会的公共政策、法律法规，加快从年轻社会到老龄社会的制度创新，包括老龄社会的人口政策、产业政策、医疗政策、社保政策和老龄人口权利保障政策等。支持影响力投资、社会企业等新兴投资模式和组织形态，推动养老事业发展。明确公办养老机构转型要求，避免政府投入错位。尽力扩大和深化全社会特别是老龄人口在公共政策和制度创新过程中的参与。

关键词： 养老产业 老龄社会 长期养老保险

长期养老保险的两大问题如下。

我们为什么要关注长期养老保险？原因在于老人没钱，越老越没钱。婴儿有父母心甘情愿为他们买单，但谁愿意为老人买单？这是本质的问题。我们应该以此作为出发点去思考推动养老保险的可能性。

一 推出长期养老保险的阻力

医疗系统里面有医疗保险，为什么不能有长期养老的保险？问题到底出在哪里？根本上，这涉及道德风险问题和逆向选择问题。

---

* 卢峰，美国普度大学克兰纳特管理学院副教授，北京大学国家发展研究中心 CCER 荣誉学者。

第一，道德风险问题。

如果没有养老保险，人们只会想自己有多少钱，能买什么样的养老服务。但一旦有了养老保险的保障，人们知道自己到了一定年龄以后，政府或是机构会承担起养老的责任，人们就会自然而然转变消费的方式——能花多少就花多少，或者不那么节俭了。

第二，逆向选择问题。

众所周知，保险是风险控制的一种手段。健康的人买医疗保险，用钱来贴补生病的人。然而长期养老保险情况特殊——人人都会变老，购买了保险的人都会变老的，那么谁来贴补这些人？窟窿难填，所以提供长期养老保险的公司有很大可能会破产。

美国早期出现过大量的长期医疗保险，但是在过去十年纷纷退出市场，其根本原因就是无法克服道德风险和逆向选择所带来的困扰。

二 破解长期医疗保险阻力的方法

解释了"为什么"之后，要不要做、怎么做，取决于企业有没有极大的智慧来解决这两大问题。如果能解决，当然可以做。

第一，政府财富的介入问题。

长期养老保险跟长期医疗保险本质上是一样的，不是由企业提供，就是由政府提供。美国第三大养老集团在 2017 年底卖掉了大量的养老院。为什么？因为政府的支付能力有限。过去十年，政府的养老保险支出一直保持在同一水平，没有增长，然而养老成本却逐年增长，呈现较陡的上升趋势。政府支持与实际运营成本的巨大差距使养老机构难以为继。

第二，中国医疗智能化的机遇。

智能化非常有价值。我针对"机器会不会替代护士"这一课题做了一些研究。研究发现，在护理行业智能化可以通过人机结合极大地提高护士的效率。它并不会替代护士，而是辅助护士，使护士发挥更大的作用。在医疗智能化上，中国是完全有可能超越美国的。究其原因，主要有以下两个方面。

一是中国的数据量是美国的"无数倍"，可以追溯利用起来，这是非常理想的。

二是穿戴设备在中国应用很广，实验空间很大。目前，生物医疗工程专家在开发一种能提前预测心脏病猝发的穿戴设备，试图通过大数据分析实现提前预测。因为每个人心脏病猝发之前都毫无知觉，而心脏病猝发致死率又极高，每四人死亡中就有一人是由心脏病猝发导致的。如果这个穿戴设备能如期完成，在使用者发病前提前通知他3个小时后或者3天后有生命危险，提示赶紧就医，就可以拯救他的生命，这是非常有价值的事情。

一般情况下，穿戴设备有两种检测方式：一种是通过脉搏跳动的频率、规律进行预测，另一种是测试血液、油脂各方面的指标。只要花时间，技术问题都可以得到很好的解决。

第三，中国养老模式的探索——以美国为借鉴。

在养老产业市场扩大和养老需求旺盛的大背景下，最大难题是——什么样的养老模式才能盈利？

（1）美国养老模式的参考

在中国，相关企业在探索养老模式，寻找可以借鉴的模式。以美国为例，养老模式主要有两种：一种为CCRC（持续照料退休社区），就是把老人分成年轻的老人和年老的老人，年轻的老人可以花几十万美元购买一套房子，独立居住，但可以享受社区中的居住设施和服务，如食堂、护士照料等。等到老年人健康状况和自理能力发生变化后，老人依然可以在熟悉的环境中继续居住，并获得与身体状况对应的看护与照顾。这种模式是能够盈利的，但是唯一的缺点就是——社区流进的人多、流出的人少，老人数量会不断增加。另一种模式旨在为老人解决情感需求。老人社区的房间经过了巧妙的设计，以一个圆心出发，一层层向外展开（原理与福建土楼相近）。最中心是会客厅和厨房，四周圆环有12～16道门，老人打开房门进入房间，开另外一道门就出去了。这种模式拉近了老人之间的心理距离，满足了子女们不能提供的情感需求。但以上两种模式是否适合国情还需要进一步的研究。

（2）中国养老模式的可能

养老主要有三种类型：居家养老、社区养老和机构养老。从国情看，中国的地价高昂，人口极多，机构装不下越来越多的老人，机构养老不现实。因此中国的养老产业可以从上文所述的两种模式中汲取灵感，找到方向，进行创新。

①共享护士

中国共享经济势头正猛，车可以用滴滴叫，养老为什么就不能用这种方式呢？我们可不可以把护士作为一个共享的个体，跟用滴滴叫车一样，请这些护士上门提供服务呢？因为大多数老人不需要一直待在某个机构里接受24小时的看护，每天在家里接受两三个小时的看护就可以了。这个"共享护士"的模式可以自生自足，因为需求窗口很大，需要1000万名护士去提供服务，大量的就业就会因此产生，综合来看，对整个社会是很有利的。

至于如何运营和操作，政府或相关企业都可以提供这个网约护士的平台。政府现在可以着手开设一些职业学校，培养大量的护士，为未来做准备。

②时间银行

老年人退休了，其实还是可以工作的。那么，有没有一种可能，让年轻的老人在年轻的时候去帮忙照顾年老的老人，赚时间，把时间存进时间银行里，等到老的时候以时间换时间？由于这个模式基于人口不停增长或是平稳可持续发展的假设，一旦人口规模不断缩小，这个模式就会崩溃。所以，我们需要思考以下两点：一是用什么方式弥补缺陷，二是如何建立制度来实现这个模式。

尽管老龄化浪潮来势汹汹，但我们面临的形势将是越来越乐观的。自下而上，社会企业不断探索适合中国国情的养老模式及其盈利、运营方式，医疗智能化迎来发展机遇，政府也在采取过渡性举措，以破解养老保险难题。

R.10
智慧养老的由来、机遇与建议

左美云*

摘　要： 随着老龄化的发展，在未来一段时间或许会出现"无钱养老"和"无人养老"相结合的情况，智慧技术的支持非常重要。通过智慧技术，可以把人力所不能及的事情交给机器、机器人或者设备去完成。如何将养老压力转化为发展老龄事业和银发产业的动力，进而推动社会的全面发展，是摆在眼前的现实问题。作为对传统养老模式的一场革命，智慧养老将结合信息科技的优势与力量，为我国养老事业和产业面临的难题与困境提供新的思路与切实可行的实践道路。本文梳理了智慧养老的由来，给出了智慧养老的定义和特点，并且提出了居家智慧养老的应用场景，智慧养老产品的设计要具有有用、好用、用得起、持续使用和爱用原则。基于对国内智慧养老发展的调研，在此对我国智慧养老的未来发展提出十条建议。

关键词： 智慧养老　现代科技　居家养老

目前，养老与医疗、住房、教育一起成为全社会最为关注的四大民生话

---

* 左美云，中国人民大学信息学院教授、硕士生导师、副院长，商学院博士生导师。兼任中国信息经济学会副理事长。入选霍英东青年教师基金资助计划、教育部新世纪优秀人才支持计划，中国信息协会"中国信息化百名优秀带头人"。

题。虽然对生于 1960 年代和 1950 年代的部分人来说是"边富边老",但是大多数人仍是"未富先老";对 1940 年代、1930 年代甚至更早出生的老人来说,大部分则是"无钱养老""未备先老"。另外,由于当下大多数养老从业人员既不能从社会上获得一个好的职业评价,也较难获得一个合理的职业收入,养老从业人员特别是护理人员严重短缺问题将会长期存在。很可能在一段较长时间(比如 10 年左右),会出现"无钱养老"和"无人养老"并存的情况。为此,智慧技术、现代科技的支持就显得非常重要。通过智慧技术、现代科技,把那些人工做不到的、做不好的或者是不愿意做的事情交给机器、机器人或者设备。

如何将养老压力转化为发展老龄事业和银发产业的动力,进而推动社会的全面发展,是摆在我们眼前的现实问题。作为对传统养老模式的一场革命,智慧养老将结合信息科技的优势与力量,为我国养老事业和产业面临的难题提供新的思路。

一 智慧养老的由来

智慧养老的前身即"智能居家养老"(Smart Home Care),最早由英国生命信托基金会提出,当时称为"全智能化老年系统",即老人在日常生活中可以不受时间和地理环境的限制,在家中过上高质量的生活;又称"智能居家养老",指利用先进的信息技术手段,面向居家老人开展物联化、互联化、智能化的养老服务。其核心在于应用先进的管理和信息技术,将老人与政府、社区、医疗机构、医护人员等紧密联系起来。要说明的是,国内当时的翻译是"智能居家养老系统",而不是"智慧居家养老系统",用得比较多的词是智能化养老或智能养老,不少学者在翻译英文时用的是 Intelligent,而不是 Smart。

2008 年 11 月,IBM 在纽约召开的外国关系理事会上提出了建设"智慧地球"这一理念。2010 年,IBM 正式提出了"智慧城市"(Smart City)愿景,希望为世界城市的发展贡献自己的力量。在智慧城市的大旗下,一系列

"智慧"应运而生，如"智慧交通""智慧社区"等。在此背景下，很自然地，在"智能化养老"或"智能养老"的基础上发展出了"智慧养老"的概念。然而，"智能养老"和"智慧养老"此时还是在交替使用。2016年，国内第一本以"智慧养老"命名的书籍问世，该书由我主审，陈志峰教授领衔撰写，对智慧养老的具体应用做了探索与归纳。

"智慧养老"是"智能养老"概念的继承，有如下三方面的发展："智能"（Intelligent）更多体现在相关设备与配置的智能化上，而"智慧"（Smart）除了包含设备的智能化外，也含有"合适的"或"聪明的"养老模式的探索；"智能"更多体现在相关设备与技术的控制监测上，老人是被动接受的，而"智慧"还包含老人主动选择运用设备或技术的含义，更多体现了以人为本、以老人为中心的理念；"智能养老"更多体现在利用相关设备与技术对老人的支持和帮助上，而"智慧养老"除了帮助老人外，还有利用好老人的智慧，最终为老年人打造健康、愉快、有尊严、有价值的晚年生活的含义。

至于"智慧养老"的英文翻译，主要有三种：Smart Elderly Care；Smart Care for the Aged；Smart Senior Care。Elderly 主要是年纪大、Aged 多指高龄并隐含失能的含义，考虑到对老人的尊敬和智慧养老包括利用老人的经验和智慧的含义，我们将"智慧养老"译为"Smart Senior Care"。Senior 有长者、资深的双重含义，既指年纪大，又指经验丰富，也有尊敬的含义。因而，我们把推荐"智慧养老"译为"Smart Senior Care"，并得到越来越多学者的认同。

二 智慧养老的含义

在上述历史沿革讨论的基础上，我们给出一个智慧养老的定义。智慧养老（Smart Senior Care，SSC），是指利用信息技术等现代科技（如互联网、社交网、物联网、移动计算、大数据、云计算、人工智能、区块链等），围绕老人的生活起居、安全保障、医疗卫生、保健康复、娱乐休闲、学习分享等支持老年人的生活服务和管理，对涉老信息自动监测、预警甚至主动处置，实现这些技术与老年人的友好、自主式、个性化智能交互，一方面提升老年人的生活质量，另一方面利用好老年人的经验智慧，使智慧科技和智慧老人相得益彰，使老年人过得更独立、更幸福、更有尊严，也更有价值。

我们认为，智慧养老中的"智慧"和"养老"两者的关系可以分为如下三个层次：第一个层次是毛和皮的关系，智慧是"毛"，养老是"皮"。这时的智慧养老体现为引进的养老管理系统、监测设备或数字大屏，展现起来好看、说起来好听。第二个层次是骨和肉的关系，智慧是"骨"，养老是"肉"。这时的智慧养老体现为信息技术真正起到降低服务成本、节约人力的作用，实现养老服务的规模经济和范围经济，从而通过智慧之"骨"，撑起养老之"肉"。第三个层次是灵和肉的关系，智慧是"灵"，养老是"肉"。这时的智慧养老体现为信息技术对养老业务的引领和价值创造作用，比如为老人进行画像和服务的精准推荐，从而通过智慧之"灵"，指引养老之"肉"，真正做到让老人、服务提供者、政策制定者等各方面的干系人都尽可能满意。目前，多数单位尚处于智慧养老好听好看的第一个层次，少数处在第二层次。这时难的不是"智慧"，而是"养老"，需要加快养老服务体系的建设和创新。

由于养老地点的不同，智慧养老也有很多不同的类型，如智慧养老的居家模式、智慧养老的社区模式、智慧养老的机构模式、智慧养老的虚拟模式。

我们认为，智慧养老包括三个方面的含义，分别是：智慧助老、智慧用老和智慧孝老，如图 1 所示。图 1 的左边是 For Seniors，即为老，智慧助老主要是物质的支持，智慧孝老主要是精神的支持；右边是 By Seniors，即靠老，利用好老人的经验、知识和技能。

智慧助老是用信息技术等现代科技帮助老年人，主要目的是：增、防、减、治。增，即增进老人的能力，如防抖勺可以帮助患帕金森症的老人自主进餐；防，即防止老人出现风险，如防跌鞋在感测老人可能跌倒的时候给老人的足部一个反向的力，从而防止跌倒的风险；减，即减少老人的认知负担，如养老服务系统自动挑选值得信赖的服务商或服务人员给老人，从而减少老人东挑西选眼睛挑花了也不一定能找到合适的等情况；治，即辅助老人

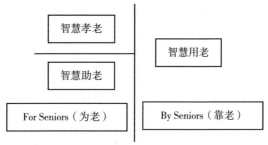

图1　智慧养老的三个维度

疾病的治疗，比如最简单的服药提醒器，可以提醒老人按时服药。

智慧孝老是用信息技术等现代科技孝敬老年人。如果说助老更多的是从设备、器材等物质方面给予老人以帮助的话，智慧孝老则主要是从精神层面给老人以情感和尊严的支持。孝是我们中国的传统文化。《孝经·开宗明义》篇中讲："夫孝，德之本也。""孝"在汉字中是上下结构，上为老、下为子，意思是子能承其亲，并能顺其意。孝的观念源远流长，殷商甲骨文中就已出现"孝"字。教育的"教"字，就由"孝"和"文"组成。挖掘好孝文化，做好智慧孝老是我们在世界智慧养老大舞台上彰显中国特色的领域。

智慧用老是用信息技术等现代科技用好老年人的经验、技能和知识。中国俗语说"家有一老，如有一宝"，最直白的理解是老人会帮助子女带孙子孙女，或者协助做好家务，实际上，老人所具有的一些独特的经历和感悟，也会给子女和孙子孙女很多的建议和启示。对于一些具有专业技能的老人来说，还可以为企业或社会贡献自己的知识和技能。智慧用老除了用信息技术支持老人为家人提供帮助外（如老人带孙子孙女的视频可以传送到老人的子女手机上，实现三方的轻松互动交流），还可以通过一些系统或平台实现代际知识转移，促进年轻一代的知识利用或知识创造。

目前养老行业主要做的是智慧助老，我们与国外的差距也不算大，许多物联网企业、可穿戴设备提供商、健康监测设备提供商、养老信息系统提供商主要集中在这个领域；智慧用老方面，我们和国外是在同一条起跑线上，这方面的用老平台和技术都是刚刚开始；智慧孝老有明显的中国特色，是未来我们可以进行文化输出的领域。总的来说，养老虽然是一个亘古不变的话题，但是智慧养老绝对是一个有前途的新兴领域，值得理论工作者孜孜探索，值得实务工作者落地实践。

三 智慧养老的特点

第一，"智慧养老"体现了信息科技的集成，融合了老年服务技术、医疗保健技术、智能控制技术、计算机网络技术、移动互联技术以及物联网技术等，使这些现代技术集成起来满足老人的服务与管理需求。

第二，"智慧养老"体现了"以人为本"的思想，把老年人的需求作为出发点，通过高科技的技术、设备、设施以及科学、人性化的管理方式，让老年人随时随地都能享受到高品质的服务。

第三，"智慧养老"体现了"优质高效"，通过应用现代科学技术与智能化设备，提高服务工作的质量和效率，同时降低人力和时间成本，用较少的资源最大限度地满足老年人的养老需求。这些智能设备通过相应的适老化设计，可以完成人工不愿做、做不好甚至做不了的为老服务，为解决"未富先老"和"无人养老"（主要指没有人愿意做护理人员）两个困局提供思路。

第四，"智慧养老"体现了"价值共创"，通过应用现代智慧技术，使得养老机构、养老服务商、医疗康复机构等多主体能够协同工作，共同创造价值，具体的价值体现在：一是规模经济的价值，通过线上线下协同，使服务人员的服务半径扩大，实现规模经济的效益；二是范围经济的价值，通过养老服务平台或医养结合平台的服务集成，实现一种服务完成后转介绍另一种涉老业务，丰富养老服务的种类，实现范围经济的效益；三是长尾经济的价值，通过互联网的机制，使分散各地的老人的小众需求或零散需求得以集中，虽然规模仍然较小，但是毕竟有一定的服务量，服务商能够获得一定的利润，从而提供相应的服务。这些服务类型多种多样，尾巴拖得非常长，从而实现长尾经济的效益。

第五，除了老年人的物质生活层面，"智慧养老"的内涵还包括老年人的精神生活层面。在物质生活层面，主要是为老年人的生活提供足够的支持，在精神层面主要是丰富老年人的精神生活，让老年人能够活得更有意义。"智慧养老"可以让老年人的智慧也得到再次的利用和发挥，通过网络技术以及社交网络平台，利用老年人的经验智慧，使老年人焕发人生第二春。

四　智慧养老的发展机遇

"智慧养老"有很多的侧面。第一个是从个体——老人来讲，应该成为智能化的老人，或者说是智慧老人。第二个是从家庭来讲，要做到智慧家居。如果老人选择居家养老的话，家里的东西都要是智慧的。第三个是从社区来讲，要建这种智慧型的社区服务中心。第四个是针对养老机构的，养老机构也要变成智慧的养老机构、智能化的养老机构。

对于从事养老服务的企业来说，智慧养老从各个层面提供了市场需求，充满了发展机遇。比如，智慧养老体现在老人所用的设备上，很重要的就是现在可穿戴设备的发展。现在可穿戴设备有很多，比如戴着的眼镜，还有像女同志的耳环、项链、胸针、手镯、脚链，男同志的皮带，甚至是衣服等，现在市场化推广最好的就是腕表，这些可穿戴设备都可以感知到老人的信息。这些设备最好能做到使老人感觉不到技术的存在，同时又能搜集到他（她）的重要信息。

显然，把老年人与一般成年人同等对待的想法是不科学的。我们必须充分考虑到老年人这个群体的特殊性，针对他们的特点设计舒适、便利、安全、健康的智能居住环境。与此同时，由于老年人器官功能退化等，对智能产品的操作会存在一定的困难，所有针对老年人的智能产品的设计最基本的原则就是在操作界面的设计上做到最简约——使用尽可能大的功能按钮，按钮之间的颜色区分度要鲜明，尽可能多地采用声音控制、手势控制等简单易懂的操作方法。下面结合房间的布局来举例介绍老年人在智能住宅中可能用到的智能家居产品。

（一）智能客厅

老人回到家门口，无须担心忘记携带钥匙，住宅的虹膜识别门将扫描老人的虹膜，将其与控制中心存储的虹膜进行匹配，如果匹配成功，门自动打开。

进门后，门口的触摸式控制面板自动亮屏，点击控制面板的"回家模式"，智能客厅的感应灯缓缓打开，让老人的眼睛慢慢适应室内亮度的变化，客厅中间的智能茶几进入烧水模式，窗外的气象感知器将室外温度、湿度、风速等数据传到控制中心，门口上方的红外线摄像头扫描到进入门口的人数，门口左侧的智能推送鞋柜自动推送相应数量的室内拖鞋，让老人无须弯腰即可换上合适的鞋子。

此时，老人已经适应了室内的光线，感应灯慢慢关闭，电动窗帘打开，控制中心根据气象感知器的数据判断今天室外温度、风速情况，电动窗开启。

老人走向客厅的沙发，地板上安装的防跌倒传感器自动感知老人步速、姿态的变化，如有异常，自动报警，控制中心也将及时向设定的手机发送警示信息或拨打电话，让突然摔倒的老人得到及时的救助。

老人在沙发坐下，电视机开启，沙发自动获取老人身体上可穿戴设备中各项指标数据，存入控制中心的健康档案，控制中心根据健康档案中的数据，在设定的时段向智能茶几发出指令，智能茶几根据指令弹出茶几表面指定格子中的药物，提醒老人及时吃药。

在外上班的儿女通过手机或电脑与电视机自动对接和老人进行视频通话，缓解老人内心的孤独、失落感。

（二）智能厨房

老人离开客厅，进入厨房准备做饭，厨房墙壁上安装的烟雾探测器、燃气探测器将时刻监控厨房内空气的变化，如有异常，立即报警，控制中心控制厨房电动窗开启，厨房空调启动，保证厨房内温度适宜。

厨房内的智能冰箱门显示出冰箱内所有食品的存放时间和数量，发现存放时间临近保质期的提醒老人尽快食用，超过保质期的食物将语音提示老人将其丢弃，对于存量不足的食品显示器会显示"订货"按钮，轻按"订货"按钮，与此住宅绑定的超市将自动送货上门。此外，冰箱侧面是一面电子显示屏，老人可以在做饭过程中收看电视或收听广播。

做好的饭菜将被拿到厨房门口的智能保温餐桌，餐桌表面的温度传感器感应到温热食品，自动开启保温功能。

厨房的地板传感器感应到老人离开厨房超过15分钟，给老人发出提示检查的声音。如果检测到不是煲汤煮饭，且老人没有响应，那么厨房内的燃气、水龙头、油烟机等将自动关闭。

（三）智能卫浴

老人打算去洗个澡，选择卫生间门口触摸式控制面板的"洗澡模式"，窗边的空气循环器开启，墙壁的供暖片加热，将卫生间温度默认控制在28℃，老人也可根据自己的舒适温度自行调整设定。地板传感器全程监控老人姿态变化，一旦发生跌倒、晕厥等异常情况，自动报警。

如果老人如厕，智能马桶将会自动收集和分析老人的排泄数据，上传健康监控中心。卫生间的门框上红外线传感器感应到老人进入卫生间的时间，如果离开时间超过平常设定时间，将会启动警示模式，老人子女在接收到相关信息后远程打开视频监控，了解老人是否出现异常。

（四）智能卧室

老人进入卧室，卧室门口的传感器感知到老人的靠近，卧室内感应灯缓缓亮起，我们首先可以看到的是位于墙边的智能气象衣柜，衣柜实时接收气象感知器的数据，如果老人准备换衣服出去散步或锻炼，轻按衣柜表面的"出行"按钮，衣柜可以根据室外天气情况自动推送合适的衣物并给出出行建议。

如果老人准备休息，慢慢走向卧室内的智能感知床，轻轻点击床边触摸式控制面板的"休息模式"，卧室电动窗帘关闭，住宅内除床头灯以外所有电器也自动关闭，床上的智能感知器感应到老人躺下，床头灯将慢慢关闭，同时卧室响起一段老人预先设定的定时舒缓音乐。

在老人睡觉过程中，智能床上的健康监测器将全程监控老人身体各项指标情况，如果发现异常，将立即报警。

睡眠过程中，床上的感应器感应到老人从床上坐起，根据预先设定，卧室、走廊、卫生间感应灯慢慢亮起，确保老人午休起来或夜起安全。

凌晨时分，窗外的气象感知器能够感应到气温下降，数据传到控制中心，控制中心控制电动窗关闭，空调开启，将卧室温度控制在老人适宜温度（如26℃），同时空气加湿器开始工作，将空气湿度控制在适宜水平，为老人提供舒适的睡眠环境。

以上的智能家居住宅，集成了市场上现有的各种在销产品以及概念产品，每种设备的简要介绍如表1所示。智能家居产品是实现智慧助老的具体实现方式。表1是老人在智能住宅中可能用到的智能用品例子，未来可能会有更多适合老人的智能家居产品。将智能家居引进老年人住宅，让老年人也能享受科技带来的便利，对于提高居家养老服务质量、促进社会和谐有着积极意义。

表1 智能居家养老用品举例

位置	设备名称	设备功能
客厅	控制中心	对住宅内所有设备进行监控和指挥,接收和存储住宅内设备发来的数据,对紧急情况做出判断和处理
	虹膜识别门	采用人体独一无二的虹膜进行匹配识别,方便、准确、安全,让记忆力衰退的老人免除忘带钥匙的烦恼
	红外线摄像头	对进入住宅的人和住宅内情况进行实时监控,有异常情况及时报警,子女也可通过摄像头随时了解老人家中情况
	健康监控沙发	沙发可通过老人身上的可穿戴设备对坐在上面的老人身体各项指标进行监控,数据记录在控制中心的健康档案,及时发现老人身体变化,为老人的健康提供实时保障
	智能药物茶几	可自动对水进行加热,且可根据控制中心指令将茶几表面指定药物格中药物推送给老人,提醒老人按时服药,避免患病老人因忘记服药而耽误治疗
	智能保温餐桌	自动对餐桌表面温热物体加热保温,让老人随时吃上温热的饭菜
	智能推送鞋柜	根据进入室内人数自动推送相应数量的鞋子,让老人无须弯腰即可换上合适的鞋子

续表

位置	设备名称	设备功能
厨房	烟雾探测器	监测空气中烟雾浓度变化,对火灾报警,为嗅觉不敏感的老人提供安全保障
	燃气探测器	监测空气中可燃性气体浓度,发生异常自动报警,为嗅觉不敏感的老人提供安全保障
	智能冰箱	冰箱门能显示冰箱内食物的放置时间和存放量,能自动订货,老人足不出户即可获取新鲜食材,冰箱侧面电子显示屏可在做饭过程中播放电视或收听广播,丰富老人的厨房生活
卫生间	空气循环器	监测卫生间氧气浓度,通过与室外空气交换控制卫生间氧浓度在适宜水平,避免老人在洗澡过程中没有及时感知到缺氧而发生危险
	墙壁供暖器	安装在墙体内的供暖系统能将卫生间温度控制在设定水平,防止老人在洗澡过程中因动作迟缓而生病着凉
	智能马桶	自动收集和分析老人的排泄数据,数据存入控制中心健康档案,协助监控老人健康
	红外线感知器	感应老人出入卫生间的时间,如果离开时间超过平常设定的时间,将会启动警示模式
卧室	智能感知床	床上的感知器能感应到老人躺下或坐起,床上的健康监测系统能监控老人睡眠过程中各项身体指标的变化情况,数据记入控制中心的健康档案,监控老人健康
	智能气象衣柜	可根据室外气象情况推送合适衣物并给出出行建议,为对外界环境感知不敏感的老人提供安全出行保障
	智能音乐安眠系统	根据感知床数据判断老人睡眠情况,自动播放舒缓的音乐,让老人身心放松,帮助老人进入深度睡眠
	空气加湿器	实时监控卧室空气湿度,将卧室空气湿度控制在适宜水平
整个住宅	一键报警器	当老人感觉身体不适时按下,控制中心会向设定的号码拨打电话报警,让老人得到及时救助
	电动窗、电动窗帘	根据控制中心指令自动开合
	智能眼适应照明系统	可根据不同模式亮起不同的灯,且能根据老人眼睛适应情况设定不同亮度,灯缓慢亮起过程给予老人眼睛充分的适应过程
	地板防跌倒传感器	防跌倒传感器能监控走在地板上老人的步速、节奏、姿态等的变化,发现异常情况及时报警,让摔倒的老人得到及时救助
	触摸式控制面板	根据不同模式控制住宅内不同设备的开关,面板上不同功能的按钮采用区分度明显的颜色,按钮上显示的文字字数少、字号大,并配备语音提示
窗外	室外气象感知器	实时感知室外温度、湿度、光照、风速等数据

五 智慧养老产品研发的原则

这些年来，随着信息技术的发展，智慧养老产品也层出不穷，如各种电子血压计、电子血糖仪、电子血脂仪、电子血氧仪、电子心率带、跌倒报警器等单项健康指标监测设备，智能手环、智能手表、智能眼镜、智能皮肤贴、智能鞋垫、智能运动服、脑电波头戴、脑电波头盔等多项健康指标监测设备，智能药盒、智能保温桌、智能轮椅、智能马桶、智能床垫等智能家居产品，以及养老呼叫中心、养老服务系统、健康监测云平台、医养结合平台、老年在线社交平台等智慧助老系统。可以这么说，只要想得到的功能，现在几乎都有相关的智慧养老产品。但是，问题的关键是，这么多的智慧养老产品，真正受到老人欢迎并持续使用的有哪些呢？大家可以回想下智能手环的例子，推广时红遍大江南北，但是时间不长，很多人就卸下了这些智能腕带、智能手环。这是需要我们认真思考的问题。

我们采访过很多老年人，大家提及不用智能养老产品的原因有很多，其中最重要三个分别是"异物感"、"义务感"和"标签感"。第一个"异物感"大家都很容易理解，这些产品如果穿戴在身上，感觉不舒服。第二个"义务感"的意思是老人认为戴这些产品成为义务，而不是权利。比如，跌倒报警器老人戴 1000 天，可能就用那么 1 天，但老人要有天天戴的义务。又如，老人使用一些智能助老产品，数据结果传给子女监测，老人觉得没感觉到有什么用，只是子女对老人的健康放心了，甚至以此为借口更不来看他们了。第三个"标签感"，是指老人认为带上这些智慧助老产品，给其他人的感觉是，这个老人身体不健康或有病，好像贴了标签一样，因而不想戴。除此之外，使用复杂、需要经常充电、忘记充电、得不到及时反馈、家中不能联网、月租太贵、性价比不高等也是老人不使用智慧养老产品的原因。

显然，老年人的需求是很复杂的，需要用心对待。现在市场上已经有很多智慧养老的产品，以下五个原则是做智慧养老产品必须考虑的。

（一）有用（usefulness）

智慧养老产品在设计之初，就必须思考该产品是否真的有用，功能是不是能真正满足老年人需求，满足了哪类老人的需求，是否让老人参与了调研和需求分析，是否让老人试用过，或者至少概念模型让老人了解过并能接受。

（二）好用（ease to use）

这里的好用，也叫易用。智慧养老产品在设计的时候，是否考虑到了老人操作是不是方便，界面是不是适合老年人，老人是否试用过，是否收集了老人试用时的反馈。

（三）用得起（payment）

智慧养老产品中还需要考虑性价比，该产品对于老年人来讲能否用得起。不仅要考虑一次性的购置安装成本，还需要考虑持续使用产生的长期日常费用。

（四）持续使用（continuance）

智慧养老产品光安装或购买是远远不够的，只有持续使用才能真正发挥作用。因而，相关厂商应该认真做好如下的调研：购买安装一周后还有多少人用，一个月后还有多少人用，三个月后还有多少人用。一般来说，一个行为如果能够坚持90天以上，就会成为稳定的习惯。因而，如果某个产品真正能做到被某位老人用了三个月以上，那么该老人就是持续使用用户。

（五）爱用（hedonic）

如果老年人不仅持续使用，还爱用这个产品，感觉这个产品能给自己带来愉悦和快乐，他（她）就会推荐给别人，产生口碑效应。要做到让老人爱用，就需要思考对产品进行游戏化设计，可以让他们使用产品的感觉就像在做游戏，在使用的过程中产生满足感和成就感。

六 智慧养老发展的建议

基于对国内智慧养老发展的调研，在此对我国智慧养老的未来发展提出以下十条建议。

（一）顶层设计

在养老顶层设计中设立智慧养老的专项顶层设计。面对我国"边富边老""无人养老"的情况，国家需要从顶层设计上关注智慧养老事业，借助信息技术解决养老难题。

（二）数据治理

信息化建设发展到一定阶段，数据资源将成为组织运作的核心资源，而有效的数据治理才是数据资源得到有效运作的必要条件。虽然以规划、规范的方式来管理数据资产的理念已经被广泛接受和认可，但是光有理念是不够的，还需要组织架构、机制、规范或标准，以确保数据管理的各项职能得到正确的履行。研究养老的数据治理问题，需要明确不同干系人的数据职责。智慧养老的一系列数据具体应该由谁去收集、由谁去管理、由谁拥有以及如何实现数据共享，都需要行业给出规范。

（三）接口规范

不同部门系统、不同提供商系统应该互联互通。智慧养老系统的接口设计不单单涉及系统开发，更多的是需要顶层设计以及数据治理层面的指导，防止无效的、冗余的接口设计。

（四）持续使用

强调平台和产品的持续使用问题。无论是智能养老产品还是智慧养老平台，都需要保证老人使用的连续性和黏性，尽量避免搁置、闲置、空置的情况出现。

（五）政策引导

进行养老大开发，对从事养老服务的护理人员、社工人员等在落户积分、升学等方面予以奖励。可以效仿国家开展的"西部大开发"战略，在政策层面引导社会各界进行"养老大开发"，同时对养老行业的从业者提供优惠。

（六）舆论引导

设立专门网站，宣传最佳实践，规划年轻人从事护理工作的完美人生等。借助舆论引导年轻人从事有关爱心的事业，改善我国养老服务人才结构。

（七）最佳实践

探索智慧养老最佳实践，进行在线示范宣传。榜样的力量是无穷的。然而，我们的调查显示，目前许多街道或社区的养老服务系统建设大多源于养老工作的负责人对新技术的热情或秉持更好服务老人的情怀，很少有街道或社区感受到了先进街道的示范，大多是自己的摸索和实践。因而我们建议，评选智慧养老工作先进效果显著的街道（或社区）或解决方案，通过案例推广使先进街道或最佳实践形成示范效应，推动智慧养老的整体水平向更高的成熟度迈进。

（八）慕课建设

设立公益性项目，开发智慧养老系列慕课（MOOCs）或视频。通过在线视频学习，提升养老从业人员的专业技能和服务质量，提高失能失智家庭成员的护理水平。

（九）用老智慧

推进老年问答系统建设，更好地实现双向代际知识转移。也可以举办老人健康管理和家庭护理实用短视频大赛。该大赛的主要内容是鼓励老人将个人的自我健康或养老管理的优秀范例或者以某个家庭为单位的成员护理的成功经验，录制成短视频进行参赛。大赛的组织方可以通过电视、手机和 PC 端多种媒体进行传播推广，从而推动全体老年人及其家庭成员都可以观摩学习，形成基于自媒体性质的健康管理和照护知识扩散机制。这种机制可以借助评选、排名、奖励等游戏化方式激发老年大众的参与热情，比如以直播或短视频的打赏形式就可以很好地促进这些短视频的有效传播。

（十）适老设计

在产品的界面和交互方式上，进一步考虑"适老性"设计。保证为老服务产品的设计匹配老人的生理特征，满足"好用"和"爱用"的要求。

我国智慧养老事业仍然处在发展和探索阶段，需要社会各界共同努力，为破解我国养老难题出谋划策，实现老有所养、老有所医、老有所教、老有所学、老有所为、老有所乐。

ℝ.11
养老服务信息化之路在探索中前行

田兰宁*

摘 要: "老吾老以及人之老",我国素有尊老、孝老的传统美德,但面对当前社会现代化进程的加快、知识的不断更新,出现代际沟壑、伦理次序失衡、重幼轻老的倾向,以致歧视老人现象时有发生。在老龄化程度日益加重的当下,本文呼吁不要把老年人等同于虚弱或倦乏者,全面、正确看待老龄群体的生命价值,营造"不分年龄,人人共享"的平等、和谐社会。

关键词: 老龄化 养老服务 信息技术

作为一种文化现象,社会对老年人的歧视业已存在多年。翻开历史的陈页,早在 20 世纪初的 1905 年 2 月,56 岁的美国医生威廉·奥斯勒(Willam Osler)就曾发表了对老年人极具偏见的演讲:"过多的老年人,会导致人类精神发展的滞顿,……对于社会更为有益的是要强迫 60 岁的人完全退出职业和政治生活。就精神创新性而言,40 岁就失去了使用价值。"

《老寿星的密谋》作者弗朗克·谢尔马赫认为,这个演讲,仿佛是"一份许可证,为歧视老人的行径提供了自然科学依据",有很大的负面影响。1900~1930 年出现有关年龄对智力影响的研究,研究者仍然得出:智力测

* 田兰宁,日本国际医疗福祉大学健康福祉经营学博士,思德库养老信息化研究院院长,中国社会福利与养老服务协会副会长,中关村思德智能健康养老产业联盟(SSIDC)理事长,中华预防医学会老年健康与医养结合工作委员会副主任,老龄社会 30 人论坛成员,清华大学老年学研究中心特聘研究员。

验分数在成年早期达到高峰，在 30 岁左右便开始衰退。虽然这很快被认定在方法学上有缺欠，但仍影响着人们对老龄群体的看法。直到威廉·奥斯勒医生报告的 90 年后，一项对企业经济学专业的学生做的关于评价不同年龄段求职人的调查显示，几乎无一例外地认为求职者中年轻者优于年龄偏大者。其实，"年长的求职者获得较差评价的唯一理由便是其生命的年轮"，尽管很少研究能够证实，但人们认为在职业生涯中，伴随年岁增长一定会导致能力的下降。

一　正确看待老龄群体生命价值

由于科学技术飞速进步，社会现代化进程加快，现代化推动着知识和技能在不断创新中变化，个人掌握的经验和技能往往也会随年龄增长而过时。老年人曾是具有丰富经验、精明博学的智慧代表的形象，在无形中被动摇；回忆、文字或口头传述已不再是唯一传授信息的渠道和方式，老年人在社会上曾拥有对知识言传身教的导师地位的特殊价值开始减弱。

在我国，本有着已延续数千年的"尊老爱幼""老吾老以及人之老"等传统美德，毋庸讳言，当前人们在观念上对传统美德开始淡漠，代际间沟壑、伦理次序失衡、重幼轻老的倾向，以致歧视老人现象时有发生。由此，歧视老人现象能否会发展成为一种"社会排斥"（Social Exclusion）的泛文化问题，很值得引起社会关注。

对待老人的看法，反映着人们对生命价值的认识。人的生命历程，由生命不同阶段组合而成，不同的生命阶段其价值和表现方式各不相同，虽老年阶段人生价值有其特殊性，但要认识的是，只有各个生命阶段价值相联结呼应才能体现整个生命价值链条，完整地体现出对整个生命的确认。

迎接"变老的世界"，人们应从端正对老年群体的态度起步，共同营建"不分年龄，人人共享"的平等、和谐且适于生存的老龄化社会。

目前，信息化建设在中国正如火如荼地进行着，养老服务信息化的建设也是如此。众所周知，养老信息化之路已经走了一段时间，但这是一条怎样的路呢？

二 衰老是生理性的，而老龄是社会性的

寿命是指在自然的情况下生物体从第一次呼吸到最后一次呼吸的时间，衰老是指信息的丧失和自由能的下降。衰老是一个非常复杂的过程，个体的变化并非遵循着一致、单一、确定的规律。在人的身体中，某一个器官可能已经开始衰老，但是人还很健康，只不过需要更多的健康管理。

衰老是一个连续的、不易察觉的、渐进的过程，具有普遍性，每一个人都会经历这一过程。我们常常说衰老确确实实是一个过程——年龄不断增长，生活能力逐渐下降。在这个过程中曲线总体是往下走的，但是我们可以康复，我们还可以健康地生活。这就需要有轻度、中度、高度的介入手段。

在生理老化和心理老化的过程中，一个很重要的问题是个体老化后将退出生产领域，所以从个体层面来说，其角色是中断的。举个例子，如果你是一个爸爸，当你的孩子长大以后，他会离开家，你会面临空巢，你的家庭角色就模糊了。社会角色也是这样的，你本来是总经理，一天工作 12 个小时，很多人都尊敬你，突然有一天你退休了，孤独等问题就会出现。实际上个体在社会老化中表现出来的问题就是角色丧失的问题。

同样，老龄也是阶段性的，随着年龄增长，我们的老年角色会慢慢固化，而固化的过程中老年的特性角色也会中断。到了高龄老年，社会角色完全丧失。所以在谈养老的时候，应该意识到个体社会老龄化的一大特征——差异性。

在老龄化巨大的差异性下，针对老年群体，技术方案应如何调整。收入地位会变化，按规定大家都要退休，退休了社会角色就停止了。一般意义上，老年人的收入会明显减少，社会角色停止，就没有了社会价值，而在社会上往往存在忽视老年人合法权益、忽视老年人价值和作用的现象。老年学常常说，当你忽视老年人口的作用时，也就是损害了社会的自我控制系统，老年人是整个社会大家庭大系统不可缺失的。

《技术的变革》一书中描述了人类的预期寿命一直在延长，技术的浪潮不断迭代更新，长寿是人类发展的必然规律，这是好事。如果人类科技继续发展，人可能活得更长，会有更长的时间处于老化的过程，这个过程是无法逃避的。技术发明越多，大家的生活条件越好。科技进步越多、医疗技术越发达，我们的寿命会越长。而技术不应该只是带来寿命的延长，更是应用技术去服务关爱老人，为他们有质量的生活提供必要条件。

三　养老信息化之路是全新的、循序渐进的

养老信息化到底解决的是什么问题？人的一生可以分为三个阶段：第一个阶段大家都很健康，生活工作都可以完成得很好。而到了第二个阶段，随着年龄增长，生活能力开始退化，发生角色中断。尤其是在信息化时代，寿命变长，角色中断的时间几乎与第一个阶段一样长。到了第三个阶段，大部分人可能会需要高度护理。我认为，养老信息化的一项重要任务就是在角色中断的过程中起到突破性的作用。随着信息时代的到来，在未来30年，社会有大批处于角色中断这个阶段的人群，他们是需要服务的人群，是产品的消费者，他们的需求将是技术创新的动力。

社会老龄化遇到信息化的时候有一些东西可能会发生改变，比如现有的很多IT应用会消失，因为在养老信息化整个交互的过程中数据的形式、处理方式会完全不同。虽然现在还不知道社会老龄化遇到信息化会发生什么，但是我非常确信，就是将出现完全的新型模式，也希望大家在探索养老信息化道路的时候，用一个崭新的思维方式。

目前，有很多成功的医疗信息化方案，但医疗信息化场景是围绕疾病治疗展开的。而养老信息化的场景是围绕老人吃、行、娱乐、购物、穿衣展开的，从医疗信息化走向养老信息化，其实是到了一个完全陌生的领域。从2012年成立养老信息化工作委员会以来到今天，出现了很多优秀的案例，养老信息化的应用层出不穷。在这个过程中我们发现，养老信息化在每一个阶段有不同的特征，信息技术提高了服务效率。到了整合阶段，便出现了很

好的养老机构管理软件，整合了社会的服务资源，表现为一种集成式的居家养老照护。

今天养老信息化正在走向一体化阶段，这便是"互联网＋养老"。目前，养老信息化是否能迈入一体化阶段？能不能引领养老服务的新模式，为绝大部分的老年人提供便捷的服务？这些都有待解答与尝试。

四　养老信息化"互联网＋"新动态

在养老信息化领域，目前有很多的 IT 公司开始做服务，很多的服务提供者开始创建自己的信息部门、信息公司，很多养老机构设置了信息处、信息科，这都是非常大的突破。在讲互联网突破的时候，大家都非常兴奋，那是因为"互联网＋"让老年人有机会成为虚拟的年轻人。互联网是年轻人最喜欢的，但如果有一个互联网真正把老年人连接起来，当现实障碍消失的时候，老年人和社会的竞争将是头脑的竞争。有些老年人即使 80 岁了，头脑依然很灵活。如果"互联网＋"能够把老年人的资源发挥出来，不仅对老年人来说是个福音，在"互联网＋"时代，老年人还会变成宝贵的社会资源。

今后几十年我们每个人都会和网络有关，难以想象现在没有手机我们会是什么样。我们要做好准备，"互联网＋"一定是大的浪潮，会冲击我们的社会。

福利司和发改委最近联合发布的文件明确提出信息技术、人工智能和居家养老服务机制相融合，对传统业态养老服务进行改造升级。信息技术的融入会推进一体化、开放，一定会引领出新的模式，这也是构建理想老年社会的重要性。福利司推出了三个试点，对整个养老信息化有巨大的推进作用，在具有中国特色的政府的强力推动下，养老信息化之路将快速推进。

在推进养老信息化的过程中，主管部门也提出了一些要求。首先，制定标准，标准先行，使得养老信息化建设有据可依。配合养老信息化发展需求，发布养老信息化建设指南，使得养老信息化有方向。其次，中国社会福利协会和清华大学老年学研究中心共同开发了老年人能力评估工具，以数据为主的服务模式已启动。根据老年人需求制订老年人照护服务的计划，以人为核心。在实际的老人生活中，不是所有的老年人都需要看护和辅助。我们服务质量怎么样？老年人养老机构生活状况是更差了还是好了？尤其是居家服务，是不是老人待在家里就是居家服务了呢？这些服务的质量都一定要有测评，由评估数据产生的质量指标和服务基点对服务的改进是有客观依据的，非常重要。

利用评估的数据计算成本组合，到现在为止，每一个国家的老年人群体都是庞大的，如何用信息化的手段优化资源配置是非常大的课题。所有的IT系统一定要知道数据要服务的不仅是老年人，更要为国家政策制定、社会资源配置服务。统一的平台下要互联互通，形成数据的重组，真正为政府制定政策提供依据。

五　养老信息化是用信息技术造福老龄社会

每个人的价值在每个阶段都有不同的含义，也有不同的表现方式，相信信息技术会为老年人提供全新的价值实现方式。手机现在就好像一个人工器官，由于身体能力的下降丢失了社会角色之后，长谷川敏彦先生退休后在家里工作，睿智的头脑、丰富的阅历被释放出来，这是信息技术时代给老年人带来的好处。信息技术会使老龄化社会更美好，当谈到老龄化社会的时候，一方面我们说人类进步了、长寿了，另一方面，现在"421"的家庭结构，有这么大的社会负担，那么多的老人要养。信息技术可以使我们维持老年人的尊严，支持他们的生活，为他们提供生活的便利和照护。当然还有可穿戴技术使老年人的生活更加舒适。

我们又一次不得不提到"创新"这个热词，因为老龄化社会恰恰是不懈创新的源泉，因为一切的问题都是新的，我们要用新的酒瓶装新酒。

《老寿星的密谋》里讲到，我们的使命就是变老，别无他者，这是我们生命的重任。所以养老信息化这件事不可不做，人们就是会变老，就是会长寿，这是目前的客观事实，但如何建立起一个有福祉的社会、一个健康的老龄化社会，就需要大家一起共同探索。

R.12
中国为老服务业要跟紧时代转换创新

原　新*

摘　要：　本文提出了为老产业及为老服务业，并将养老和助老分开。
　　　　　助老服务的宗旨是帮助老年人，尤其是健康的老人继续实现
　　　　　参与社会，提供老年人表达人生感悟和经验的机会，给他们
　　　　　搭建一个平台，让他们继续实现自己的人生价值。从这个角
　　　　　度看，老年人是社会的继续贡献者，是充满生机的社会财富，
　　　　　提高其参与率是一个积极的观念。从观念上将助老和养老分
　　　　　开，是未来为老服务市场分级和精准化发展迈出的第一步。

关键词：　人口老龄化　为老产业　为老服务业

　　21世纪的中国，人口老龄化已经是不可逆转的常态现象，这是中国的
基本国情，而且除非放宽移民政策，中国社会不可能再次年轻。在这样一个
背景下，我们不可能调整老龄化来适应经济社会的发展，而只能是用经济社
会发展适应老龄化。

　　首先，人口老龄化正在改变我们国家的发展基础。人口老龄化有"四
超"。第一，超大规模。自1949年新中国成立以来，我国经历了三个人口增
长高峰，一是50年代，二是60年代早期到70年代中期，三是"80后"
"90后"出生的年代。当这三类人随着年龄的增长迈入老龄期时，中国的

---

* 原新，中国人民大学人与发展研究中心驻所研究员，南开大学人与发展研究所教授，博士生
导师。

60 岁、65 岁、80 岁老人的变化是非常明显的。如果以 60 岁为标准，到 2053 年我国老年人口数量将达到 4.9 亿，按联合国延长了预期寿命的最新测算，我国到 2050 年老年人口的数量将超过 5 亿。按照国际通用的 65 岁标准来看，我国到 2057 年老年人口将达到 4 亿，这是我们未来面对的一批人，而这样一批人不会因现在调整生育政策而受到影响。第二，超快速度。在新兴经济体中，我国的人口老龄化速度排在前列，仅用 26 年时间便进入老龄化社会，跟发达国家中的日本相近。不过，新加坡、巴西、斯里兰卡这些国家比我国人口老龄化速度更快。在整个世界，我国并不是最快的国家，但也已经非常惊人了。据测算，到 2030 年我国只比美国、俄罗斯、日本老龄化程度低，2050 年以后，我国仅只低于日本。这样的状况将一直持续到 21 世纪 80 年代，印度 60 岁以上的老年人口数量会超过中国。第三，超高水平。根据联合国的最新预测方案，到 2055 年前后我国老年人口规模可以达到 5 亿以上，老龄化程度将超过 37%，从现在到本世纪的中叶，我们比任何一个国家翻番的速度都很快。第四，超级稳定。在本世纪后半期，我国老龄化将维持 37%~38% 的水平，老年人口数量在 4 亿~5 亿，是非常稳定的老龄化结构。

我们所说的为老产业，绝对不是只为这一代老年人服务，它是要形成制度化、长期性、经常性和规范性的。所以我们想把周期放得更长一点，今天的老龄化在中国还没有到最严重的程度。实际上真正严重的是"60 后""70 后"变成老人以后，我国的老龄化和老年人数量会达到一个新高度。

整个"十三五"期间恰恰是我国的机遇期，因为"十三五"期间我国老年人口数量和老龄化水平的增长都是最慢的。

其次，为老服务业发展的前景，主要总结为为老服务业潜在市场规模很大，但是现实的市场规模较小。社会参与的积极性非常高，但是相应的规划标准明显不足。实际上我国对于公办和民办，一直以来就是两个政策、两种态度。一方面在积极地支持，另一方面在实际行动中，在很多文件上严格地区分着。

为老服务业存在许多不足，主要表现为产业规模变小，业态结构失衡，服务水平偏低，市场秩序失范。我们更多的是把老年人视为包袱，而不是财富。

为老服务业发展前景并不乐观，中国经济下行压力越来越大，从过去的接近10%的GDP增长率，现在调整到6.5%，进入了经济新常态，而在这种经济新常态下，我国会不会陷入中等收入陷阱，是谁也回答不了的问题。

我们要创新理念，把养老和助老分开。实际上养老是消极的观念，老年人被当作需要照顾的对象，让老年人颐养天年，在80年代联合国的文件中也是这样提的。但是助老侧重于老年人的社会参与，以及老年人对社会的贡献或者说继续挖掘老年人社会贡献潜能，包括老年人与老年人之间、老年人与其他群体之间的相互帮助。

所以在这个视角下，把老年人看作是社会的继续贡献者，是充满生机的社会财富，提高其参与率，是一个积极的观念。联合国90年代以后的历次文献中都积极提到了注重老年人的社会参与以及社会成果对老年人分配的公正性。

为老服务是把助老和养老分开的重要思想。助老主要是满足老年人差异化的需求，强调老年人与社会的互动，养老是满足老年人的基本生活需求，是老年人被动接受。为什么这样提呢？实际上2010年第六次人口普查中，老年人的健康自评方面，80～90岁的老人依然认为，他们有50%是健康和基本健康的。即便是到了100岁，大概还有30%的老人认为自己是基本健康和健康的。

所以在此背景下，2004年国家统计局对老年人生活自理能力的调查中显示，随着时间和年龄的推移，老年人的非自理能力在增强。但是即便是80岁以上的老人，也仅是25%～36%的老年人生活不能自理，90岁以下只有一半的老年人生活不能自理，中国绝大多数的老年人都是健康的。老年人自身也不愿意成为社会和家庭的负担，只要能动，他一定会参与社会和家庭的活动。

所以助老服务的宗旨是帮助老年人，尤其是健康的老人继续参与社会，提供老年人表达人生感悟的机会，给他们搭建一个平台，让他们继续实现自己的人生价值。老年人的愿望从需求方和供给方来说是不谋而合的。比如现在提出来的延迟退休，就是对老年人多样化人生的开发过程。

人口老龄化问题，本质是经济问题。很多发达国家在人口老龄化达到很高程度的时候，经济处于低迷的状态。我国从现在开始，老龄化的速度是非常之快的，在这样一个背景下恰恰遭遇了经济新常态，能不能继续创造更多的财富来应对这样一个高度老龄化的社会，这对每一个中国人来说都是挑战。

还有一个动态的思维，老年人代际的转换和需求是多样的。实际上，2010 年 60 岁以上人口的教育结构中，大学生的比例只有 3.4%，而现在 20～29 岁大学生的比例已经在 23% 以上，如果再加上高中以上，50% 以上的人受过高等教育。

在这样的背景下，我们的市场、我们的政府未来设计的为老服务的产品以及制度安排，应该适应于不同代际的转换，而不要把针对今天老年人的政策、服务用到明天的老年人身上。

为老服务业必须由政府、市场、家庭、个人共同应对，政府是裁判员，也是规则制定者。也就是说，政府担负老龄政策规划和监督落实职能，要保证每一个老人有尊严地活着这一最基本的需求，市场能够开发满足老年人个性化需求的产品。

继续弘扬中华民族敬老、养老、助老的美德，从个人来说要为自己步入老年做准备。所以在这样的情况下，就是政府、市场、家庭、个人责任分担机制必须要能够很好地建立，政府管基本，市场多样化，鼓励居家和家庭助老，培养个人养老风险意识。为老服务市场要一视同仁，对公营、民营、私营、个体为老服务机构有均等化政策。

机构、居家和社区为老服务一体化是必然趋势，小型化、专业化、社区化、连锁化的为老服务机构是未来发展的态势，养老机构的医养结合更加紧密，为老服务要向亲情化、人性化和个性化方向发展。

助老和养老的分开，只是向未来为老服务市场分级和精准化发展迈出了第一步。

R.13
医养结合领域进展：从理论到实践

左美云　李芳菲　邵红琳*

摘　要： 我国的社会养老资源和医疗资源十分有限甚至紧缺。为老年人提供综合、适宜以及紧密连接的医疗与养老服务，建立资源互补的医养结合服务生态系统是当前关注的热点。为了了解医养结合在理论和实践两方面的进展，基于互联网上可以获得的数据，我们对医养结合领域的论文、图书、会议、项目、政策、融资、平台、新注册企业、跨界企业等方面进行了全景式的扫描，在此基础上，我们对医养结合的进展进行了相应的分析和归纳。总的来说，我国在医养结合领域的研究和实践正在如火如荼地进行着，受到的重视程度在不断提高，正处于蓬勃发展的阶段，也取得了丰富的成果和经验。在未来的发展中，如何利用现有成果和经验，创造性地提出更加完善，符合各自特色的医养结合理论和指南，是下一步要深入研究和实践的问题。

关键词： 医养结合　社区养老　养老产业

根据国家统计局的老年人口统计数据，2017 年末，我国 60 周岁及以上

---

* 左美云，中国人民大学信息学院副院长、学术委员会副主任、教授，研究方向：大数据分析与应用，智慧养老与智慧医疗，知识管理、区块链应用等。李芳菲、邵红琳，就职于中国人民大学智慧养老研究所。

人口2.41亿人，占总人口的17.3%，其中65周岁及以上人口1.58亿人，占总人口的11.4%，老龄化进程正在加快。目前，我国已经步入老龄社会初期，具有体量大、增速快的特征。根据世界银行2011年的预测，到2030年，人口老龄化将使我国的慢性病负担增长40%。然而，我国的社会养老资源和医疗资源十分有限甚至紧缺。为老年人提供综合、适宜以及紧密连接的医疗与养老服务，建立资源互补的医养结合服务生态系统是当前关注的热点。

在2016年5月27日中共中央政治局就我国人口老龄化的形势和对策举行第三十二次集体学习时，习近平总书记强调要"构建居家为基础、社区为依托、机构为补充、医养相结合的养老服务体系，更好满足老年人养老服务需求"。《关于推进医疗卫生与养老服务相结合的指导意见》《"健康中国2030"规划纲要》等促进医养结合相关的政策接连出台；特别是中国共产党的十九大报告中将"推进医养结合，加快老龄事业和产业发展"作为"实施健康中国战略"的组成部分，把医养结合上升到了国家战略的高度。

"医养结合"是我们中国人创造的词，在英文中并不能找到完全对应的词，国内的学者对该词如何翻译还没有达成共识。根据其整合医护服务和养老服务的实质性含义，我们将其翻译为 Senior Care and Health Care，简称SC&HC。从现有的文献看，这个词最早由郭东等学者在2005年提出，其在《国际医药卫生导报》中发表的文章《医养结合服务老年人的可行性探讨》中首次用到"医养结合"这个词。

和国外学者交流后发现，我们可以认为医养结合是英文 Integrated Care（整合照料）面向老年人群体的一种实现形式。整合照料，也称为整合健康（Integrated Health）、协同照料（Coordinated Care）、综合照料（Comprehensive Care）、无缝照料（Seamless Care）等，是指整合医疗护理服务和生活照料服务，既包括面向普通人群（主要指慢性病患者、需要照料的失能失智者）的整合照料，也包括面向老年人群的整合照料，即国内所说的"医养结合"。

医养结合中的"医"不应该仅仅是指医疗，而应该是大健康的概念。医养结合中的"养"，包括养生、养病、养命、养心，与"医"结合，分别对应着老人的健康管理、慢病管理、急救管理和心理关怀。"医养结合"是指将医护服务与养老服务结合起来，不仅仅包括传统养老模式所提供的基本生活服务，如日常生活照料、精神慰藉和社会参与，还可以提供预防、保健、治疗、康复、护理和临终关怀等全链条的医疗护理服务。

一般来说，医院主要关注老年人突发性疾病的救治，对于那些处在医疗康复期、慢性病的老年人无法提供细致的养老护理和服务，另外还存在一些处于病程恢复期的老年人为避免出院后恢复期的病情复发风险，坚持留院观察，或者出院后再办理入院手续，造成所谓的"押床"现象。以上行为选择既加剧了医院医疗资源的紧缺，也造成了医疗资源的浪费。当前我国人口人均预期寿命是76岁，健康的平均预期寿命约为68岁，这其中有八年左右时间老年人可能将会与疾病相伴。如何保持"健康余命"不仅是老年人的健康需求，也是社会发展的一项指标，成为养老与医疗政策的发展目标之一。因此医养结合的模式受到我国政府的高度重视和广泛关注，以期更好地实现治疗康复护理与老年人养老的无缝衔接。

自2016年起先后确立了两批共90家国家级医养结合试点单位以来，各地积极探索，形成了许多的创新模式，我们将其归纳为六种医养结合的服务模式：养嵌入医、医嵌入养、医养协作（通道）、医养联体、医养融合（一体）和虚拟医养（平台）。

为了了解医养结合在理论和实践两方面的进展，基于互联网上可以获得的数据，我们对医养结合领域的论文、图书、会议、项目、政策、融资、平台、新注册企业、跨界企业等方面进行了全景式的扫描，在此基础上，我们对医养结合的进展进行了相应的分析和归纳。

一 医养结合领域论文著作进展

论文和著作是学者用来探讨问题或呈现研究成果的两种方式。通过对医养结合领域论文或著作的搜集和分析，可以看出我国的研究者在医养结合研究领域的进展，从而更好掌握该领域的研究动态，对未来的学术研究和实践具有借鉴意义。

（一）关键词总体分布

我们采用文献检索的方式对中国知网进行检索，检索的条件是以"医养结合"作为主题或者关键词并且年度不限，最后得到文献共2112篇。

我们对这些文献中排名靠前的关键词进行归纳汇总，因为是以"医养结合"主题为搜索条件得到的检索结果，所以对关键词的分析都去除了比重最大的"医养结合"，并将具有相似含义的关键词进行合并，得到图1。从图1可以看出，养老机构、养老模式和养老服务三大关键词合计占据了80%多的比重，并且养老机构占2/5，说明研究医养结合的论文对养老机构极为重视，养老机构的医养结合问题是一大研究热点。养老机构指的是为老年人提供起居照料、卫生护理、文娱活动等综合性服务的机构，包括养老院、敬老院、福利院和老年公寓等。

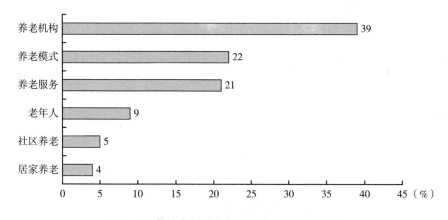

图1 医养结合领域全部论文中的关键词分布

从图1可以看出，现在的医养结合领域研究对医养中的"养"更加关注，而对"医"的研究比例仍较小，包含"医"的关键词主要有社区卫生服务、长期照护、医疗机构、医疗服务、养老护理员和家庭医生等。可以发现，对"医"来说，研究人员重点关注的是居家和社区养老中医疗服务的提供。

值得注意的是，社区养老和居家养老这两个关键词的占比虽然小，但是最近比较新兴的养老趋势。从总体分布图中无法看出各关键词历年来的具体变化，因此下面继续对2016～2018年各大关键词进行分析。

（二）历年关键词分布

按照上面的分析方法，我们分别得到2016年、2017年和2018年的文献关键词排名靠前的分布情况，并与历年来关键词总体分布情况进行比较，得到图2。

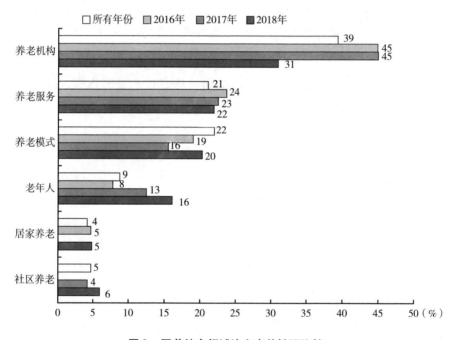

图2　医养结合领域论文中关键词比较

注："居家养老" 2017年、"社区养老" 2016年没有在关键词前十中出现。

从图2可以看到，2016～2018年关键词的比例和总体情况类似，仍然是以养老机构、养老服务和养老模式为主。但从每个关键词的占比变化来看，养老机构在2016年和2017年的比例超过40%，但是在2018年的比例仅刚超过30%，这可能是因为关于养老机构在之前已经积累了大量的研究成果，在此方面的研究逐渐降温，还可能是因为对其他方面的研究重视程度提高，从而导致养老机构研究比重降低。

从养老服务研究的比例来看，也呈逐年下降趋势；而养老模式的研究在2018 年有很大的发展。以"老年人"为关键词的研究比重逐年增加，说明研究重心在不断从以为老服务（提供者）为中心向以老年人（接受者）为中心转变。

从图 2 可知，社区养老的比重从 2017 年开始逐年上升，说明社区养老不断得到重视，显然，以社区居家养老为代表的新的养老思路受到了越来越多的重视。

（三）历年发文数量分布

从历年来对以医养结合为主题的文献发布数量的统计（见表 1）和走势图（见图 3）来看，2005 年就已经有了一篇相关研究，但是后续几年并未有医养结合相关研究，直到 2011 年开始了新的关注。随着我国老龄化问题的不断加剧，医养结合的相关研究发文数量有了急剧增长。

表 1　医养结合领域文献发布量统计

单位：篇

项目	2005 年	2011 年	2012 年	2013 年	2014 年	2015 年	2016 年	2017 年	2018 年
篇数	1	3	8	37	121	351	647	895	823

从 2013 年开始，论文发表数量由个位数转到了十位数，并在下一年到了百位数，发生如此急剧的转变可能是因为国务院在 2013 年 9 月出台了《关于加快发展养老服务业的若干意见》，指出要推动医养融合发展，各地要促进医疗卫生资源进入养老机构、社区和居民家庭。一般看来该政策是我国医养结合政策的起点，我们猜测该政策也引起了学界广泛的关注，得到了学界后续的积极响应。

从中国知网提供的文献可视化统计图中可以看出，预测 2018 年以医养结合为主题的发文数量将达到 1083 篇（见图 3）。这说明我国现在的医养结合领域研究处于蓬勃发展阶段，有相当多的学者投入该领域的研究中。

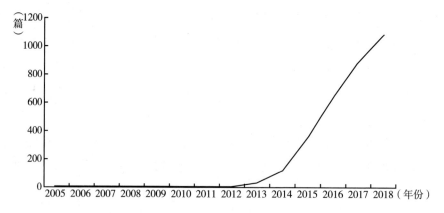

图3　医养结合领域历年文献发布量可视化统计

（四）研究类型分布

我们对以"医养结合"为主题的论文研究类型进行了分析，如图4所示，研究类型的分布从高到低依次为政策研究、基础与应用基础研究、行业职业技术指导以及大众文化科普。

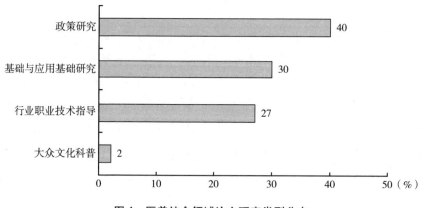

图4　医养结合领域论文研究类型分布

从比例分布来看，医养结合领域的研究还处于偏向政策支持和基础理论研究的发展阶段，而对行业职业技术指导方面的研究占比较低。说明在医养结合领域对政策研究和理论基础的研究较多，对实践方面具有指导作用的研究尚且不足。因此我们认为，在以后的研究中，医养结合领域还有很大的发展潜力，可以更加注重案例归纳、落地应用等实践方面的探索。

（五）研究机构分布

根据中国知网检索到的医养结合论文的研究机构数据，我们发现其主要是对发文量较多（大于等于 7 篇）的代表性高校机构进行统计，并且统计了发文量最多的前 40 所高校机构。我们对这些发表医养结合论文的代表性研究机构进行地理位置分布的分析。

代表性研究机构在医养结合相关研究发表论文的数量方面，北京最高，而在北京以"医养结合"为研究主题发表文献较多并且具有代表性的高校机构有北京大学、中国人民大学和北京中医药大学等；其次为山东，其中具有代表性的高校机构有山东大学、青岛大学和山东中医药大学等；安徽也是机构发文量较多的省份，其中其代表性的高校机构有安徽大学、安徽财经大学和安徽医科大学等；紧接着的是江苏，其中其代表性的高校机构有南京中医药大学、南京医科大学和东南大学等。

总的来说，我国医养结合相关研究以东部为主，这可能与我国东部经济发展较快有关，上海和广东的研究机构没有出现在发文量前 40 所高校机构中，说明两地高校对医养结合学术研究投入的精力可能还不够。并且从研究学校的类型来看，除了综合性大学以外，医科类的大学对"医养结合"这一主题也有较高的关注度。其中河北代表性研究机构发文数为 17 篇，天津为 8 篇。

（六）图书出版分析

近年来，来自医学、社会学、金融、建筑、信息技术等领域的学者出版了一些医养结合相关的图书。如表 2 所示，据不完全统计，2014~2018 年医养结合相关的著作共 17 本。

对于这 17 本著作，我们对各细分主题做了数量统计，其中，以智慧养老与智慧医疗为主题的著作最多，为 6 本；其次是与照护实务或培训相关的主题，为 4 本；然后是与养老设施规划或管理相关的主题，为 3 本；其他相关主题有4本。智慧养老与医疗之所以成为学者关注的热点之一，与近年来信息技术对医养领域的广泛渗透紧密相关。照护实务或培训成为一大热点，体现了我国学者对老年人健康给予了越来越高的关注度，也间接表明了我国的老年人照护人员可能处于相对匮乏的状态，并且照护人员的专业素质和知识护养等亟待提升，需要通过相关著作对医养结合服务提供人员进行理论指导和服务培训。

表2 2014～2018年医养结合相关著作举例

年份	著作名称	第一作者	出版社	价格（元）
2014	《医养结合老年护理服务手册》	李丽珠	太原:山西经济出版社	38.00
	《医养结合的机构养老模式研究》	吴美蓉	西安:西安交通大学出版社	38.00
	《中国创新型医养融合建设设计探索》	沈捷	南昌:江西科学技术出版社	36.00
2015	《中国创新型医养融合健康物业管理实操手册》	沈捷	南昌:江西科学技术出版社	25.00
2016	《"医养结合"城市社区养老居住设施规划设计》	戴靓华	北京:中国建筑工业出版社	38.00
	《医养结合——中国社会养老服务筹资模式构建与实证研究》	杨贞贞	北京:北京大学出版社	39.00
	《智慧养老探索与实践》	陈志峰	北京:人民邮电出版社	49.80
	《智慧养老》	黄勇	北京:中国社会出版社	48.00
	《智慧医疗在养老产业中的创新应用》	郭源生	北京:电子工业出版社	65.00
	《全球积极、健康与智慧养老创新报告2016》	丁辉	北京:北京科学技术出版社	100.00
2017	《医养结合照护师实务培训》	段萱	北京:北京大学医学出版社	59.00
	《医养结合下的老年护理适宜性技术》	董碧蓉	成都:四川大学出版社	60.00
	《智慧医疗与健康养老》（上、下两册）	郭源生	北京:中国科学技术出版社	100.00
2018	《智慧养老:内涵与模式》	左美云	北京:清华大学出版社	59.00
	《首都智慧养老服务模式研究》	徐志立	北京:中国铁道出版社	38.00
	《医养结合与保险公司介入研究》	杨波	南京:南京大学出版社	79.90
	《医养结合老年护理实践指南》	于卫华	合肥:中国科学技术大学出版社	80.00

从著作的出版社分布地区来看，北京遥遥领先，近几年来共出版了10本医养结合相关的著作，这说明北京一直关注医养结合领域，并且对医养结合相关的研究做出了很大贡献。

二 医养结合领域会议进展

会议是交流及讨论成果的重要桥梁。举办主题会议也体现了学术界或产业界对该主题的关注和重视。通过对医养结合领域的相关会议进行搜集和分析，可以对我国医养结合领域会议的发展有一个较为清晰的脉络掌握。

（一）会议类型的基本分析

以"医养""健康""老龄"等为关键词对医养结合相关会议进行检索，数据来源分别为中国人民大学智慧养老研究所每月出版的内部刊物《智慧养老研究动态》、中国学术会议网（链接：http：//conf. cnki. net/）、学术会议云（链接：http：//www. allconfs. org/meeting_ type. asp）、学术会议搜索（链接：http：//www. searchconf. net/）以及艾会网（链接：https：//www. aconf. cn/）。

搜集到的会议主要分为两类：一类是持续性会议，这类会议从成立以来，每年举办一次；另一类是其他会议，此类会议在当年仅举办一次，由于资料有限，不能确定后续是否再次举办。相较于持续性会议而言，其他会议的名称和种类更具有多样性。由于篇幅和资料有限，下面对两类会议仅分别挑选部分会议按举办时间先后进行简要介绍。

1. 持续性会议

（1）中国老年医学和老年健康产业大会。首届"中国老年医学大会暨老年健康产业博览会"（Chinese Congress on Gerontology and Health Industry，CCGI）于2012年8月31日至9月2日在北京举办，标志着中国老年医学学科建设、学术交流、老年健康产业创新与发展有了一个新的平台。至今，该会每年举办一次，在2014年更名为"中国老年医学和老年健康产业大会"。大会除了2012年在北京举办、2018年在济南举办以外，其他年份都在江苏苏州举办。大会旨在汇集各路学者，集中展现一年来我国老年学及老年医学领域各研究团队和个人的研究成果，讨论老年医学未来发展的新思路、新领域

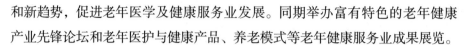

和新趋势，促进老年医学及健康服务业发展。同期举办富有特色的老年健康产业先锋论坛和老年医护与健康产品、养老模式等老年健康服务业成果展览。

（2）智慧养老与智慧医疗发展论坛。该论坛由中国人民大学智慧养老研究所和山东财经大学管理科学与工程学院于2014年共同发起，至今已经举办了五届，举办地点包括济南、烟台、北京和南京等。2019年第六届智慧养老与智慧医疗发展论坛预计在合肥工业大学举办。该论坛打造了一个学术成果共享、交流热烈、高水平层次的交流平台。在论坛中来自学界和产业界的与会代表关注中国智慧养老和智慧医疗的最新成果与实践，并进行充分热烈的研讨交流，为中国智慧养老与智慧医疗领域的理论支撑和实践研究贡献力量，同时也拓宽与会人员视野，使与会人员充分掌握国内该领域的研究动向和实践经验。

（3）健康和老龄化学术研讨会。该学术研讨会是由工程信息研究院（Engineering Information Institute）、科研出版社和千人智库举办的学术性会议，也是医养结合领域内重要的国际学术研讨会。大会囊括健康与老龄化相关领域所有议题，鼓励业内专家学者分享技术进步和业务经验，聚焦健康与老龄化相关领域的前沿研究，为学者提供一个交流的平台。会议集聚来自世界各地的科研人员、工程师、学者及业界专家，展示他们在健康与老龄化相关领域的最新研究成果及活动进展。

（4）中国老年学和老年医学学会智慧医养分会年会。中国老年学和老年医学学会智慧医养分会（Smart Senior Care and Health Care – Branch of China Association of Gerontology and Geriatrics，SSC&HC – CAGG）是国家一级学会中国老年学和老年医学学会下的一个分支专业委员会，是由致力于中国智慧养老与智慧医疗基础研究和应用研究工作的学者、专家、医务和健康科技工作者以及从事智慧医养服务的单位和个人组成的非营利性的专业学术团体，在中国老年学和老年医学学会的具体领导下积极开展智慧养老和智慧医疗领域的学术研讨、学术会议、培训、出版、咨询和评估等相关工作。分会每年举办一次学术年会，对当前智慧医养领域实践中存在的问题进行深层次的探讨，对智慧医养领域未来的发展提出建议。

2. 其他会议

（1）中国老龄化与健康高峰论坛。2014 年 6 月 11 ~ 13 日，由中国营养学会主办、中国疾控中心营养与食品安全所协办、全国老龄工作委员会指导、《生命时报》战略合作的"中国老龄化与健康高峰论坛"在上海成功召开。来自营养、临床、疾控、大专院校的 500 余位研究工作者，与来自美国、荷兰、澳大利亚、新西兰、美国、瑞士等国的外国专家共同交流了国内外老年人营养、疾病状态营养支持、康复及营养新经济等方面的前沿思想。

（2）广州国际老年保健及养老服务高峰论坛。该论坛由中华中医药学会于 2014 年 6 月 20 ~ 22 日在广州琶洲国际会展中心举办，旨在帮助企业掌握老年保健及养老服务行业的最新动态，把握市场发展动态，解决企业在老年保健及养老服务产业中存在的问题，同时整合产业资源，推动老年保健业的发展。会议邀请老年保健行业同人提供政策解读和战略指导，从各方面为政府、行业、企业提供新思路、新方法和新模式。论坛也组织了成功企业和参会代表分享经验，为企业提供新型的展现平台。

（3）国际老年健康论坛。"2016 国际老年健康论坛·泰山"于 2016 年 9 月 23 ~ 25 日在中国山东省泰安市泰山国际会展中心举行。该论坛由中国老年学学会老年医学委员会与山东省泰安市人民政府联合主办，泰山医学院承办。论坛以大健康为引领，以"慢病防治与健康服务"为主题，倡导宏观与微观、理论与实践、传承与创新辩证统一的新理念，科学把握慢病与老年健康的本质特征，紧紧围绕慢病与健康中国、慢病与老年医学、慢病与医学模式、慢病与分级管理、慢病与中医养生、慢病与医养结合、慢病与信息化等领域所面临的深层次问题，着眼于对新的实践和新的发展进行深度解析，搭建高层次的国内外合作交流平台。

（4）"健康中国行动与积极老龄化"健康养老国际高峰论坛。2018 年 10 月 20 日，由北京师范大学和中国医药卫生事业发展基金会联合主办的主题为"2018 健康中国行动与积极老龄化"健康养老国际高峰论坛在北京举行。论坛围绕"长期照护与智慧养老""养老产业与资本市场""生命伦理与人才战略"三大主旨展开，现场发布《健康养老发展趋势报告》《中国老年人政策进步指数省级政策创新报告》两份重磅报告。

总的来说，两种类型的会议历年来都有很大的发展，对国内医养结合领域的研究和实践给予了支持。但是相对于非连续性的其他会议来说，一年一届的连续性会议或许对该领域长足发展更具有指导性、权威性和前瞻性。因此，我们建议，在进一步提升已有持续性会议质量的基础上，鼓励更多单位和机构举办更多具有周期性的学术会议。现在很多组织喜欢举办"首届"会议，我们希望大家多比一比各自会议的历史，看看谁举办的时间长、届别多。

（二）会议举办地的地理分布

近年来医养结合相关会议主要集中在东部地区，以北京、江苏、山东为主，其次为上海、浙江、广东等地。与论文所属机构地理位置分布情况类似，说明医养结合在我国东部地区更受重视，这可能也与东部经济较之西部繁荣有关。而四川成都位于我国的西南地区，2018 年第五届健康与老龄化国际学术会议在成都举办，而 2019 年的第六届健康与老龄化国际学术会议（HAAC 2019）将会在云南昆明举办，表明虽然以前的大多数会议主要集中在东部地区，但随着医养结合受重视程度的不断提高，医养结合领域的会议也在不断扩大其影响范围，向西部地区扩散。

（三）历年会议举办时间分析

图 5 展示了 2012～2018 年会议数量走势，可知，医养结合相关会议从 2012 年开始萌芽，2013～2014 年医养结合相关会议举办数量呈加速上升趋势，这可能与 2013 年国务院出台的《关于加快发展养老服务业的若干意见》有关，2013 年是我国政策领域提出医养结合的元年，之后医养结合得到了广泛的关注。经历了几年的上升之后，2017～2018 年会议数量总体呈较稳定的态势，说明我国医养结合会议发展已经趋于成熟。

图 6 展示了按举办时间所在月累计会议数。没有会议在 1～4 月举办，而会议举办最多的月份是 9 月，这可能是因为相关会议成果需要上半年的投入和沉淀，直到下半年才会出现成果。但同时应该指出的是，由于上半年举

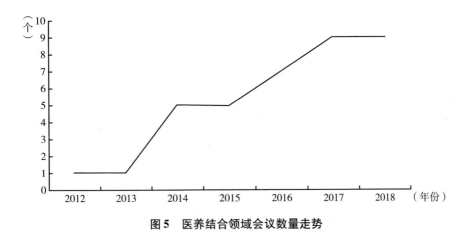

图 5　医养结合领域会议数量走势

办会议的数量较少，如果后期有更多的会议想要加入的话，考虑到数量分布平衡的问题，可以考虑在避开春节的前提下更多地将会议举办时间提前到上半年 1～4 月。

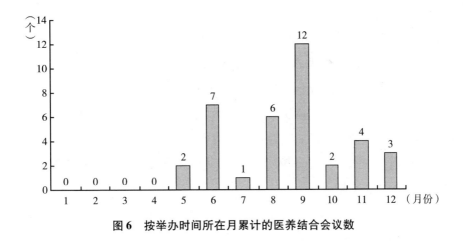

图 6　按举办时间所在月累计的医养结合会议数

三　医养结合领域项目分析

做研究需要数据，本部分我们首先介绍两个权威的涉老数据调查项目，然后通过对国家自然科学基金会和国家社会科学基金会支持的医养结合领域项目进行相关搜集和归纳分析，从中了解国内学术界在此领域重点关注的问题。国家自然科学基金（国自科）与国家社会科学基金（国社科）都是我国在科学研究领域支持基础研究的主渠道，面向全国重点资助具有良好研究条件、研究实力的高等院校和科研机构中的研究人员。

（一）两个权威的涉老追踪调查项目：CLASS 和 CHARLS

1. CLASS

根据官网（http：//class. ruc. edu. cn/index. php？r = Index/index）介绍，中国老年社会追踪调查（China Longitudinal Aging Social Survey，CLASS）是由中国人民大学主持的全国性、连续性的大型社会调查项目。通过定期、系统地收集中国老年人群社会、经济背景数据，掌握老年人在衰老过程中面临的各种问题和挑战，评估各项社会政策措施在提高老年人生活质量方面所取得的实际效果，为中国老龄问题的解决提供重要的理论和事实依据。

CLASS 项目分别于 2011 年和 2012 年进行了两次试调查，2014 年开展第一次全国范围的基线调查，以后每两年追踪一次。CLASS 依托中国社会调查网络（CSSN）完成整个实地数据收集工作。

在调查的过程中，采用实地监督指导、远程数据分析及电话核查进行质量控制，以确保数据质量。项目收集的数据在进行清理、权重计算、文档编写后将面向各学术界免费公开，为各老年相关领域的学术研究和政策制定提供高质量的数据支持。

2. CHARLS

根据官网（http：//charls. pku. edu. cn/zh – CN/page/about/CHARLS）介绍，中国健康与养老追踪调查（China Health and Retirement Longitudinal Survey，CHARLS）是由北京大学主持的大型跨学科调查项目，旨在收集一套代表中国 45 岁及以上中老年人家庭和个人的高质量微观数据，用以分析我国人口老龄化问题，推动老龄化问题的跨学科研究，为制定和完善我国相关政策提供更加科学的基础。

CHALRS 全国基线调查于 2011 年开展，每两年追踪一次，调查结束一年后，数据对学术界免费公开。CHARLS 问卷内容包括：个人基本信息、家庭结构和经济支持、健康状况、体格测量、医疗服务利用和医疗保险、工作、退休和养老金、收入、消费、资产，以及社区基本情况等。

（二）医养结合国家级项目总体分析

我们对国家自然科学基金会和国家社会科学基金会资助的与医养结合相关的项目进行了检索并进行了如图 7 所示的简要分析。国家自然科学基金共资助医养结合项目 23 项，国家社会科学基金共资助医养结合项目 34 项。

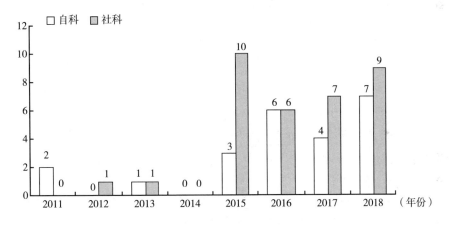

图 7　历年国自科和国社科项目数量分布

从历年来国家自然科学基金会和国家社会科学基金会资助的项目来看，从 2011 年开始，国家就已经开始支持医养结合项目研究。从 2011 年到 2014 年，医养结合项目数量并不算多，从 2015 年开始数量逐渐增多。

相比会议地理位置分布而言，项目地理位置分布范围更广，但是与其类似的是，医养结合项目在北京、山东、江苏和上海等地区最多，说明这些地区对医养结合研究关注度较高，同时其他地区如四川、黑龙江等，也分别存在 3 项医养结合项目的研究，天津项目数为 2 项，河北为 1 项。

（三）国家级医养结合特色项目分析

从历年来申报与医养结合相关的项目名称来看，每个项目对该领域的研究各有侧重，有些关注农村医养结合问题，有些关注民族地区的医养结合项目，有些则关注面向社区居家的医养结合项目，有些比较突出信息技术的作用，接下来对这些项目进行归纳概括。

1. 面向农村地区的医养结合研究项目

表3展示了面向农村地区的国家级医养结合研究项目，可以看到，农村医养结合项目共有8项。一方面，随着我国农村人口老龄化程度加深，失能和半失能老年人的数量不断增加；另一方面，由于农村青壮年大多数离开农村向城市迁移，农村老年人家庭养老资源不足，其养老照料服务需求日益增加。历年来对农村医养结合进行研究的项目围绕着医疗服务利用和供给、养老体系构建和模式创新等方面展开，对我国农村医养结合做出了很好的探索。

表3　面向农村地区的国家级医养结合研究项目

年份	负责人	项目名称	单位	分类
2015	林晨蕾	基于健康差异的农村老年人医疗服务利用研究	福建农林大学	国社科
2016	王彦斌	欠发达地区农村医养结合养老服务体系构建研究	云南大学	国社科
2016	谢和均	西南少数民族农村社区医养服务构建及干预运行研究	云南大学	国社科
2017	郝涛	PPP模式下中国农村"医养结合"养老服务有效供给	山东财经大学	国社科
2017	邵德兴	健康养老视域下农村乡镇卫生院医养结合模式创新研究	上海对外经贸大学	国社科
2018	瞿绍果	健康扶贫视角下西部农村老年人因病致贫返贫的协同治理研究	西北大学	国社科
2018	郑吉友	健康中国战略下农村医养结合型养老服务体系构建研究	沈阳师范大学	国社科
2018	张艳	"医养一体化远程照护模式"对农村失能老人积极老龄化的作用机制研究	郑州大学	国自科

2. 面向民族地区的医养结合研究项目

表 4 展示了面向民族地区的国家级医养结合研究项目，可以看到，民族地区医养结合项目共有 3 项。目前我国老龄化形势严峻，一些经济欠发达的少数民族地区，医养结合实施的过程和效果相对于东中部地区明显滞后，推进医养结合存在自身特殊的困难和障碍。因此对其进行针对性的服务模式创新，研究服务体系构建是有极大的必要性和紧迫性的。表 4 中"西南少数民族农村社区医养服务构建及干预运行研究"这个项目也涉及农村地区医养结合。

表 4　面向民族地区的国家级医养结合研究项目

年份	负责人	项目名称	单位	分类
2016	谢和均	西南少数民族农村社区医养服务构建及干预运行研究	云南大学	国社科
2017	李长远	少数民族地区医养结合养老服务体系构建研究	甘肃政法学院	国社科
2017	娜仁图雅	构建西北民族地区"医养结合"养老服务模式研究	内蒙古财经大学	国社科

3. 面向社区居家的医养结合研究项目

表 5 展示了面向社区居家的国家级医养结合研究项目，可以看到，涉及社区居家医养结合的研究项目共 13 项。社区居家养老是指老年人选择居住在家庭中安度晚年生活的养老方式。它以社区为平台，整合社区内各种服务资源，为老人提供助餐、助洁、助浴、助医等服务。它是介于家庭养老和机构养老之间的一种养老方式。而在这种养老模式下老年人对医疗康复护理等的需求常常会受到基层医疗服务提供能力不足的限制，在这种养老模式下，如何更好地为老年人提供医养结合的服务，是学者在积极探索的问题。研究者主要从社区居家养老背景下的服务模式创新和服务路径这两方面进行了项目研究，旨在找出社区居家养老背景下的医养结合新方法。

表5　面向社区居家的国家级医养结合研究项目

年份	负责人	项目名称	单位	分类
2012	陈长香	应对老年人常见健康问题的家庭及社区支持系统研究	河北联合大学	国社科
2015	邓汉慧	医养融合的社区居家养老模式研究	中南财经政法大学	国社科
2015	柳韦华	以日间照料中心为基础的社区老年人长期照护网络服务模式的研究	泰山医学院	国社科
2015	杨素雯	老年人社区健康服务需求及实现路径研究	山东社会科学院	国社科
2015	朱海龙	老年慢性病智慧居家服务模式研究	湖南师范大学	国社科
2016	纪江明	大数据背景下城市社区"医养结合"养老模式创新	中共上海市委党校	国社科
2016	汪连新	社区养老服务"医养护"一体化路径研究	中华女子学院	国社科
2017	冯杰	城市空巢老人医养结合的社区养老服务模式构建研究	福州大学	国社科
2017	胡雯	城市居家养老背景下"医养结合"模式的创新研究	南开大学	国社科
2017	刘毅	以社区为平台的医养结合养老服务模式创新与对策	四川大学	国社科
2018	邓敏	不同居家养老医养结合模式的供给效率与整合程度的联合评价研究	南京中医药大学	国自科
2018	连菲	社区医养结合设施可拓空间模型与疗愈环境设计研究	哈尔滨工业大学	国自科
2018	于一凡	社区建成环境促进健康老龄化的规划响应：基于中介效应的实证研究	同济大学	国自科

4. 涉及信息技术的医养结合研究项目

表6展示了10项涉及信息技术的国家级医养结合研究项目。近年来，面对老龄化社会对养老服务提出的新要求，党中央、国务院提出"健康中国"的新理念、新思想、新目标。国务院发布的《关于积极推进"互联网＋"行动的指导意见》要求，促进智慧健康与养老产业发展，支持智能健康产品创新和应用，推广全面量化健康生活新方式。医养结合要落到实处，信息技术必不可少，表6中的研究项目正是这样的一系列探索，涉及大数据、互联网、物联网、云计算、医养结合平台等多方面的信息技术。

表6　涉及信息技术的国家级医养结合研究项目

年份	负责人	项目名称	单位	分类
2016	冯桂平	"互联网＋"背景下基于医养结合协同发展的健康养老模式及路径研究	大连理工大学	国社科
2016	纪江明	大数据背景下城市社区"医养结合"养老模式创新	中共上海市委党校	国社科
2018	姜海	健康中国战略背景下新媒体融入对老龄人口健康传播的路径研究	南京大学	国社科
2016	何小海	信息与通信技术在家庭和城市老龄群体健康中应用的关键技术研究	四川大学	国自科
2016	杨杰	大数据半监督机器学习关键方法研究及其在老人监护、交通安全、医学诊断的应用	上海交通大学	国自科
2017	梁昌勇	医养结合的健康养老信息融合方法与云服务模式研究	合肥工业大学	国自科
2017	王宝凤	面向老龄化医养保健的室内定位和行为识别的关键问题研究	周口师范学院	国自科
2017	左美云	医养结合平台的试用、采纳和持续使用关键理论研究	中国人民大学	国自科
2018	宁焕生	智慧医养物联网中隐私保护研究	北京科技大学	国自科
2018	曾雁冰	基于SD建模的老年人健康需求、医疗服务利用与医疗保障联动优化研究	厦门大学	国自科

5. 其他医养结合项目

表7展示了其他国家级的医养结合项目，可以看出，除了对前面有明确标签的医养结合领域重点关注以外，医养结合项目关注的还包括医养服务研究、医养环境研究等，共19项。老年人对健康服务的需求明显高于普通人群，迫切需要为老年人营造综合的、连续的、适宜的医养服务环境和照护体系。

表7　其他国家级医养结合研究项目

年份	负责人	项目名称	单位	分类
2015	杨清红	"医养融合"视阈下社会多元养老服务体系创新研究	山东政法学院	国社科
2016	鞠梅	"医养结合"型养老机构服务质量评价指标体系构建	西南医科大学	国社科

续表

年份	负责人	项目名称	单位	分类
2013	郝晓宁	嵌入性视域下医养结合的健康养老模式研究	国家卫生计生委卫生发展研究中心	国自科
2015	陆慧	基于"医养结合"的老年慢性病健康照护模式构建研究	南京医科大学	国自科
2015	王长青	耦合视角下中国失能老人医养结合养老模式研究	南京中医药大学	国自科
2015	曾铁英	医养结合模式下我国养老机构护理人力需求——能力模型及其策略研究	华中科技大学	国自科
2018	蒲新微	破解贫病交加老年人口的养老困境研究	吉林大学	国社科
2018	蔡建光	"健康中国战略"引领下老年人健康促进的体医深度融合路径研究	湖南科技大学	国社科
2018	成欢	积极老龄化视阈下多层次养老保障协同发展的机制	西华大学	国社科
2018	耿桂灵	老年慢性病人延续护理社会支持网络研究	南通大学	国社科
2018	韩挺	基于叙事医学的老年人照护临床模式构建及体验设计研究	上海交通大学	国社科
2018	蒋文慧	老年慢性病患者智慧健康管理模式的构建与应用研究	西安交通大学	国社科
2018	王中华	健康中国视阈下失能老人长期照护体系协同治理研究	南京医科大学	国社科
2016	张仲	基于社会网络分析的老年人医养结合服务激励机制研究	哈尔滨医科大学	国自科
2016	王颖	健康老龄化视角下我国医养整合性体系优化研究	复旦大学	国自科
2017	郭斌	健康老龄化视角下老年人医疗服务需求与医疗保障制度优化策略研究	哈尔滨医科大学	国自科
2018	宋祎琳	基于中国医养建筑的循证设计理论研究	天津大学	国自科
2018	田莉	"多维度—多尺度"视角下建成环境对老龄健康的影响研究	清华大学	国自科
2018	杨上广	特大城市老年人口医疗需求、行为与治理响应研究	华东理工大学	国自科

四　医养结合领域政策分析

从出台的医养结合政策可以看出国家对该领域的重视程度和引导力度，同时对业界和学界的发展也有很好的支持和指导作用。由于各地方政府出台的政策很多，且大多是对国家政策的落实和具体化，因而本部分对近年来国家层面涉及医养结合的主要政策进行分析。

（一）国务院发布《关于加快发展养老服务业的若干意见》

2013 年 9 月 6 日，国务院发布了《关于加快发展养老服务业的若干意见》（国发〔2013〕35 号），指出要"推动医养融合发展"。各地要促进医疗卫生资源进入养老机构、社区和居民家庭。卫生管理部门要支持有条件的养老机构设置医疗机构。医疗机构要积极支持和发展养老服务，有条件的二级以上综合医院应当开设老年病科，增加老年病床数量，做好老年慢病防治和康复护理。要探索医疗机构与养老机构合作新模式。该文件的发布，是我国医养结合的标志性起点，推动医养结合发展作为主要任务之一被明确提出。

（二）国务院发布《关于促进健康服务业发展的若干意见》

2013 年 9 月 28 日，国务院又出台了《关于促进健康服务业发展的若干意见》（国发〔2013〕40 号），指出要"推进医疗机构与养老机构等加强合作"。在养老服务中充分融入健康理念，加强医疗卫生服务支撑。建立健全医疗机构与养老机构之间的业务协作机制，鼓励开通养老机构与医疗机构的预约就诊绿色通道，协同做好老年人慢性病管理和康复护理。在同年同月共出台两份政策意见，其中均提到了要探索医疗机构和养老机构合作新模式，体现了国家对医养结合的极大重视。

（三）十部门联合发布《关于加快推进健康与养老服务工程建设的通知》

2014 年 9 月，国家发改委、民政部等十部门联合下发《关于加快推进健康与养老服务工程建设的通知》（发改投资〔2014〕2091 号）。一是要加强健康服务体系建设，二是要加强养老服务体系建设，包括社区老年人日间照料中心、老年养护院、养老院和医养结合服务设施、农村养老服务设施等四类项目。在这份通知中，第一次正式出现了"医养结合"的说法，同时将医养结合界定为养老服务工程的一部分。

（四）卫生计生委等发布《进一步规范社区卫生服务管理和提升服务质量的指导意见》

卫生计生委、中医药管理局在 2015 年 11 月出台了《进一步规范社区卫生服务管理和提升服务质量的指导意见》（国卫基层发〔2015〕93 号），鼓励社区卫生服务机构与养老服务机构开展多种形式的合作，加强与相关部门配合，协同推进医养结合服务模式。

（五）九部委联合发布《关于推进医疗卫生与养老服务相结合指导意见》

卫生计生委、民政部、发展改革委、财政部、人力资源和社会保障部、国土资源部、住房和城乡建设部、全国老龄办、中医药局等九部委于 2015 年 11 月联合出台了《关于推进医疗卫生与养老服务相结合指导意见》（国办发〔2015〕84 号），正式落实有关医养结合的相关要求，进一步推进医疗卫生与养老服务相结合，对基本原则、发展目标、重点任务、保障措施、组织实施等进行了说明。

在这一文件中，首次明确提出了"医养结合机构"的概念，指兼具医疗卫生和养老服务资质和能力的医疗卫生机构或养老机构，同时提出了五项工作要求：一是建立健全医疗卫生机构与养老机构合作机制；二是支持养老机构开展医疗服务；三是推动医疗卫生服务延伸至社区、家庭，推进基层医疗卫生机构和医务人员与社区、居家养老结合，与老年人家庭建立签约服务关系，为老年人提供连续性的健康管理服务和医疗服务；四是鼓励社会力量兴办医养结合机构；五是鼓励医疗卫生机构与养老服务融合发展。

此外，还提出"医养结合体制机制和政策法规体系""医养结合服务网络"，并在养老机构和医疗服务机构的合作模式、融资和财税价格政策、规划布局和用地保障、人才队伍建设等方面提出了更进一步的要求。可以说，这一文件明确了医养结合的诸多概念，是医养结合政策中的一座重要里程碑。

（六）国家卫生计生委办公厅等印发《医养结合工作重点任务分工方案》

为贯彻《国务院办公厅转发卫生计生委等部门关于推进医疗卫生与养老服务相结合指导意见的通知》（国办发〔2015〕84 号）精神，确保各项重点任务落实，2016 年 4 月 7 日，国家卫生计生委办公厅和民政部办公厅联合印发了《医养结合工作重点任务分工方案》（国卫办家庭函〔2016〕353 号），要求国家发展改革委、教育部、科技部等 18 个部门，按照方案分工抓好任务落实。方案的出台对医养结合的具体有效实施具有指导意义。

（七）国家卫生计生委等发布《关于做好医养结合服务机构许可工作的通知》

2016 年 4 月，国家卫生计生委、民政局出台了《关于做好医养结合服务机构许可工作的通知》（民发〔2016〕52 号），申办人拟举办医养结合服务机构的，民政、卫生计生部门应当在接到申请后，按照首接责任制原则，及时根据各自职责办理审批，不得将彼此审批事项互为审批前置条件，不得互相推诿。该通知旨在促进各地民政、卫生计生部门高度重视做好医养结合服务机构许可工作，加强沟通、密切配合，力争为医养结合服务机构打造"无障碍"审批环境。

（八）民政部等发布《关于确定第一/二批国家级医养结合试点单位的通知》

2016 年 6 月，国家民政部、卫生计生委联合出台了《关于确定第一批国家级医养结合试点单位的通知》（国卫办家庭函〔2016〕511 号），各试点单位要结合实际，统筹各方资源，全面落实医养结合工作重点任务；要在各省级卫生计生部门和民政部门的指导下，制订年度工作计划，建立部门协作、经费保障和人员保障机制，加强管理，确保试点取得积极进展，收到良好社会效果。同年9月，相继又出台了《关于确定第二批国家级医养结合试点单位的通知》。通过医养结合试点单位的确定，并且试点范围不断扩大，说明我国医养结合实践正不断积累经验，朝着越来越成熟的方向前进。

（九）国务院发布《关于印发"十三五"国家老龄事业发展和养老体系建设规划的通知》

2017年2月，国务院发布《关于印发"十三五"国家老龄事业发展和养老体系建设规划的通知》（国发〔2017〕13号），推进医养结合，完善医养结合机制。统筹落实好医养结合优惠扶持政策，深入开展医养结合试点，建立健全医疗卫生机构与养老机构合作机制，建立养老机构内设医疗机构与合作医院间双向转诊绿色通道，为老年人提供治疗期住院、康复期护理、稳定期生活照料以及临终关怀一体化服务。大力开发中医药与养老服务相结合的系列服务产品，鼓励社会力量举办以中医药健康养老为主的护理院、疗养院，建设一批中医药特色医养结合示范基地。

（十）十三部门联合发布《"十三五"健康老龄化规划》

2017年3月，国家卫生计生委等十三部门联合发布《"十三五"健康老龄化规划》，"十三五"期间，围绕国民经济和社会发展目标，优化老年医疗卫生资源配置，加强宣传教育、预防保健、医疗救治、康复护理、医养结合和安宁疗护工作。积极推动医养结合服务，提高社会资源的配置和利用效率，大力发展医养结合服务，鼓励社会力量以多种形式开展医养结合服务。推动发展中医药（民族医药）特色医养结合服务。鼓励医养结合服务机构参与人才培养全过程，为学生实习和教师实践提供岗位。重点建设一批职业院校健康服务类与养老服务类示范专业点。

（十一）国务院办公厅发布《关于制定和实施老年人照顾服务项目的意见》

2017年6月，国务院办公厅发布《关于制定和实施老年人照顾服务项目的意见》（国办发〔2017〕52 号），加大推进医养结合力度，鼓励医疗卫生机构与养老服务融合发展，逐步建立完善医疗卫生机构与养老机构的业务合作机制，倡导社会力量兴办医养结合机构，鼓励有条件的医院为社区失能老年人设立家庭病床，建立巡诊制度。

（十二）中国机构编制网发布《国家卫生健康委员会职能配置、内设机构和人员编制规定》

根据第十三届全国人民代表大会第一次会议批准的《国务院机构改革方案》，2018 年 9 月中国机构编制网发布《国家卫生健康委员会职能配置、内设机构和人员编制规定》，国家卫生健康委员会主要职责之一是组织拟订并协调落实应对人口老龄化政策措施，负责推进老年健康服务体系建设和医养结合工作。该规定中明确了与民政部有关的职责分工。国家卫生健康委员会负责拟订应对人口老龄化、医养结合政策措施，综合协调、督促指导、组织推进老龄事业发展，承担老年疾病防治、老年人医疗照护、老年人心理健康与关怀服务等老年健康工作。民政部负责统筹推进、督促指导、监督管理养老服务工作，拟订养老服务体系建设规划、法规、政策、标准并组织实施，承担老年人福利和特殊困难老年人救助工作。国家卫生健康委员会内设老龄健康司，老龄健康司下设医养结合处。老龄健康司组织拟订并协调落实应对老龄化的政策措施；组织拟订医养结合的政策、标准和规范，建立和完善老年健康服务体系；承担全国老龄工作委员会的具体工作。

五　医养结合领域风险投资分析

图 8 是中投顾问给出的 2018～2021 年中国医养结合行业市场规模的预测，2021 年市场规模将达到 11603 亿元，真正成为一个突破万亿元的大市场。

医养结合产业是养老产业和医疗健康产业的融合体，下面我们将结合这两大产业领域对近两年与医养结合相关的投融资情况进行分析。

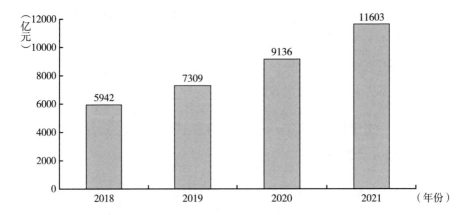

图8　2018～2021年中国医养结合行业市场规模预测

资料来源：中投顾问。

（一）国内养老领域投融资分析

根据60＋研究院等网上公开的相关资料，我们对近年来国内养老领域的部分投融资项目进行了梳理，如表8所示。我们发现公开资料中2018年的养老投融资项目只有2个，其余均是2017年的项目。尽管有些数据到本文写作时可能在网上尚未披露，但是我们大体可以推断，智慧养老领域投融资经历了2017年的热潮，已于2018年逐步进入冷静期，投资机构呈现更加理性的态势。我们分析，这可能与我国智慧养老发展仍处于起步阶段，养老服务的规模化、规范化水平仍需很大提升等有关。但我们相信，随着国家相关养老政策的出台和养老服务体系标准等的完善，我国的智慧养老产业依然是一片蓝海。

从项目类别来看，投融资的领域包括智能硬件、智能软件、智能系统、适老化改造、社区/居家/机构养老等，类别多种多样，由此可见养老市场细分领域的多样化和市场规模的庞大。

从投资机构来看，不乏一些公认为中国优秀的风险投资机构，比如君联资本、达晨创投、经纬中国、深创投等。这说明，养老行业越来越受国内领先风投机构的重视，养老行业未来的发展将具有无限空间。从融资轮次看，

pre - A 轮和天使轮较多，说明了现在从事养老领域的公司商业模式还不够成熟，大部分公司还处于不断探索时期。

表8　国内养老领域投融资项目举例

项目名称	类别	投资机构	轮次	融资金额
爱亿生健康	人工智能慢病管理系统	君联资本	A 轮	数千万元
安心桥	智能系统	云创世纪	pre - A 轮	500 万元
北京大妈有话说	短视频	五岳资本	天使轮	数百万元
大猫老年桌面	工具类 APP	恩美	天使轮	—
健租宝	适老化改造	达晨创投等	天使轮	1100 万元
九爱科技	智能软件、硬件	微医等	pre - A 轮	2.1 亿元
乐退族	新媒体	—	A 轮	数百万元
李秘书	养老软件	北京十方天地创业投资中心	—	—
麦麦养老	社区智慧照护	成都高投创投	A + 轮	—
每次科技	社交平台		天使轮	500 万元
米喜家庭医生	家庭医生	经纬中国，深创投等	A + 轮	数千万元
妙健康	个人健康行为管理	江中中医药基金	B + 轮	1 亿元
乌托邦	机构养老、旅居养老	中国茶博会	种子轮	1000 万元
孝行通	居家养老	—	—	1500 万元
孝信通	智能软件	—	天使轮	500 万元
养你一辈子	居家养老、智能软件	马蚁投资	pre - A 轮	2000 万元
医护家	医疗陪护	中航信托	pre - A 轮	3000 万元
宜心健康	心血管健康管理平台	—	—	1000 万元
优护花样年	机构养老、社区养老	InnoSpace 创投	pre - A 轮	300 万元
助老之家	机构养老	云泰资金	—	3000 万元

注：斜线表示数据未知。

资料来源：根据 60 + 研究院及其他网上资料整理。

　　从融资金额来看，融资金额过亿元的有 2 个项目，分别为九爱科技和妙健康。九爱科技投资方为中国互联网医疗领军企业微医及数家浙商民营资本，九爱科技运用移动互联网和人工智能技术，通过"硬件（智能手机） + 软件"，为家庭用户提供创新性的亲情消费系列产品和服务，涉及范围包括健康、养老及家庭消费等。妙健康投资方是江中中医药基金，妙健康是一款专注于个人健康行为管理的综合性平台，从"用户数据接入"、"健康数据分析"、"健康解决方案"和"健康行为干预"四大领域入手为用户提供专业良好的健康行为管理服务。它定位于运动瘦身的白领、关爱父母的中青年、血糖血压测量频繁的中老年等细分人群市场。大部分项目融资金额都达到千万元，只有少数项目融资金额为数百万元。

（二）国内医疗健康领域投融资分析

表 8 中列举的项目是与养老有关的项目，即使是健康管理，也较多与老年人相关。这一部分医疗健康领域的项目则在很大程度上面向全体公民，因而本部分我们仅做简要分析。根据动脉网的相关数据，我们对 2018 年国内医疗健康行业投融资事件和活跃的投资机构投资情况进行了相关统计和整理，可知 2018 年前三季度国内医疗健康行业 A 轮及 B 轮融资事件涉及 16 个细分领域，分别为：医疗器械、医疗信息化、生物技术、医药、基层医疗、科技医疗、大健康、消费医疗、康复护理、寻医问诊、药械销售、医疗支撑、流通渠道、母婴健康、医护工具、医疗金融，融资事件共计 232 起。位居融资数量前三的领域分别为医疗器械、医疗信息化和生物技术，分别占比 18%、17% 和 16%。

表 9 列举了 2018 年前三季度国内医疗健康行业融资项目数排在前五名即 TOP5 的活跃投资机构，分别为红杉资本中国、经纬中国、启明创投、软银中国和深创投。5 家活跃投资机构均涉足了医疗信息化、科技医疗、医药、生物技术等领域。

表 9　2018 年前三季度国内医疗健康行业融资 TOP5 活跃投资机构投资情况

单位：项

投资机构	投资领域	投资项目数
红杉资本中国	医药、生物技术、科技医疗、医疗器械、医护工具	12
经纬中国	医疗信息化、消费医疗、基层医疗、科技医疗、生物技术、医药	12
启明创投	消费医疗、康复护理、医护工具、科技医疗、流通工具	7
软银中国	医疗信息化、大健康、基层医疗、生物技术、药械销售	7
深创投	医疗信息化、消费医疗、科技医疗、生物技术、医疗器械、医药	6

资料来源：动脉网。

对照前文养老领域投融资的分析可知，经纬中国和深创投是两家在医疗健康领域和养老领域都很活跃的机构。

从我国 2018 年前三季度医疗健康行业融资事件数量的地域分布来看，北京融资数目最多，高达 154 起；上海紧追其后，137 起；然后是数量接近的广东、江苏和浙江，分别为 94 起、91 起和 91 起，这五个地区为医疗健康领域投融资排名最高的地区。我国医疗健康行业融资实力整体呈现"东强西弱"的局势——北京和东部沿海地区融资较多，而西部地区融资事件较少。我们认为这种差异与我国医疗资源、科研力量在东、西部地区分布不均衡有关。

在医疗健康上述 16 个细分领域中，与养老紧密相关的包括医疗信息化、基层医疗、消费医疗、康复护理等领域。以"医疗信息化"举例说明，"医疗信息化"作为一项融资热门领域与"医养结合平台"相关。医养结合平台的发展需要医疗信息化领域相关技术作为支撑，比如如何利用信息化技术搭建平台密切监控老人的身体实时状态、如何发展远程医疗服务使老人坐在家中便可接受医生诊疗、如何利用平台上老人自身大数据为其构建健康画像提供疾病预警等。除医疗信息化领域之外，医养结合与其他细分领域也有着较强关联，如大健康、康复护理、医护工具等。

六　医养结合领域的公司和平台

（一）医养结合领域的新公司

医养结合及其平台的发展离不开相关公司的技术或产品的支撑。从 2018 年成立的医养结合相关公司数量的地域分布情况（数据来源于国家企业信用信息公示系统）可以看出，东部地区医养结合相关公司数量较多，特别是山东，新成立的公司数量遥遥领先，其次是数量较为接近的浙江、广东、北京等地区。然而，西部偏远地区医养结合相关公司数量却寥寥无几，比如青海、新疆等地。特别地，重庆和西藏两个地区在 2018 年成立的医养结合相关公司数目为零。

我们认为上述几个地区医养结合公司数量较多的原因，与当地政府出台的医养结合政策息息相关。比如，山东在2018年成立的医养结合公司为73家，我们认为这可能与当地的老龄化情况、医养政策、养老环境和创业背景等密切相关。山东省是一个老龄化程度较高的省份，政府将其作为医养结合的国家级试点，并且当地政府发布的健康养老产业政策中提出要将智慧养老覆盖到80%的城镇，并努力实现养老服务等的标准化。

（二）医养结合平台概况

伴随着医养结合的推广和开展，国内也涌现了一些医养结合平台。我们从网上搜集了近几年来网上信息较多的医养结合平台及其相关信息，并且按照平台开发公司的成立时间进行了分析，如表10所示。可以看出，这些医养平台的开发公司并不是近一两年才成立的，并且公司的类型基本属于信息技术/科技有限公司。通过查阅相关资料，我们发现所列公司大都涉及多个领域平台的开发，医养结合平台一般是近年来其尝试的一个子领域。

表10　医养结合平台举例

平台名称	开发公司	成立时间	平台主要功能
医养结合综合管理平台	上海申腾信息技术有限公司	1998年	慢病管理、个人健康数据管理、健康咨询、紧急救助及其他生活服务等
医养结合信息服务大数据平台	四川华迪信息技术有限公司	2003年	健康知识学习、慢病与常见病防治、个人健康信息预警、老人亲情关怀、社区生活服务等
医养结合社区养老平台 & 医养结合管理系统	广州行心信息科技有限公司	2011年	电子病历管理、EMR健康档案管理、分级诊疗服务、养老需求分析、文娱服务、家政养老服务等
百合智慧养老云平台	甘肃百合物联科技信息有限公司	2011年	健康档案动态更新、健康数据智能评估分析、方案智能反馈、专科机构慢病管理等
亿灵社区健康服务平台	珠海亿联德源信息技术有限公司	2011年	综合评估、健康监测、健康干预、医养处方、生活服务、政务服务等
医养一体化服务云平台	杭州医养网络科技有限公司	2016年	老人管理、数据监测、统计报表、能力评估、护理管理、权限管理、床位管理等

相比现有的其他类型的为老服务平台，医养平台最大的特色在于，将养老服务和医疗服务结合起来，通过最大化地整合医疗资源为老年人提供更有效、便利的医疗服务，让老年人的生活和健康多一份保障。医养结合平台一般包括用户端、医护端和服务端三类终端，其中用户端主要供老年人和子女使用，老人可以通过平台寻求在线医生进行咨询、查看电子病历，并且可以查看一些康养服务和社区服务信息；医护端主要供医护人员使用，医护人员可以通过平台进行慢病管理、健康管理、会诊管理等，并且还可以通过平台提供的可视化功能支持诊断决策；服务端主要供对老人进行服务的养老工作人员使用，工作人员可以通过平台匹配老人的需求，对照料服务进行管理等。

七　医养结合领域的跨界企业分析

根据前文所述，我们得知医养相关政策逐步细化落地，标准化、规范化、多产业融合为主基调，监管手段与措施陆续出台。伴随政策落地，医养结合行业逐渐迈入有序的发展进程，房地产企业、保险投资企业，以及一些大型国企等纷纷跨界进军医养结合行业。

（一）房地产企业

近几年来，随着政府对养老产业政策支持力度的加大，医养结合专项政策逐步得到完善和落实，我国一些大型地产集团也开始逐渐介入医养结合领域。表11列举了部分跨界进入医养领域的房地产公司及其打造的医养结合养老服务模式。从我们列举的几家房地产公司打造的医养结合模式来看，万科打造的模式种类最多，至少有三种，这三种模式分别面向不同层次需求的老年人群。

房地产企业为何跨界介入养老？我们认为外部原因如下：第一，中国老龄化趋势明显，老年人健康养老服务的刚性需求巨大；第二，养老横跨房屋居住、老年用品、医疗服务、护理服务、老年旅游、老年培训等多个领域，市场庞大；第三，即将步入老龄阶段的一代人在支付能力与支付意愿方面要比上一代老人更强。

尽管各个房地产企业的养老产业发展模式与风格各不相同，但共同点就是都遵从着相同的原则：以国家战略为基准制定企业规划。这些有前瞻性的房地产企业在产业变革的节点上，掌握了发展趋势和风险市场的主动权，利用地产行业的优势重兵布局医养结合领域。

表 11　房地产企业布局医养结合领域示例

公司名称	医养结合模式	内涵
复星	"1+1+1"模式	养老保险＋综合地产＋医药健康，在建设高端养老社区的同时向居家社区养老拓展，将居家护理等嵌入已有的养老机构
佳源	"四乐"养老模式	乐居、乐食、乐医、乐学，强调生命体的最高境界——乐。以生命为本，倡导以乐为养，养心、养身、养气、养智，让所有长者老有所依、老有所享、老有所乐
恒大	社区医养模式	第一，构建社区保障基础服务；第二，构建自动化社区医疗服务体系；第三，通过整合资源拓展深度；第四，构建自身的医疗体系
绿城	学院式养老模式	配备老年护理服务和医疗硬件，寻求可复制的标准化养老产品
万科	机构型模式	偏重高护理等级的客户
	CCRC 模式	CCRC（Continuing Care Retirement Community,持续照料退休社区）型模式，侧重于全生命周期的照护
	社区嵌入型模式	立足已有的社区并辐射周边客户，规模较小；开始投资成立康复医院

（二）保险企业

除了房地产企业的跨界进军，保险企业也在紧锣密鼓地布局养老上下游服务产业链，推出层次化、差异化的养老社区机构以满足老年人不同的需求。此外，各大保险集团还在探索商业保险机构与各类养老机构合作的模式。我们认为，保险集团能够创办养老服务机构主要得益于我国相关政策的鼓励。比如我国在 2017 年 6 月的《关于加快发展商业养老保险的若干意见》中提出，"支持商业保险机构为个人和家庭提供个性化差异化养老保障，鼓励商业保险机构投资养老服务产业"。

国内最早布局养老的保险公司是泰康人寿集团，该集团自建自营的大型养老社区"泰康之家"，即是以"医养融合"为理念，建立了一种以活力养老、高端医疗和企业社区投资为核心业务的立体保险养老模式。至今，泰康已在全国拥有 12 个大型医养社区、5 个大型医疗中心、2 个专科医疗体系，并且成立了专业从事健康产业投资的控股公司，获批百亿医养产业基金。

泰康人寿集团作为保险集团在医养产业的领军人物，起了很好的带头作用，近年来，其他多家保险公司也在养老服务产业进行了布局，表 12 列举了部分保险企业的具体相关信息。我们相信，未来将会有更多行业介入医养结合产业，逐渐形成医养结合产业在各个领域百花齐放的态势。

表 12　保险企业布局医养结合领域示例

公司名称	定位	布局	规划
合众人寿	中高端	二、三线城市	预计在 10 年内打造 26 个大型养老社区，投资千亿元左右，预估可容纳 46 万老人
泰康人寿	高端	一线城市	拟将公司资产 10%～20% 投入养老社区；未来 5～8 年，拟在全国投资 1000 亿元，建设 15～20 个养老社区
阳光保险	中低端	三线城市	依托医院成立养老中心，集医疗、康复、养老、养生、健康管理为一体的市民健康中心
中国人寿	高端	一线城市为主	计划 5 年内布局 19 个城市。针对多层次的养老需求，形成医养结合、社区养老、国际康复等多种业态相结合的全球连锁品牌布局，打造覆盖全生命周期、全产业链的大养老生态
中国太保	高端	一线城市	预计未来 5 年投入 30 亿～40 亿元建设 10～20 家养老院区，预估有 2000～6000 张床位
中国太平	高端	一线城市	预计在 3～5 年内完成 6～10 个养老社区项目，总投入为 120 亿～300 亿元

（三）大型国企

除了以布局为目的的房地产企业、保险企业等外，以中信、首钢、京煤等为代表的国有企业，以承担社会责任、解决企业退休职工养老问题等为主要目的，借助企业声誉陆续布局健康养老产业。表 13 列举了我国部分国企布局医养产业的相关信息。

以中信国安的典型项目举例。政府近年来出台了一系列政策鼓励地方开展特色小镇建设，健康中国和特色小镇的国家战略正在呼唤健康小镇的积极发展，我们预测健康养老小镇建设和运营将成为我国重要的经济增长点之一。而中信国安打造的"天下第一城养老小镇"的特点是健康养生、产业科技驱动并导入医疗服务。该小镇在地理上具有天然的优势，地处京津冀交界处，能够依托强大的交通辐射能力，规划、导入和构建优质、综合性的医疗健康服务体系，服务当地及所辐射、吸引的特定医疗服务受众或老龄人群。

表13　部分大型国企布局医养结合领域示例

企业名称	布局	典型项目
保利	养老机构＋社区养老＋适老化	保利和熹会老年公寓
国投健康	养老产业、医疗服务业及医疗设备制造业	北京国投大厦养老公寓项目,广州中成外经大厦护养院项目
华润置地	医养结合	融济古田康养中心（武汉）
金融街控股	养老照料中心	融泽养老照料中心
中国普天	智慧养老	曲靖市养老综合服务中心
中信国安	养老社区＋社区养老	天下第一城养老小镇
京煤	养老机构运营	金泰养老
首钢	社区养老＋机构养老	石景山社区养老
首开	长照机构	首开寸草亚运村养老项目

八　医养结合领域进展归纳

从前述的各类分布来看，共同点是地理位置分布以北京、山东、江苏、浙江和上海为代表的东部地区所占比重较大、数量较多，说明我国医养结合领域在东部地区得到更大的重视。这也体现了医养结合在地区间发展不平衡的问题，在以后的医养结合领域的活动应该更多往西部地区靠拢，同时西部地区也应该提高对医养结合的重视程度，结合实际打造适合本地区的医养结合示范。

相对医养结合领域的研究机构、会议和项目的地理位置分布而言，关于医养结合融资和相关公司的地理位置分布更加分散，这表明我国医养结合的实践和前景分布范围较广，在后期的学术研究中也更加需要将目标关注在我国其他地区的实践经验和医养结合发展模式的提炼上，促进医养结合在我国的均衡发展。

通过上述对医养结合领域各个方面的分析，我们得到如下结论。

在医养结合论文方面，未来可以：更多关注"医"在医养结合领域的研究；更多关注"居家养老"和"社区养老"在我国的模式探索；研究要坚持理论研究和实践指导并重；除综合性大学外，医科类大学也应该多关注医养结合领域的研究。

在医养结合图书方面，未来可以：鼓励学者将医疗与养老更好地结合起来，为业界提供更加专业性的指导；探索更多医养结合的细分子主题，丰富医养结合领域知识库。

在医养结合会议方面，未来可以：增加持续性会议的数量和比例；更多地区应该考虑在医养结合领域的举办会议；考虑在一年中的上半年增加会议数量。

在医养结合项目方面，未来可以：增加对涉老数据项目的关注，利用其中数据做有价值的研究；西部地区应该积极申请项目，就地区医养结合发展进行研究；继续保持对特色地区和农村地区的医养结合项目研究的重视。

在医养结合政策方面，未来可以：积极掌握和梳理国家医养结合政策动态，领会精神；各地区应该在对国家医养结合政策有整体掌握和充分理解的情况下，根据自身特色进行相关政策制定和引导。

在医养结合投融资方面，未来可以：冷静分析养老和医疗行业发展态势，并瞄准有发展价值、模式成熟的医养结合公司进行投资，切勿盲目跟风；医养结合相关机构可以将经纬中国和深创投视为未来医养领域的活跃投资者，着重吸引这两家风投机构关注自己的产品。

在医养结合公司方面，未来可以：各地区继续推进医养结合相关扶持政策的落地实施，尤其是较为弱势的西部地区，鼓励新公司注册；加强公司养老服务体系的标准化、规范化；提供多样化的养老服务模式，尽可能满足老人不同层次的需求。

在医养结合平台方面，未来可以：最大化地整合医疗和养老资源；为医生和相关照护工作人员提供决策支持和业务支持的功能；既能够让有较好互联网使用能力的老人自己接入平台，也能够让不懂互联网的老人通过呼叫中心接入平台。

在跨界进军医养结合领域的企业方面，未来可以：以国家战略为基准制定医养结合领域发展规划；积极响应国家及各地区相关政策，加强养老服务体系的规范化、标准化；国家及各地区加强对医养结合相关企业的监管。

总的来说，我国在医养结合领域的研究和实践正在如火如荼地进行着，受到的重视程度在不断提高，正处于蓬勃发展的阶段，也取得了丰富的成果和经验。在未来的发展中，如何利用现有成果和经验，创造性地提出更加完善、符合各自特色的医养结合理论和指南，是下一步要深入研究和实践的问题。

R.14
老龄社会背景下乡村振兴战略面临的困境与应对策略

陆杰华　刘静瑜　陈瑞晴　曾筱萱*

摘　要： 改革开放后市场经济不断发展，医疗、卫生水平大幅度上升，人们的生活质量得到了普遍提高，平均预期寿命也逐渐增加，导致老龄社会的加速到来。本文主要基于老龄社会背景下农村人口老龄化的现状，重点分析农村人口老龄化对乡村振兴战略的实施过程中所带来的困境，并结合困境提出相应的解决思路与策略，以期乡村振兴战略能够顺利推进，并有效解决"三农"问题，实现建成全面小康社会目标，进而为实现新时代社会主义现代化强国的宏观目标创造良好的环境。

关键词： 老龄社会　乡村振兴　社会保障体系　医疗卫生

一　引言

改革开放40年来，我国经济呈现蓬勃发展的趋势。不过，不容忽视的是，社会发展明显滞后于经济发展，其中农村发展相对于城市较为滞后的现象是社会发展滞后的一个重要反映。为了解决我国"三农"问题，实现全

---

* 陆杰华，北京大学社会学系博士生导师，北京大学老龄健康与家庭研究中心副主任；刘静瑜、陈瑞晴、曾筱萱，北京大学社会学系研究生。

面小康社会，在党的十九大中，习近平总书记明确提出"实施乡村振兴战略"，要求从产业振兴、人才振兴、文化振兴、生态振兴、组织振兴五个方面着手，实现农村产业兴旺、生态宜居、乡风文明、治理有效、生活富裕的总体目标，建立健全城乡融合发展体制机制和政策体系，加快推进农业农村现代化。2018 年 1 月，中共中央、国务院出台《关于实施乡村振兴战略的意见》，进一步提出要走中国特色社会主义乡村振兴道路，标志了中央关于实施乡村振兴战略大政方针的明确。2018 年 9 月，中共中央、国务院印发《乡村振兴战略规划（2018～2022 年)》，再次重申各地区各部门结合实际认真贯彻落实此战略。乡村振兴战略作为我国发展道路上的重要目标，是解决我国城乡发展不平衡、不充分问题的一个重要手段，乡村振兴战略逐渐成为社会各界关注的热点和焦点。实施乡村振兴战略是解决农村发展不平衡、不充分等问题的一项重要举措，力图缩小城乡差距从而实现城乡统筹发展，对实现我国现代化建设具有重要的现实意义。只有贯彻落实乡村振兴战略，确保城乡一体化发展，才能实现我国全面发展，实现全面建成小康社会的目标。然而，随着我国人口老龄化程度的不断加深，农村老年人口作为乡村振兴战略中重要的一环，是不容忽视的。

改革开放后市场经济不断发展，医疗、卫生水平大幅度上升，人们的生活质量得到了普遍提高，平均预期寿命也逐渐增加，导致老龄社会的加速到来。人口老龄化作为当今普遍关注的重大社会问题，对我国经济、社会等各个层面的发展产生了一定的影响。随着老龄化进程的加速，我国早已成为全世界唯一的老年人口数量过亿的国家。我国于 2000 年正式步入老龄社会，随着时间的推移，老龄化程度不断加剧。国家统计局最新数据显示，截至2017 年，我国 60 岁及以上的老年人口已将近 2.41 亿，占总人口的 17.3%。2017 年《"十三五"国家老龄事业发展和养老体系建设规划》中提到，我国老龄人口数量在 2030 年将会达到峰值，步入老龄化程度最严重阶段。根据国情，我国老龄化发展趋势呈现出未富先老、速度快、规模大、抚养比高等突出特点。另外，高龄老人的规模也在不断扩大。据联合国数据预测，我国 80 岁及以上的高龄老人规模将从 2000 年的 1150 万增加到 2020 年的 2700

万、2030 年的 3900 万、2040 年的 6400 万，并在 2050 年达到 9900 万。随着我国的人口老龄化程度不断加深，农村地区老年人口数量也在不断增加，我国农村老龄社会呈现老龄化速度超快、老龄人口基数超大、老年人口高龄化特征突出等特点。另外，在我国城乡二元结构的背景下，随着城镇化的快速推动，农村中以青壮年为主的劳动力大量涌入城市以寻求发展，预测在"十三五"时期内，农村流出人口将达到 2.11 亿，农村人口老龄化问题将加剧。农村老龄社会中，内部人才不断流失，中青年劳动力出现短缺，外部资本与人才难以流入，农村人才缺口难以填补。由于人口的大量迁移流动，绝大多数老年人不会跟随子女迁移到城市定居，老年人口留守农村的现象逐渐普遍，农村家庭结构空巢化、空心化现象也更为明显。而乡村振兴的重要内容为实现农业现代化，乡村振兴的实施需要大量人才与人力聚集到农村以带动"五个振兴"切实推进，因此农村老龄社会成为乡村振兴实施过程中的重要制约因素，农村人口老龄化对于实施乡村振兴、实现农业现代化具有极为重要的意义。

老龄社会在一定程度上为乡村振兴战略带来机遇的同时，带来更多的则是挑战。有效解决老龄社会背景下实施乡村振兴战略所面临的困境，将有利于乡村振兴战略的顺利实施。因此，本文主要基于老龄社会背景下农村人口老龄化的现状，重点分析农村人口老龄化给乡村振兴战略的实施过程中所带来的困境，并结合困境提出相应的解决思路与策略，以期乡村振兴战略能够顺利推进，并有效解决"三农"问题，实现建成全面小康社会目标，进而为实现新时代社会主义现代化强国的宏伟目标创造良好的环境。

二 现阶段农村老龄社会的突出特点分析

我国的老龄人口规模、老龄化速度和老龄化程度水平都居于发展中国家的前列。而我国农村老龄人口无论是从数量还是从速度上来说，比我国整体老龄化的情况都更为严峻。同时，由于还存在地域分布不平衡等问题，我国属于全球范围内农村人口老龄化问题最严重的国家之一，非常有必要对我国农村老龄社会的特点进行深入的分析。现阶段，我国农村老龄社会主要存在以下六个突出特点。

（一）农村老龄化速度超快

中国正在以极快的速度进入老龄化社会。翟振武等以 2015 年 1% 人口抽样调查为起始人口进行的人口预测显示，我国 65 岁及以上老年人口比例将于 2027 年前后突破 15%，2034 年前后突破 20%，2045 年前后突破 25%，2085 年超过 30%，最终将于 2100 年达到 31.54% 的惊人数字。而根据 2017 年国家统计局的数据，2017 年这一比例为 11.4%。

将视野聚焦到农村地区，老龄化发展速度更加触目惊心。各个调查的相关数据都显示，我国农村人口老龄化程度高于城镇：2000 年第五次人口普查数据显示，我国农村 65 岁以上人口占比为 7.5%，高于城镇的 6.4%；2005 年的人口抽样数据中，农村人口老龄化水平高出城镇人口 1.6 个百分点；2010 年第六次人口普查数据显示，我国农村 65 岁以上人口占比为 10.06%，而同一时期，城镇的这一比例仅为 7.8%。我国农村的人口老龄化速度远高于城镇，也比整体的老龄化速度更快。不得不说，在我国老龄化速度已经很高的情况下，农村人口老龄化程度正在以更惊人的速度加深。

（二）农村老龄人口基数超大

我国是毋庸置疑的人口大国。人口基数大、老龄化程度高，老龄人口基数自然大。国家统计局 2017 年底的数据显示，我国 60 周岁以上的老龄人口规模已超过 2.4 亿。

与我国总体情况相类似，农村老龄化速度超快、老龄比例高伴随的还有基数庞大的农村老龄人口。2000 年的第五次人口普查数据显示，我国农村老龄人口总数达 8558 万人，占全国老龄人口总数的 65.82%。2010 年第六次人口普查的数据显示，我国农村 60 岁及以上的老龄人口数量高达 9930 万，而城镇的这一数字仅为 4631 万；65 岁及以上的老龄人口中这一数量之差更为显著，农村拥有 6667 万老龄人口，这个数字是城镇老龄人口 3102 万人的两倍还多。超大的农村老龄人口基数是我国农村老龄社会最为突出的特点之一。

（三）农村老龄人口高龄化趋势明显

2000 年第五次人口普查时我国 80 周岁以上的老人数量已经达到了 900 万，占总人口的 0.72%，这一数字在第六次人口普查时上升到了 1.8%。根据当前的医疗水平评估，这一上升的趋势在未来很长一段时间将会持续。

随着经济的发展和医疗水平的提升，死亡率大大下降，平均预期寿命明显增长，2015 年我国平均期望寿命已经达到 76.34 岁。[①] 人们越活越长，这就意味着高龄老龄人口的规模和他们在总人口中所占的比重在不断上升。这也意味着老龄人口在不断地老化，不仅是人口老龄化，农村老龄人口高龄化的特点也愈发突出。

（四）农村家庭结构空巢化、空心化更为明显

中国农村家庭结构的空巢化、空心化现象广泛存在。

长期以来，由于城乡经济发展的不平衡，农村中外出打工的年轻人数量庞大。2017 年时，我国流动人口规模已达 2.45 亿，[②] 且以新生代居多。而伴随着房价不断攀升以及老年人生活习惯和观念的难以转变，大部分老年人难以随子女到城市定居，老人长期过着与儿女分居的生活、独自留守农村的情况十分普遍，2016 年农村独居老人的规模已经突破了 4000 万。在农村地区，特别是西部欠发达地区的农村地区，家庭结构空巢化甚至村庄空心化的特点愈发明显。

（五）农村中青年劳动力短缺现象值得关注

除了农村家庭空巢化外，大量新生代流动到城市里的另一个严重后果是

---

① 《中国统计年鉴》，2017。
② 《中国流动人口发展报告 2017》，2017。

农村中青年劳动力出现短缺。

根据第三次全国农业普查数据，35 岁以下的农业生产经营人员仅有 6023 万，占农业生产经营人员总数的 19.16%，规模远小于 36 ~ 54 岁的 14848 万和 55 岁以上的 10551 万。农业生产对于体力要求相对较高，老年人的劳动强度和劳动效果较中青年差，目前我国多地农村已经出现了中青年劳动力短缺的情况。并且，随着人口的持续老龄化，农村中青年劳动力短缺的情况会愈演愈烈。

（六）各地农村地区人口老龄化发展不平衡

我国各个地区在经济增长、社会发展水平、人口迁移和流动等方面存在不小的差异，人口老龄化进程也呈现出了显著的区域差异性。从地域分布的角度而言，中部和西部地区的老龄化进程相对于东部地区来说比较缓慢。

根据第六次人口普查的数据，江苏、浙江、山东等东部地区的农村人口老龄化水平远高于全国平均水平，青海、西藏、新疆等地区的老龄化速度则明显相对滞后。而老龄化程度最严重的省份是四川、重庆等人口输出大省，由于外出打工、学习的年轻人数量庞大，这些农村地区留守的老龄人口比例惊人。

同时基于各个地区经济水平的差异，除了人口老龄化本身存在差异之外，老龄人口的社会保障情况也不同，中西部地区的农村养老问题较东部地区更为严峻。

三　老龄社会背景下乡村振兴面临的机遇和挑战

（一）主要机遇

1. 乡村振兴战略带动乡村经济社会长远发展

十九大报告指出，"三农"问题是关系到国计民生的根本性问题。2017 年 10 月 18 日，党的十九大报告提出乡村振兴战略，特别指出：要创新乡村治理体系，走乡村善治之路。乡村振兴战略是以习近平同志为核心的党中央着眼党和国家事业全局，深刻把握现代化建设规律和城乡关系变化特征，顺应亿万农民对美好生活的向往，对"三农"工作做出的重大决策部署，是决胜全面建成小康社会、全面建设社会主义现代化国家的重大历史任务，是新时代做好"三农"工作的总抓手。中共中央、国务院印发的《乡村振兴战略规划（2018～2022)》（下文简称《规划》）特别指出：要加强农村社会保障体系建设，进一步完善城乡居民基本养老保险制度，加快建立城乡居民基本养老保险待遇确定和基础养老金标准正常调整机制，为农村留守儿童和妇女、老年人以及困境儿童提供关爱服务。这不仅有利于农村社会保障体系的健全与完善，更将促进农村居民全面发展，充分形成乡村有效有序治理的新局面，带动乡村社会经济长远发展，从而实现"产业兴旺、生态宜居、乡风文明、治理有效、生活富裕"的新时代乡村。

2. 政府高度重视乡村振兴，积极应对农村老龄化

改革开放以来，历届政府高度重视"三农"问题和农村社会治理问题。自2012年8月起，新型农村社会养老保险和城镇居民社会养老保险制度全覆盖工作全面启动，自此之后二者合并为城乡居民社会养老保险，农村社会保障体系建设取得了跨越性的进步，农村老年人自此也有机会享受社会养老保险制度所带来的待遇，与城镇老年人一样能够按照相关法规领取养老金。

在新时代的背景下，建立农村工作的新思路、新方法，使之与农村人口老龄化趋势相适应，已经提上各级政府的工作日程。2018年1月2日，国务院发布了题为《中共中央　国务院关于实施乡村振兴战略的意见》的中央1号文件。《规划》还将提升农村养老服务能力上升为乡村振兴战略的重要组成部分，并提出"适应农村人口老龄化加剧形势，加快建立以居家为基础、社区为依托、机构为补充的多层次农村养老服务体系。以乡镇为中心，建立具有综合服务功能、医养相结合的养老机构，与农村基本公共服务、农村特困供养服务、农村互助养老服务相互配合，形成农村基本养老服务网络。提高乡村卫生服务机构为老年人提供医疗保健服务的能力。支持主要面向失能、半失能老年人的农村养老服务设施建设，推进农村幸福院等互

助型养老服务发展，建立健全农村留守老年人关爱服务体系。开发农村康养产业项目。鼓励村集体建设用地优先用于发展养老服务"。《规划》还要求"把进城落户农民完全纳入城镇社会保障体系，在农村参加的养老保险和医疗保险规范接入城镇社会保障体系，做好基本医疗保险关系转移接续和异地就医结算工作"。这充分体现了党和政府对乡村振兴和乡村社会治理高度重视和对农村人口老龄化积极应对的新理念，也为人口老龄化背景下的乡村振兴事业带来了巨大机遇。

3. 养老相关消费需求拉动乡村经济可持续发展

农业农村本身就具备健康养老功能和价值，随着乡村地区人口老龄化的不断深化，日益扩张的农村老年人养老需求为乡村银色产业催生了新的增长点。特别是老年人所必需的相关食品、医药、服装、出行工具、生活辅助工具等商品及起居照料、康复护理、家政服务、医疗服务等劳务，都为乡村银色产业发展提供了重要机遇。在遵循市场规律的前提下，推动乡村资源全域化整合、多元化增值，形成新的消费热点，增加乡村养老健康产品和服务供给，能够激发出巨大的产业经济增长活力。

2015 年全国 1% 人口抽样调查样本数据显示，在 343.6 万名年龄在 60岁以上的样本老年人中，依靠离退休金和养老金为主要生活来源的老年人仅有 103.8 万人，同时，有多达 126 万名老年人依靠家庭其他成员供养为主要生活来源，80.6 万名老年人还在以劳动收入为主要生活来源，这当中主要是生活在乡村、仍在从事农业劳动的农村老年人。[①] 这在加重农村老年人生活压力及其子女赡养压力的同时，也在一定程度上为养老产业化带来了契机，使市场化、产业化、商品化成为农村老年人未来养老的发展方向。

目前，我国乡村养老服务水平及其配套的食宿、医疗、交通等设施完备水平还存在着很大的提高空间，乡村银色产业面临着充足的现实需求，所背靠的农村市场十分广阔，具有相当巨大的发展潜力。随着我国政府针对"三农"问题特别是农村老年人养老问题的政策力度持续加强、农村经济发

---

① 数据来源于国家统计局人口和就业统计司的 2015 年全国 1% 人口抽样调查资料。

展和农村居民收入水平的不断提高，这一市场还将进一步扩大，将对乡村银色产业及其相关行业产生十分可观的带动作用。

4. 老年人刚性需要倒逼乡村公共服务体系的完善

由于乡村青壮年劳动力普遍进城务工，我国乡村地区也广泛存在中青年外出务工、父母代其养育子女的现象，普遍反映为"留守老人抚养留守儿童"；长期以来，这种现象所带来的"上下宽、中间低"的哑铃形年龄结构尤为突出。乡村地区相当比例的老年人都作为祖父母、外祖父母，在独自抚养孙子女、外孙子女，承担着十分沉重的经济压力和精力负担。特别是，留守儿童的家庭教育力度较为薄弱，在此背景下，学校教育和社会教育的重要性显得尤为突出。与此相对应的是，长期以来，我国乡村地区的幼儿园数量不足、管理水平较低、幼师队伍素质不高的问题也十分突出，由此产生的负面新闻也屡见报端。

老年人对医疗卫生服务的需求也给乡村医疗机构的业务水平、设施水平、服务水平和管理水平提出了新的要求。长期以来，我国医疗资源空间分布不均，特别是在大中城市和小城镇之间、东部发达地区和中东部欠发达地区之间、城乡之间分布较为不均。在乡村社会人口老龄化背景下，提高县城、乡镇和广大农村地区的医疗机构在业务、设施、服务和管理等方面的发展水平，成为保证老年人医疗保健、康复护理等需要得到满足的必要前提条件。社会老龄化也倒逼着乡村医疗体系的完善与健全。

5. 老年人务工子女季节性返乡刺激农村经济发展

相当比例的农村老年人有子女在城市、城镇务工，这些务工子弟在返乡探望家庭中老年人的过程中，能够创造大量消费需求。我国农村劳动力进城就业行为所形成的城乡人口流动十分频繁，每到重要年节假日和农忙时节，往往形成规模巨大的进城务工人员返乡潮，这些返乡潮在时间上往往和"假日经济"的时点相贴合，从而进一步刺激农村经济发展。这种人口流动有相当一部分是由返乡探亲的青壮年务工者组成的。受我国传统文化中安土重迁、叶落归根等思想影响，农村老年人往往选择留在家乡而非随子女进城生活，加上农村经济发展水平、居民生活水平和医疗卫生条件的不断提高，农村老年人预期寿命也随之提高，其健康状况不断向好。农村老年人的进城务工子女的季节性返乡，必然带来养老行业及其相关产业的繁荣——如子女为老年人翻盖或购置住房、聘请家政人员、逢年节到集镇采买礼品等。

（二）重大挑战

1. 劳动力短缺、劳动力年龄结构老化

（1）劳动力减少导致乡村凋敝，难以满足农村老年人日益增长的物质文化需要

随着我国城镇化和工业化进程的加快，大量农村青壮年劳动人口涌入城镇生产部门，从事第二产业和第三产业，农村自给自足的自然经济形态趋于瓦解，乡村日常农业生产缺乏充足的劳动力，第一产业在区域经济结构中所占比重逐年下降，农业对区域经济的带动作用逐渐降低。缺乏劳动力造成产业活力不足，养老服务事业和相关行业面临着"招人难、用工荒"的尴尬境地。此外，过去以"子承父业、养儿防老"传统构建起来的传统家庭养老模式逐渐被打破。青壮年的子女远在城镇，难以兼顾对家中老年人的赡养和护理。乡村凋敝和劳动力短缺也导致许多农村老年人连基本的生活需要都难以满足，在日常生活中存在许多实际困难亟须解决。

在此形势下，农村居民户籍所在地和务工所在地的分离、老一辈农村居民养老所在地和年轻一辈农村居民工作所在地的分离，决定了过去乡村社会世代交替的家人赡养为主、社会养老为辅、政府基本不参与农村老年人养老的传统模式已经难以适应新的时代背景下农村老年人各方面的物质文化需要。

（2）老龄化与劳务输出提高乡村社会抚养比，劳动年龄人群面临持续抚养压力

随着老年人预期寿命走高和青壮年劳动力外流，与城镇相比，农村地区在人口结构上日益呈现出总抚养比、老年抚养比、少儿抚养比更高的特点。2016年，我国乡村地区人口总抚养比高达46.65%，老年抚养比为

18.38%，少儿抚养比为28.27%；远高于全国总人口抚养比水平（三个数字分别为37.91%、14.96%和22.95%）和城市、乡镇抚养比水平；在人口总抚养比、老年抚养比、少儿抚养比三类统计数字上，由城市、乡镇到乡村呈现出抚养比渐次增高的形态。[①]

在此背景下，农村本就为数不多的劳动年龄人口承担了巨大的抚养压力，过去的"养儿防老，积谷防饥"演变为如今的"一娘能养十儿女，十儿难养娘一人"，农村老人面临着膝下无壮年子女抚养、反要抚养处于少儿年龄段的第三代的境况，其养老现状令人忧虑。乡村劳动人口短缺也在一定程度上加剧了乡村地区养老服务机构职工队伍的数量与质量双重不足的问题。

2. 农村社区发展普遍活力不足

（1）人口流失导致社会联系疏远

正如《规划》在论述乡村振兴战略发展态势时指出：我国乡村差异显著，多样性分化的趋势仍将延续，乡村的独特价值和多元功能将进一步得到发掘和拓展，同时应对好村庄空心化和农村老龄化、延续乡村文化血脉、完善乡村治理体系的任务艰巨。一方面，乡村人口流失带来了村庄空心化、人口老龄化现象，乡村人口居住分散的分布状况进一步显著；另一方面，老人行动不便，邻里人情淡漠，乡村文化血脉濒于失传、乡村治理日常事务无人可用的现象日益突出，这进一步加剧了乡村居民社会联系疏远、乡村社会发展乏力的问题。

（2）文化生活比较贫乏，精神文明建设堪忧

除了物质生活水平较低，农村居民特别是老年人的文化生活也比较贫乏。农村地区远离城镇，由于地理隔绝和交通不便，农村老年人能够享受到的文化产品在数量和种类上都十分有限。在互联网时代背景下，农村文化产品良莠不齐、缺乏监管，农村留守老人和留守儿童很容易受到不良思想的诱惑和腐蚀，进而面临着精神世界动摇甚至坍塌的危险。

---

① 国家统计局人口和就业统计司：《中国人口和就业统计年鉴2017》。

在青少年和儿童的家庭教育问题上，随着乡村人口老龄化的进一步加深，乡村老年人充当了对留守儿童的家庭教育主要角色，在这一背景下留守儿童和留守青少年的家庭教育缺位，造成乡村社会治安问题恶化，威胁到乡村社会的和谐稳定。

在广大农村地区，乡村德治水平有待提高，精神文明建设状况不容乐观。由于受到教育水平、经济发展水平等诸多因素的限制，农民群体中孝老爱亲的传统美德亟待加强，一些诸如"厚葬薄养"等陈规陋习仍然广泛存在，子女由于各方面原因，对老年人关爱不够、不充分甚至完全不履行赡养老人义务的现象还比较多见。

（3）农村老年人身心健康状况不容忽视

长期以来，农村老年人身心健康问题堪忧，且这一问题没有得到社会各界的足够关注和重视。特别是留守老人和留守儿童心理健康问题亟待关注，农村老年人自杀和留守儿童德育教育缺位的现象都比较普遍。

3. 农村社会保障体系运转难以为继

农村社会保障体系不够健全。在过去相当长的一段时间内，我国很大一部分农村老年人未纳入社会保障体系，"不缴纳、不享受"养老保险，农村养老保险以自我保障为主，国家仅给予政策扶持；与城镇职工相比，生活在乡村地区、历史上曾长期承担以实物形式缴纳的农业税（即所谓"公粮"）的广大农民从养老保险体系所享受的好处十分有限，而更多的农村老年人则完全不符合领取养老金的条件；在农村居民中，"因病返贫"特别是重特大疾病缺乏救助的现象仍然常见，城乡之间在居民养老保险、基本医疗保险和大病保险下所遵照的保障制度还没能统一，衔接机制有待完善；基层公共管理和社会服务从业人员数量不足，队伍建设有待加强；对高龄、残疾老年人关爱服务力度不足。目前，农村养老保险仍然面临着资金不足、政府扶持力度有限等问题，其运转风险十分显著。随着乡村社会老龄化的加剧，农村社会保障压力将会进一步推高，要兼顾效率与公平，满足覆盖全民、城乡统筹、权责清晰、保障适度、可持续的要求，目前的农村社会保障体系发展水平还存在差距。

4. 农村社会服务体系短板十分明显

由于城乡社会经济发展的不均衡，城乡之间社会服务体系的差距也十分突出，特别是农村养老服务机构在硬件设施和职工队伍素质等方面都和城市养老服务机构存在相当大的差距。很长一段时间以来，农村养老主要依靠老人自我养老和家庭养老，社会养老功能发展滞后，乡村卫生服务机构为老年人提供养老健康服务的相关能力十分有限，失能、半失能老年人普遍缺乏健全的养老服务设施，针对留守老人的关爱服务不足，农村基本养老服务网络尚未形成，农村健康养老产业发展程度低。

截至 2016 年末，我国农村地区养老服务机构已收养照料老年人1089819 人，此类机构拥有职工人数仅 112246 人，平均每位农村养老机构职工要负责照料多达 10 位老人；① 考虑到 1995 年我国农村养老服务机构拥有职工 11.5 万人，在此后十年间这一数字略有波动，至 2016 年仅为 11.2万人，② 可以看出我国农村养老服务体系长期以来不健全、发展慢的问题十分突出。从 2006 年至 2016 年的十年间，农村地区可提供住宿的社会服务机构（主要由养老服务机构、儿童收养救助机构和精神病院组成）单位数量从 31373 个减少到 15398 个，所提供床位由 113.6 万张增长至 179.9 万张，增加了 58.4%，人均拥有床位数由 1.2 张增加至 1.6 张；与此同时，城市可提供住宿的社会服务机构单位数量从 11814 个增加到 16514 个，所提供床位由 90.9 张增加到 234.1 张，增加了 258%，人均拥有床位数由 1.6 张增加至1.9 张。③ 与城市相比，农村地区可提供住宿的社会服务机构在单位数量、床位数增速、人均床位数量等方面都远远落后于城市地区。农村社会服务体系短板十分显著，其健全与发展落后于城市的状况日益凸显。

5. 农村老年群体社会治理方式亟待重视

我国城镇化进入快速发展与质量提升的新阶段，城市辐射带动农村的能力进一步增强，但大量农民仍然生活在农村的国情不会改变，迫切需要重塑

---

① 数据来源于民政部《中国民政统计年鉴 2017》。
② 数据来源于国家统计局、农村社会经济调查司《中国农村统计年鉴》。
③ 数据来源于民政部《中国民政统计年鉴 2017》。

城乡关系。随着党和国家对"三农"问题的重视程度和政策力度不断加强，我国乡村治理水平显著提升。一方面，作为一个群体的农村老年人在生活习惯、受教育水平、社会关系、成长经历、思想观念、物质文化需求等方面都存在高度的同质性和近似性，行为模式和思维模式都有规律可循，对其进行群体社会治理也必然能够降低赡养成本；但另一方面，在农村老龄化的背景下，将农村老年人作为一个整体进行群体治理的思想建设和实践进展都十分有限，对农村老年群体的管理与服务还停留在条块分离、九龙治水的局面，治理主体界定不清，相关法规政策不完善，在相关领域的理论创新缺少成果，在实际工作中也缺乏人才和资金支持。要更好地服务农村老年人的生产、生活和养老，完善乡村治理模式，进而服务于乡村振兴战略的贯彻落实，就必须转变目前的农村老年群体社会治理缺失、缺乏重视的局面，在理论和实践两个维度推动农村老年群体社会治理方式的创新。

四　主要思路与应对政策

（一）主要思路

在老龄社会背景下，实施乡村振兴战略，不仅关系到农村老龄化所引发的社会问题的根本性解决，同时也对乡村振兴战略的贯彻落实具有重要意义。为此，在老龄社会背景下实施乡村振兴战略应明确以下基本思路。

一是以坚持乡村振兴战略为目标，从整体推进。结合我国老龄社会的实际状况，掌握老龄社会发展特征规律，坚持顶层设计，并从整体出发，建立合理体制机制以推动我国农村的发展。

二是推进政策创新，完善农村发展制度。在乡村振兴战略中需做到强化制度供给，不断加强建设城乡融合发展机制，实现城乡共同发展；加大建设有关农村发展制度的扶持力度；坚持不断完善并建设新的农村社会保障制度。

三是坚持以人为本，调动农村老年人的积极性。需调动广大农民的积极性，自愿加入乡村振兴的队伍中，并让广大农村老年人口成为乡村振兴战略的直接受益者。

四是切实抓住核心要素，确保人力、财力等要素的流动。加强城镇化建设，鼓励农民返乡，鼓励外来资本下乡，引导农民及资本投入实施乡村振兴战略中。

五是以政府为主导，做好统筹工作。加强政府职能，引导社会力量共同参与乡村振兴，一方面，着重注意农村发展的短板，针对农村老龄人口加大扶持力度，并建立有效的农村社会保障体系；另一方面，加强对农村老龄群体的社会治理，建立有效管理制度，确保管理效率，全面健全农村老龄群体新型社会治理体系。

（二）应对策略

1. 健全乡村振兴的中长期规划，制定农村人口老龄化应对体制机制

针对农村空心化、农村社区发展活力不足等问题，应强化政府在应对农村人口老龄化中所承担的政策制度与规范管理职能。因此，基于老龄社会背景，在《乡村振兴战略规划（2018～2022年）》的基础之上，需要特别提出应对农村人口老龄化的中长期规划，制定农村人口老龄化应对体制机制。界定农村人口老龄化应对体制机制在国家实施乡村振兴战略过程中的重要意义，明确农村老龄化应对体制机制实施过程中的主要思路、基本原则、重点领域、重点人群，并结合国情确定中长期规划的总体目标。以乡村振兴的中长期规划为指导，细化各级政府部门的任务与负责项目，明确政府进行城乡统筹发展、完善农村社会保障制度、培育养老服务市场等责任，由国家到地区认真贯彻落实此规划，确保责任到个人。

2. 调整产业结构，构建城乡统一的劳动力市场体系

针对农村劳动力短缺、劳动力年龄结构老化问题，一方面，应调整现有的产业结构，减少劳动密集型产业，增加技术密集型以及知识密集型产业，并大力发展老龄产业。以适应农村老龄化的现状，满足农村老年人口精神与物质各方面的需求，促进农村社会生产的发展。产业结构的调整需要较完善

的劳动力市场体系加以配合，因此应建立城乡统一、高效有序的劳动力市场体系，以实现劳动力合理有序的流动。另一方面，需加强农村老年劳动力的培训教育，优化教育产业结构，建立老年教育网络，以弥补老年劳动力在知识以及技术方面的不足。

3. 推进农村文化振兴，加强精神文明建设

针对农村社区发展活力不足的问题，一方面，发展农村社区，使农村社会紧密联系，建设农村社区文化设施，并结合农村老年人口的需求，搭建适应农村文化发展的学习平台，大力发展各项农村文化，以提高农村老年人口的生活质量。另一方面，在农村社区建立心理咨询中心来负责农村老年人口的心理咨询及疏导，并通过农村社区组织农村老年人口参加健康培训，加强对农村老年人口生理健康以及心理健康的关注。

4. 构建城乡统筹性社会保障体系，完善农村社会保障制度

针对农村社会保障体系运转难以为继问题，其一，需构建城乡统筹性医疗、养老等社会保障体系，加大政府及社会力量对农村社会保障体系建设的投入力度，以农村社会保障补贴标准与当地消费水平的适应性为基础，建立农村社会保障补贴标准的动态增长机制。其二，应探索建立长期照料护理保障制度，并做好长期照料护理保障制度与农村医养政策、医保报销的结合。其三，应加大对老年人权益保障法规的宣传力度，并进一步加强法制措施，有效运行养老社会保障制度。

5. 完善农村养老服务体系，营造养老服务社会环境

针对农村社会服务体系短板明显的问题，一方面，以需求为导向建设农村不同地区均等化的多样化养老服务体系，并增强统筹养老服务意识，补齐农村各地区间养老服务不均衡的短板，重点加强经济状况较为落后地区养老服务体系建设的资金投入与政策倾斜，完善较为落后地区的养老服务设施。另一方面，弘扬孝老、敬老、爱老、助老、养老的优良传统美德，巩固家庭代际间交流，形成良好的养老服务社会环境。

6. 完善涉老法规政策，发展和壮大老年社会组织

针对农村老年群体管理亟待重视的现状，一是以《老年法》为基础，

全面完善涉老法规政策体系，政府应重点保障需要特殊照顾的老年群体的合法权益，并为农村老年群体提供健全的司法保障。二是加大政府在财力、政策等方面的扶持力度，建设并发展老年社会组织，并加强管理，使其充分发挥自我管理、自我监督等作用。三是将政府涉及老年群体的公共服务部分的职能转移到老年社会组织，并加强对老年社会组织的监督，促进其合理发展。

ℝ.15
解放互联网公益生产力

徐永光*

摘　要： 社会信用是第四次工业革命最重要的"商品"，未来，信用社会的构建将不是靠律法强制和人的"道德""觉悟"提高，而是靠技术来实现。公益公信力不高是社会痛点，如何让公益资金的流向保持自律互律，公开透明，不做假账，在公众监督中一目了然，是区块链应用的最佳场域，也是成本最低的技术开发测试场。理性公益的科技运用和专业化要求，导致公益的专业门槛越来越高，技术手段越来越强，也决定了公益组织不借助第三方服务将寸步难行。开放互联网募捐，并支持募捐平台适度向公益组织收取管理费，是通过市场竞争产生慈善募捐专属平台的前提。互联网公益的第三方服务机构、募捐平台同样需要在市场竞争中发展，平台的选择权要掌握在公益组织和公众手中。政府的责任是加强对平台的监管。

关键词： 互联网公益　慈善事业　社会信用

1998 年，全球"信息社会指标体系"（IDC）对 55 个国家的信息化水平和能力进行了评估，结论为：中国综合排名第 49 位，排在中国后面的

---

* 徐永光，南都公益基金会秘书长、理事长，中国慈善联合会副会长。曾任中国青少年发展基金会秘书长并创建希望工程。2015 年 5 月被聘任为国务院参事室特约研究员。

主要是几个非洲国家。20 年后的 2018 年，在浙江乌镇召开的第五届世界互联网大会发布了《世界互联网发展报告 2018》，结论为：全球互联网发展排名中美国第一、中国第二。20 年间，中国信息化水平的提升可谓一飞冲天。

2018 年 12 月 17 日，由腾讯基金会、陈一丹基金会和南都基金会联合发起的中国互联网公益峰会在京举行组委会成立大会，讨论共建互联网公益行业规则。腾讯基金会发起人兼荣誉理事长陈一丹表示，透明、理性的公益生态需要科技创新能力的帮助，共生与共创是互联网公益生态建设的努力方向。

一 不公益，无互联网

1993 年，中国青少年发展基金会与国家外专局国际人才交流协会合作，启动了海外学人回国创业的"展望计划"，第一个来访的"华人青年计算机科学家代表团"是在美国利用互联网组团成功的。代表团给当时的电子工业部张今强副部长写了一份报告，建议中国尽快引进互联网，借助信息技术革命的机遇寻求后发优势。1995 年，互联网在中国落地，青基会办的《中国青年科技》改刊为互联网门户杂志，并举办了"互联网与中国青年国际研讨会"。1996 年，中国青基会暨希望工程官网上线。1998～2000 年，在国务院信息办指导下，中国青基会连续组织了三届"中国互联网大赛"。

互联网是用海量投资烧钱做公益把自己烧大的。这里所谓"公益"，是套路，而非本质；是手段，而非目的。不公益，无互联网；谁的公益模式持久，谁就赢者通吃。恰似多级火箭，奋勇烧钱，前仆后继，"剩"者为王，一将功成万骨枯。互联网发展，外表看起来很美，内里很惨烈，这是市场逻辑，公平合理。

阿里巴巴因开放共享的互联网商业平台模式，在 2000 年获得了第三届中国互联网大赛优秀电子商务网站奖；阿里的淘宝商城从免费开始，给数百万人带来创业、就业机会。今天，单单 3200 多个淘宝村年销售额就超过

2200 亿元，带动就业人数超过 180 万，其背后是脱贫致富。"马云最公益，故马云最赚钱"。再说腾讯给予大众的福利，利用微信平台，2 分钟就能免费开通微店。到 2016 年，微店注册用户已超 3000 万。只需一部智能手机，退休老人可以老有所为，残疾人在家动动手指头就能自食其力了。如今，成千上万知识青年成为返乡创客，借助互联网电商平台，让乡村与城市互通有无。数字经济已经成为乡村振兴的重要动能。

互联网借公益起航，乘风破浪，发展壮大，这是第三次工业革命的奇特景象。曾几何时，一位自称中本聪的神秘人创造了虚拟货币比特币，搞出了据称代表第四次工业革命的区块链。区块链本质上是一种分布式、去中心化、几乎不可更改的数据库记账技术。区块链技术的应用，将杜绝造假，包括制假货、做假账乃至说假话（区块链记录下谁说了假话，就像"永不消逝的电波"一样在宇宙中抹之不去，与人类共存亡）。社会信用是第四次工业革命最重要的"商品"，未来，信用社会的构建将不是靠律法强制和人的"道德""觉悟"提高，而是靠技术来实现。IT 革命论日本第一人野口悠纪雄在《区块链革命：分布式自律型社会出现》中预言：区块链技术为实现扁平化社会提供了可能性，基于区块链技术的 DAO（去管理者企业组织）将成为未来社会主角。

相比于互联网把公益融于商业的无心插柳，区块链则直接举起公益大旗或与公益组织结成联盟，披挂上阵，攻城略地。公益公信力不高是社会痛点，如何让公益资金的流向保持自律互律，公开透明，不做假账，在公众监督中一目了然，是区块链应用的最佳场域，也是成本最低的技术开发测试场。有鉴于此，越来越多的互联网公司、数字交易平台、资金结算平台、互助保险平台、众筹平台、区块链公司借助公益筹款、公益资源配置流动或个人求助募款来做区块链技术开发的模拟，同时作为构建公益信用体系的"卖点"。无论是腾讯 99 公益日、腾讯"公益寻人链"、蚂蚁金服"让听障儿童重获新声"项目、蚂蚁森林、阿里公益宝贝、百度滇西北支教老师经费补贴上链项目、京东—美丽中国区块链物资公益，还是众托帮、轻松筹、水滴筹的大病互助项目，都在做区块链与公益结合尝试。数千优秀公益项目通过腾讯 99 公益日筹募捐款，3.5 亿蚂蚁森林参与者在内蒙库布其沙漠"种树"，都为区块链测试提供了上佳场景。当然，这是商业和公益的双赢之举，也是把公益植入公众日常生活的社会创新。

加入区块链联盟链的公益机构有中国红基会、中国妇基会、中国医药卫生基金会、中国华侨基金会、中华儿慈会、爱佑基金会、北京微爱公益、北京博能、北京企业家环保基金会、上海真爱梦想、贵州扶贫基金会等。还有由北京大学光华管理学院发起的关爱链慈善项目，旨在为优质公益组织提供展示信用水平的平台，提升公益行业的信息透明程度，帮助所有健康的公益组织发展壮大。

2018 年 10 月 25 日，由联合国贸易和发展会议主办的"世界投资论坛"在瑞士日内瓦总部举行。币安 CEO 赵长鹏在会上发布全球首个保证捐款100% 透明化的慈善平台。在刚刚结束的马耳他区块链峰会中，币安区块链慈善基金会负责人海宇向 3500 多名与会者分享了区块链技术如何帮助全球范围内"金字塔"底部人群改善生活条件、推动全球慈善公益事业发展的愿景。

据链塔智库《2018 区块链公益事业研究报告》的不完全统计：在全球区块链公益项目中，中国占比达到 75%。大多数为传统公益项目或平台在区块链技术支持下提升运营效率，少数为区块链创业公司研发。

科技革命正给世界带来万年未有之大变局。当我们惊叹科技创新、商业创新时，还惊奇发现公益为这场创新变革提供的价值——没有公益铺路、探路、试水、圈粉，就没有互联网的神速发展；同样，公益也正在成为区块链技术发展的试验田。

二 谁是互联网公益主体

互联网从借力公益到网罗天下，再到今天直接光顾公益，一切悄然发生，顺理成章。利用互联网平台的流量、资源整合力、传播力加上金融支付手段，腾讯 99 公益日、阿里公益宝贝正在引领公益项目设计、效率提升和公众参与的价值导向。微博发动的"冰桶挑战"被定义为互联网公益2.0；百度利用 AI 刷脸技术，帮助"宝贝回家"机构找回失踪儿童；京东"让爱陪伴成长——闲置玩具捐赠项目"，都是互联网商业机构主动出击的公益模式。京东玩具项目：14851 名快递哥从捐赠家庭收到 40 万件玩具，在清洗消毒后，通过 2206 个物流配送站，送到急需玩具的贫困儿童手里，仅用 10 天时间。

"商业走公益的路，让公益无路可走"，三一基金会李劲这句话颇具"杀伤力"，但不尽然。慈善组织借助信息化机会，利用互联网募捐，本来就是自己的专利。"在线捐款的选择性、便捷性和透明性，将使那些影响大、信誉好的非营利机构更加迅速地壮大起来。"① 2000 年，希望工程官网就开始在线募捐，用的是招商银行刚刚上线的"一网通"——这是当时国内首款互联网金融工具。据当年网站开发者、现在主持基金会中心网营运的程刚回忆，开通网络募捐半年内，在线捐款人数即超过 4500 人，捐款总额达到 200 多万元。

2008 年汶川发生地震，中国红十字基金会是互联网募捐的大赢家，在网上接受捐款超 10 万笔，捐款总额 400 多万元，平均每笔捐款 40 元。2013年 4 月 20 日雅安地震发生，壹基金对接腾讯乐捐、新浪微公益、支付宝、易宝公益等平台，引爆互联网募捐热潮。截至 23 日下午 4 时 19 分，仅由壹基金和支付宝公益平台联合推出的为雅安地震灾区捐款活动已有 368531 人参与，募集善款 2250 万余元。这次地震募捐，壹基金共募集捐款超过 4亿元。

往后退 100 年看慈善募捐手段的发展，从传统的熟人社会口口相传，到敲门、发信募捐，到借助大众传媒——广播、电视、报纸的广告募捐，到发电子邮件，到互联网募捐，工具不断更新，手段日益便捷，效率飞速提高。互联网公益则经历了从 Web1.0——通过机构官网或门户网站，以很低的成本向公众广播公益信息；到 Web2.0——传播＋募捐，在线募捐为所有慈善

---

① 原载《徐永光说希望工程》。

机构插上飞向世界的翅膀；到 Web3.0——传播＋募捐＋公众参与的泛行动时代，加上数据分析和运用，互联网公益 3.0 可以创造一个人人可参与的生动活泼、公开透明、高质量有效运行的慈善新生态。这是陈一丹所编《中国互联网公益》一书为我们呈现的互联网公益的发展形态。

互联网已经成为人类生活须臾不可缺少的东西，是人与一切组织活动的"水和空气"。毋庸置疑，互联网同样是慈善事业腾飞的翅膀。每一个慈善组织都是互联网公益的主体，拥有自由使用这个工具的权利，同样可以自主选择第三方服务机构，进行互联网公益的合作、开发和创新。

三　重建互联网公益新生态

前文所谓"不公益，无互联网"，系网络语言表达，严格表述是"互联网不借助公益模式成不了事"。如果说"不募捐，无公益"，则无可挑剔。美国有 160 万家非营利组织，全部有公开募捐资格，说明募捐是公益题中应有之义。在中国，先是严格限制了公益组织的公募权，在 80 万家社会组织中，拥有公募权的不到 1%；还好，公募基金会可以与草根组织分享公募权，虽说绕弯道增加了筹款和管理成本，终归草根组织募捐还有路可走。

理性公益的科技运用和专业化要求，导致公益的专业门槛越来越高，技术手段越来越强，也决定了公益组织不借助第三方服务将寸步难行。哪怕是大型基金会、慈善机构都不可能自己来实现所有专业人员配置和服务，而需要借助第三方服务市场。

国际上的互联网慈善募捐第三方服务模式可供我国借鉴。英国有 10 多家慈善募捐网站，其中一家名为 Just Giving，注册用户超过了 2200 万人，遍布 160 多个国家，共筹款 45 亿美元，帮助了全世界 25788 个慈善项目。网站向募款设立人收取捐款 5% 的费用作为运营成本。这比英国慈善组织的筹款成本通常在 10% 左右低了许多。英国对于利用互联网发起的网络募捐活动，没有任何法律规定，对于网络募捐平台的主体资格也没有任何限制。但网络慈善机构一直用各种数据告诉公众，把钱捐给它们，是可以放心的。就

监督而言，目前英国有三个非政府机构，分别是募捐标准委员会——职能是
监测并评判公众投诉，同时协同慈善部门提高募捐行为标准；募捐协会——
由职业募捐人组成的协会，主要是编写并出版募捐行为准则，同时对募捐标
准委员会做出的评判进行评估；公开募捐监管协会——主要是对公共场所募
捐进行监管。这些组织的存在，保证了英国网络慈善行为的健康有序运作。

开放互联网募捐，并支持募捐平台适度向公益组织收取管理费，是通过
市场竞争产生慈善募捐专属平台的前提。为慈善组织提供专业定制传播和募
捐服务产品及其技术支持，有非常强劲的市场需求，可望为互联网公益第三
方服务供应商带来巨大机会，成为一个新兴市场。在未来，公众参与互联网
捐赠的人数和流量，不会逊于电商。细分市场，定制服务，从来就是互联网
创新发展的动力。过去，腾讯、新浪、搜狐、网易都有视频频道，还会出现
优酷、土豆、爱奇艺等众多视频网站；同理，有了腾讯和阿里系的募捐平
台，未来出现专属的互联网募捐平台不仅是可能的，而且是必然的。

支付手段是互联网公益的重要基础设施，移动支付的便捷性使得中国互
联网公益发展独具优势。据 Forrester Research 的数据，2016 年美国的移动
支付市场规模为 1120 亿美元，中国约为 9 万亿美元，约为美国的 90 倍。
2017 年中国移动支付交易规模已经超过 200 万亿元，稳居全球第一。我国
有这么优越的互联网金融支付手段，反观互联网捐款之少，仿佛在高速公路
上难觅车影，很不协调，何其浪费！

开放慈善组织互联网募捐之后，出现一些问题乃至于出一点乱子，在所
难免。解决问题的最好途径是社会监督，公众选择，让捐款人自主决定，用
脚投票；有乱就有淘汰，淘汰机制可以自然净化慈善部门，让优秀公益组织
和好公益项目有机会做大。互联网公益的第三方服务机构、募捐平台同样需
要在市场竞争中发展，平台的选择权要掌握在公益组织和公众手中。互联网
公益市场全面繁荣之时，也是第三方服务供求两旺之际，反之亦然。政府的
责任是加强对平台的监管而非用计划经济思维和行政化管控，更不应制造
垄断。

慈善行业自律机制的建立，能让慈善组织自清门户，省去政府很多烦

恼。2006 年国家"十一五"规划就提出了"完善民间组织自律机制"的目标。赶在规划最后一年，35 家基金会联合发起了基金会中心网，这是民间自觉响应国家规划要求，以独立、中立、第三方模式探索基金会公开、透明、自律之路。经过八年努力，基金会中心网在基金会信息披露的覆盖度、实用度方面，除了美国基金会中心，在全球无出其右者。联合国开发计划署（UNDP）利用中心数据库，完成了"慈善与可持续发展（SDG）——中国行动"，并在日内瓦与基金会中心网联合发布。UNDP 认为，中国是国际上首次通过大数据研究发布慈善与可持续发展（SDG）的国家，与中国基金会中心网的这一创新性合作模式也为 UNDP 在其他国家推进可持续发展目标的实现提供了范例。

《慈善法》要求："慈善行业组织应当建立健全行业规范，加强行业自律。"今天，正可以借助互联网公益峰会倡导的理念，联合各方力量，先把"互联网公益自律机制"建立起来；同时建议人大就互联网公益募捐修法或释法，把互联网使用权还给慈善组织。相信市场力量，相信民间自律，解放互联网公益生产力，实乃中国慈善事业突破困境的底线选择。

实 践 篇

ℝ.16
养老服务标准体系建设初探

北京思德库养老服务信息技术创新研究院 *

摘　要：　随着老年人口持续增长，老人需求的复杂多样、长期照护
的开支巨大与健康照护资源的有限形成强烈对比，为全社
会带来日益增加的养老压力。为此，北京思德库养老服务
信息技术创新研究院着眼老年人能力评估体系、养老服务
人才培训体系、养老服务标准体系等三大体系，编制了国
内首本养老服务评估专业书籍——《老年人能力评估基础
操作指南》，创新引入"养老经纪人"并开展相关培训，推
动智能养老服务行业标准建设，有效提升了老年人能力评

---

* 北京思德库养老服务信息技术创新研究院是 2014 年在北京市民政局注册成立的专业科技研究机
构。研究院立足于养老服务信息技术，从专业社会组织的角度出发，通过整合和调动各方面力
量参与养老服务信息化建设，促进养老服务信息化领域的产学研用一体化，重点孵化未来养老
信息技术及创新产品和服务，在社会养老服务体系建设的过程中发挥专业技术支撑的作用，创
造并维持高效率、低成本的养老信息技术创新和创业环境，推动科技成果转化和产业化。

估的效率和准确性，推动了养老机构服务的标准化和科学性，得到了广泛好评。

关键词： 老年人能力评估体系　养老服务人才培训体系　养老服务标准

一　案例一：思德库老年人能力评估体系建设
——在实践中创新开展老年人能力评估工作

2017 年，我国已成为世界上老年人口最多的国家。60 岁及以上人口数量达到 2.4 亿，占总人口的比重为 17.3%。伴随着庞大老年人口而来的是巨大的老年人需求，并且老年人的需求是复杂的、长期性的。其复杂性在于老年人的需求包含多种类别、分为多种程度。例如，身有残疾的老年人，患有不同种类疾病的老年人，与患有多种疾病的老年人，他们的需求都迥然不同。即使同样身有残疾的两位老年人，由于残疾的类型和程度的不同，需求也不尽相同。因此，服务的提供变得复杂多样。

持续增长的老年人口、复杂多样的老年人需求和老年人长期照护带来的巨额开支，与有限的健康照护资源形成强烈对比，为全社会带来日益增加的养老压力。在此背景之下，如何评估老年人的长期照护需求，将服务有效递送至需要帮助的老年人，已经成为养老服务中最重要的问题之一。思德库养老信息化研究院（以下简称"思德库研究院"）持续与一线养老服务机构共同构建长效的评估体系，并在实践中不断创新。

（一）建立基于老年人能力评估的老年健康服务管理知识体系

1. 编制国内首本养老服务评估专业书——《老年人能力评估基础操作指南》

推动老年人能力评估开展的第一步是梳理和确立评估知识体系，思德库研究院自 2015 年 12 月起，以民政部发布的《老年人能力评估标准》（MZ/T 039 - 2013）行业标准为基础，面向国内的评估需求，在清华大学老年学研究中心裴晓梅教授的指导下，调研了17家养老服务机构开展评估的难点，结合美国、日本等养老服务发展处于前列的国家开展养老服务评估的先进经验，编写了国内首本养老服务评估专业书《老年人能力评估基础操作指南》。本书于2016年10月正式面世，并入选中国社会福利与养老服务协会"养老服务指导丛书"。

《老年人能力评估基础操作指南》共分为六个章节，以参与开展评估的各级管理者、一线评估员的知识需求为导向，结合日本长期照护保险机制及其评估体系，详细阐述了老年人能力评估的基础知识、主要原则、重要性及应用价值。

截至2018年11月，全国有1000余家养老服务机构使用了该书。根据一线养老服务人员的反馈，《老年人能力评估基础操作指南》不仅有效地帮助养老服务人员学习了评估的基础知识、如何依据客观指标进行评估操作，以及实施评估时的要点、强化对评估的理解，而且为养老服务机构提供了使用便捷的工具，帮助养老服务机构能够依据书本指导尝试在院内持续开展规范的评估。

2. 启动思德·养老人才培养储备计划，开展全国老年人能力评估培训

评估学习仅是起步，为了让评估员之间能够友好互助，更有信心坚定走下去，思德库研究院携手所有评估员共同发起成立"思德库评估员之家"社区，作为汲取爱与知识、赋予前行力量的养老评估大家庭，彼此鼓励，营造科学照护的氛围，同时启动思德·养老人才培养储备计划，在全国范围内开展老年人能力评估培训。

思德库研究院将《老年人能力评估基础操作指南》中的知识内容设计为包含理论知识和评估实操学习的老年人能力评估培训课程，并邀请在全国率先开展老年人能力评估的优秀机构结合本单位的实际情况分享评估开展的过程和经验。养老服务机构共同沉淀评估最佳实践，不仅加强了评估员人才网络和社区协同为一线养老服务人员提供学习评估的理念、方法的窗口和持续交流提升的平台，而且使养老评估员形成循序渐进地学习、理解和思考的习惯，激发评估员主动承担起院内评估的意愿，清晰勾勒出符合自身条件的

工作开展路径，促使评估员成为养老服务机构开展科学养老服务的有效推动力量。

全国老年人能力评估培训为分层阶梯式课程体系，由基础、中级、高级三部分组成，分别培养养老评估师、养老经纪人和养老信息官三类专业的养老储备人才。自 2014 年以来，在思德库研究院院长田兰宁博士的领导下，已在全国各地开展 30 期"全国老年人能力评估培训班"，传播科学的养老服务评估及照护理念，教授老年人能力评估、养老服务照护计划制订的基础知识及实操技能，培养了 1500 余名专业评估人员，并建立"思德库评估员之家"及"思德库养老网络学苑"（www. xy. ssidc. org），通过线上线下相结合的方式，为养老服务专业人才提供学习、交流、互助的平台。

3. 应用信息化推动长效养老评估机制

中国老年人口基数庞大，养老服务资源有限，而且老年人能力评估工作需要横跨生活、医疗、康复等多方面专业领域，仅仅靠传统的数据采集方式不仅消耗大量人力、物力、财力和时间，而且数据的一致性、客观性、有效性、再利用性等都或多或少地会受到一定的影响。在信息技术发展日新月异的今天，国家陆续出台了"互联网＋健康养老"等一系列关键政策。信息化作为养老服务创新发展的重要支撑，合理应用与时俱进的信息化技术手段，整合科技创新资源，建立智能、长效的老年人能力评估机制是实现养老服务评估科学化和专业化进程中至关重要的战略部署之一。

思德库研究院开发了一套符合国家评估标准、操作便捷的评估软件。以老年人能力评估软件化作为起点，为各地区推进评估工作提供了高效便利的工具。不仅可切实地支持、协助各单位顺利开展工作，而且也为今后整体评估机制的完善、养老大数据分析工作提供不可或缺的数据依据。

目前，该软件已在全国 20 多个省、市、自治区的养老服务机构应用，包括武汉市江汉区社会福利院、苏州社会福利总院、深圳市盐田区社会福利中心等，其科学性、合理性已得到充分验证。老年人能力评估软件大大提高了老年人能力评估的效率和准确性，推动了养老机构标准化试点单位的标准化管理，得到了广泛好评。

（二）思德库开展长效动态老年人能力评估机制形成的成果

1.携手全国明星养老服务机构梳理示范典型

为了促进老年人能力评估科学理念扎根于一个地区并逐步发展成熟，研究院与"思德库评估员之家"中优先开展评估的养老服务机构联合建立评估示范典型，通过建立专业评估室和评估师队伍，稳固院内评估的规范有序开展，并通过评估示范基地向本地其他养老服务机构展现评估的重要性及科学操作方法，带动当地评估事业的开展。目前，思德库研究院已联合全国各地明星养老服务机构建立了12家以评估为核心开展标准化服务的基地。

评估明星基地专业评估室的建立为养老服务机构内的评估员创造了稳定良好的工作环境，增强了工作归属感，激发了评估员的创新能力，在工作过程中不断积累经验，并根据评估需求不断优化评估室的设计。《老年人能力评估标准》（MZ/T 039－2013）对评估环境提出了光线明亮、空气清新等要求，早期的养老服务机构将这些要求，结合实际实施评估所需的一些辅助器材，设立了评估室，作为专门进行老年人能力评估的空间，解决了一次性完成所有评估步骤的需求，也将评估确立为院内的日常工作环节。

伴随养老服务机构对评估的愈发重视，通过在多次线下学习和评估基地间的交流，以早期的评估室为基础，更深入地以评估的根本目的为导向，充分考虑老年人的视觉感受、心理因素和服务目标后，发展出了以"实景评估"为特色的评估室。同时，评估基地一直秉承应用信息化推动养老服务发展的理念。一些养老服务机构对每个模块进行细化拆解，并采用智能设备辅助进行评估，以行为＋数据的双重维度增强每个指标项的精准度。

评估不是一蹴而就的工作，很多养老服务机构在开始接触评估时，会将评估和入院评估画等号，认为对老年人评估仅仅是为了确定老年人的照护等级和收费标准。实际上，评估不仅发生在老年人初入养老服务机构的环节，还渗透在后续服务的每一个环节，"思德库评估员之家"成员根据院内服务流程将评估划分为三个主要类型——入院评估、即时评估和定期评估，形成动态评估机制。

一位养老服务机构院长表示，长效地开展动态评估机制不仅能够清晰准确地梳理院内所有老年人的照护等级，而且也实现了分区入住和管理，减轻了服务人员的工作压力。并且，评估会暴露出各类风险因素，防患于未然，为养老服务机构减少纠纷提供了依据。

除此之外，一些"思德库评估员之家"成员在《老年人能力评估标准》（MZ/T 039 - 2013）标准之上，结合本地老年人需求和服务项目设置，衍生出了具有地方特色的医疗评估、社工评估、康复评估、营养评估等项目，例如医养结合评估。医养结合评估是在标准中的日常生活活动能力评估之上，进一步对老年人的饮食、皮肤等方面细化评估，同时重点评估有需求的老年人在使用导管、压疮、坠床等方面的风险，在照护计划中提前设置预防措施。

2. 建立可量化照护管理体系

量化管理对于养老服务机构而言，关系着运营效率、资源分配等关键方面，以评估实现量化管理是思德库研究院评估培训体系中的重要一课，也是《老年人能力评估基础操作指南》一书剖析评估各指标项定量判定基准的用意所在。根据各地区的不同需求，"思德库评估员之家"的成员在实际评估和服务过程中，摸索出以评估为基础的量化管理。

一位院长成员曾为院内老人的照护等级问题所困扰，因为建院已有十几年，很多院内的老年人自建院居住至今，而这些老年人的照护等级仍停留在当初进院时的标准。实际上，随着年龄的增长，老年人的能力和需求有所变化，他们求助的类型和频率在增多，护工在日常工作时已经无形地逐步增加了工作量，但因为缺乏一个合理的评价方法，所以院里只感觉到人力越来越紧张，却无法解决。

后来这位院长参加了思德库评估培训，理解了评估的作用，回到院内建立了动态评估机制，掌握了老年人的实际能力，分出了明确的照护等级，对护工的服务量进行了合理量化，将每一个人力和每一段时间都清晰地管理了起来。

与服务量相对应的则是服务人员的绩效管理，一位院长表示，每个老年人都是一个不同的案例，评估所呈现的院内老年人实际情况是细致而个性化的，有时表面看起来，一个护工服务一位老年人，所有护工的工作量都是相同的，而经过评估之后，护工服务一位重度失能老年人和服务一位轻度失能老年人，绩效是完全不同的。

如果没有评估，护工所付出的时间和精力得不到客观的体现，作为一个院长也无法真正地了解院里的实际资源分配，而评估给出了数据，奠定了量化管理的基础，所以无论是服务人员还是院长，在工作的时候都会更加以精准来要求自己，整个院里的工作氛围都会发生变化。

3. 建立数据模型，为政府部门实施补贴及长期照护保险提供数据支持

通过评估收集的临床数据是目前发达国家制定相关政策的重要依据。一个国际普遍关注的问题是照护资金分配的平等和资金使用的效率，特别是相当一部分资金来源于公共财政时，政策就需要在平等和效率、普遍性和针对性之间有所取舍。与更早进入老龄化的欧美国家不同，中国的老年长期照护发展还处于起步阶段，临床数据缺乏积累。这使得政策制定缺乏科学的依据，服务管理缺乏有效的规范措施。我们迫切需要通过评估开启信息化体系的建设，为确保服务质量、厘清服务成本与效率提供真实和详尽的监测数据，为政府管理部门的决策提供科学的依据和政策建议。

在推进养老服务业健康发展的过程中，老年人能力评估作为第一步，为准确量化老年人真正需求、养老服务资源的合理配置提供了依据。老年人能力评估的开展为宏观养老服务政策方针的制定提供数据支撑，让养老政策更"接地气"，逐步完善养老服务评估体系，切实解决养老问题，全面实现老有所养。政府部门能够借助通过评估建立起的数据模型准确地把握市场的真正需求，科学地制订养老服务设施的建设计划，增加建设不同档次、满足不同层次养老需求的养老服务设施；以需求为导向，规范服务购买，正确地规划建立多种补贴制度，援助真正需要帮助的困难老人；同时能够尽快发现需求，满足需求，合理地规划、使用有限的养老财政投入培育养老产业集群，促使养老服务业成为推动经济转型和升级的重要力量，提升产业活力。

老年人能力评估是一项基础而持续的工作。经多年研究与实践，思德库研究院联合"思德库评估之家"所有成员共同建立起由养老评估师培养、

照护管理 PDCA 方法、信息化评估工具等组成的思德库老年人能力评估体系。今后，思德库研究院将继续以评估为基础，以实际的服务、管理效果为导向，让更多的养老人参与养老信息化创新，抓住服务、管理流程中的根本问题，以数据为支撑，运用有效的方法和工具，构建老龄社会下的老年健康服务新概念。

二 案例二：养老经纪人——养老服务人才培训体系创新

"养老经纪人"是思德库养老信息化研究院院长田兰宁博士从日本引入的创新性养老服务专业人才岗位，是全国老年人能力评估培训为分层阶梯式课程体系的中级部分所重点培养的养老服务储备人才。

老年人能力评估工作是养老服务机制的起点，在推进养老服务业健康发展的过程中，老年人能力评估作为第一步，为准确量化老年人真正需求与合理配置养老服务资源提供了依据。从 2014 年到 2018 年，在五年的研究与实践中，思德库研究院与思德库评估员之家成员携手共同建立起思德库老年人能力评估体系，根据各地区的不同需求，摸索出以评估为基础的量化管理，使评估成为养老服务机构实现长效、可持续发展的有力抓手。

为了更好地帮助养老服务机构提升养老服务质量，自 2018 年起，思德库研究院创新性地培养全面发展的养老服务专业化人才——养老经纪人。作为养老服务的协调人，养老经纪人在未来长期照护保险过程中将是非常重要的角色。他不仅能够科学分析评估结果，根据个体需求，合理调配养老资源，还制订符合每一位老年人的养老服务照护计划。从协调观的角度来说，其无论是对老人的照护有更高质量的提升，还是对社会资源的整合以及对长期照护保险的执行，都是至关重要的。

（一）如何培养养老经纪人

思德库全国老年人能力评估（中级）培训班重点培养"养老经纪人"，

面向参加初级班课程并考试合格、获得思德库研究院颁发的专业培训证书的学员。学习内容以照护计划制订为学习重点，由思德库专家委员会领衔的国内外照护领域专家导师传授与照护相关的专业知识，分享国内外实践经验。中级培训时长为3天，通过听讲、实践与交流并举的团队合作学习方式，帮助学员开阔视野，理解并强化长期照护工作的意义与价值，培养能够科学分析评估结果，根据个体需求，合理调配养老资源，制订养老服务照护计划的养老经纪人。

自2018年4月以来，思德库研究院已在全国举办五期老年人能力评估（中级）培训班，共培养了200余名养老经纪人。

《中国城市报》2018年10月15日第9版专门刊文对养老经纪人这一职业进行报道，文中指出"养老经纪人要懂得护理、心理、社会、法律等学科的知识。在实际操作方面，又需要掌握评估员、护理师的工作内容。除此之外，养老经纪人的一项重要职责是长期追踪老人的生活能力及健康状态并定期重新评估。未来养老服务产业大有可为，新兴行业得到规范后，将提速养老服务产业健康发展"。

思德库研究院顺势而为，截至2018年底，已紧锣密鼓地在宁波、武汉、杭州等地区开展了全国老年人能力评估中级班课程，培养了全国第一批获得"养老经纪人"资格证书的从业人员，此资格证书得到了当地政府、业界同行、学员们的好评和认可。

（二）养老经纪人

养老经纪人英文为 Care Manager，在日本也被称作照护支援者，是2000年日本照护保险法开始施行后产生的职业资格。

养老经纪人的主要工作是以照护保险法为基准，为要照护、支援的利用者或其家人提供咨询服务，以及根据利用者现状提供照护建议等工作。考虑利用者的家庭条件、身体状况，在众多照护服务中挑选最适合利用者的服务并拟出方案。养老经纪人不仅要关注利用者的情况，还要照顾到各个照护服务的提供者，尽可能设计出双赢的照护方案。

养老经纪人的工作不是一时性的，是持续而广泛的资源协调者。持续观察利用者的身体状况，在照护程度改变的情况下，第一时间调整原来的计划。重新和利用者、照护提供者、家人、医生讨论，确认大多数人都认为合理之后，拟出新的照护计划。当然，所有讨论的大原则都是，让利用者有尊严且尽可能自立地生活。

（三）养老经纪人必须具备的素质

养老经纪人要懂得护理、心理、社会、法律等学科的知识。在实际操作方面，又需要掌握评估员、护理师的工作内容。除此之外，养老经纪人的一项重要职责是长期追踪老人的生活能力及健康状态并定期重新评估。养老经纪人制订照护计划时要考虑照护保险、老人及其家人希望使用的照护服务、本人必要的康复训练、时间和经济等因素，全盘观察利用者的生活。从而需要养老经纪人具备可以把握全局的视野，以及考虑周全的性格。

（四）养老经纪人与普通照护工作者的差别

养老经纪人不直接为老人提供照护服务，主要工作是制订照护计划，是提供服务者和利用者之间的一重要桥梁，既要清楚利用者的需求，也要了解照护服务者工作上的实际困难，在供需之间平衡，让照护服务实现良性循环。

（五）照护计划

在开始实施照护服务前，照护计划是必不可少的，简单来说就是利用者具体接受哪些服务的计划表。以利用者及其家人的志愿为基准，结合医生的建议，同时考虑时间分配、经济条件等因素，最终确定服务内容和种类，制成照护计划。

由于照护计划中有众多因素要考虑，比如协调照护服务者的时间、联系各种照护机构等，最好交给专业的人来完成，也就有了养老经纪人这个职业。

（六）实际应用案例

"脾气暴躁的李先生是一位退伍老兵，看护员不了解其心理状态，导致无法让老人与外界很好地沟通；王女士是重症糖尿病人，但是其饮食与其他老人一样，而后诱发其他病症。"经过与老人的多次接触，德国蕾娜范养老集团中国区副总经理兼蕾娜范焦作老年公寓院长张震球作为养老经纪人，带头制订了个性化的照护计划，要求养老院专护员关注且顺应老人的心理变化，多陪老人聊聊年轻时在战场上激情燃烧的岁月；在王女士的饮食上，则做了调整，替换了此前的潜在"风险餐"。张震球参加了首期思德库全国老年人能力评估（中级）培训班学习，2018年4月参加培训，并经考试合格后拿到了"养老经纪人"证书，他骄傲地称自己为"黄埔一期学员"，并在《福利中国》期刊上发表了《养老经纪人与养老服务市场化的关系》的文章，文章中提到"养老经纪人是顺应第三方评估需求的必然产物。这是一个刚刚在试行、探索的政策，更何况已具备能力的评估人才实属太少，于是，对老年人能力评估专业人才的培养、培训必然地摆在历史的面前"。

"养老经纪人"这一角色是随着养老服务专业化、制度化发展而产生的，在养老服务产业发达的国家，例如日本、德国，已经产生并发展多年。在国内，养老经纪人的培训还处于初级阶段，其内涵以及运作方式在市场化发展的今天，其想象与发展空间巨大，未来，思德库研究院将继续完善养老经纪人培训体系，与各行各业在技术创新与社会创新中，促进养老服务走向产业化发展。正如一名学员所说："养老经纪人是社会需求的必然产物，也是行业的必然要求和发展趋势所需，更是社会进步和人性关怀的体现，是一个政府以人为本的忠实体现，他必将与如火如荼的养老服务市场休戚相关，在推进养老服务市场化的发展进程中担当不可或缺的关键角色。"

三 案例三：中关村智能养老服务标准体系建设

养老服务行业标准是养老行业管理的准则和依据，加快标准化建设和推广工作有利于开展养老服务质量评估与行为监管，健全市场规范。对于每一个信息化进程而言，标准是信息化的基础，如果没有标准，就无法通过统一的语言形成系统的互动互联。以标准化为前提的行业数据统计能够为养老政策的制定提供数据依据，有效促进养老服务行业的健康发展，从而为社会提供更好的养老服务。如果从生态圈成员的角度来探讨养老服务信息化标准及相关受益点，则标准可以为每一个利益相关者都带来受益点。

对于政府主管部门而言，标准化有利于准确而规范地获取各地区的统计数据，进而从投入产出等角度对今后的养老服务行业整体发展进行模拟分析，为制定养老政策、财政资金分配等提供数据支持，充分发挥标准化工作对发展养老服务业的技术支撑作用。并且，主管部门可在切实推行标准化的前提下，根据各地方政府所提交的规范化的工作汇报有效掌握各地区的现状，明确区域之间的发展差距，从而进一步完善现行标准。最终标准化将为全面实现养老行业中的政府购买服务打下坚实的基础。

对于地方政府部门而言，标准化不仅有利于相关部门准确地把握养老服务单位的最新动态、明确养老服务市场的需求和变化，而且统一的行业标准便于公平公正地开展对各服务单位的等级评定与行为监管工作，为规范市场秩序提供技术支撑。在此过程中，养老服务信息交换格式标准化便于准确收集大量数据，基于这些精确数据的统计分析结果可以为地方养老政策的改进、财政预算分配的规划提供支持依据。最终标准化将帮助地方政府部门更加准确地把握地区内养老服务行业的发展情况，量化养老服务工作的实际成果和不足，为今后进一步推进养老服务工作提供有益的参考。

对于养老机构、社区居家养老服务机构等养老服务提供方而言，标准化首先可以帮助服务提供方准确地把握当前服务经营管理的状态，做出相应调整，实现有的放矢，减少浪费。进而服务提供方可以集中有限的经营资源进行养老服务质量的改善从而提高服务水平，为更多的老人提供更加安心舒适的服务，保障广大老年人的切身利益。同时标准化将帮助服务提供方规范地提高信息化水平，提升工作效率，有效掌握工作人员的工作实绩，有利于服务提供方准确及时地向监管部门反映实际工作的投入及产出效果，从而获得适当的政府补助。

对于行业协会而言，标准化将帮助行业协会不断从实践中总结推广实施标准的方法和经验，对不适应实际工作需要的标准进行调整和修订，增强标准的适用性和有效性，提升养老服务行业标准化的整体水平，推动养老服务行业整体的规范化，从而实现养老服务行业的健康发展。

对于 IT 企业而言，企业根据标准开发设计相关信息系统，有利于有效提高开发效率，保证产品质量。对于行业领头 IT 企业代表，参与标准化探讨工作，获取第一手资讯，有利于率先有针对性地发展新事业，占领新市场，从而更好地为养老服务行业提供相关服务。从整个行业的角度出发，标准化可以有效地避免垄断，创造公平公正的市场竞争环境，有利于养老服务信息化生态圈的健康发展。

在养老服务行业标准化过程中，养老信息化标准有一个循序渐进的发展路径，标准的开发和实施也是阶段性的，这个过程首先从养老服务信息化数据标准开始，然后发展到养老服务信息化平台标准，最后是养老服务信息化应用标准。而之所以从数据标准起步，是因为数据标准可以避免重复和低效的工作，所以第一个阶段就是要有统一的数据标准，收集数据、整理数据，让养老服务参与者认识到数据的重要性。在数据标准部分，SSIDC 将在接下来的工作中重点编制《养老服务信息数据集分类与编码规则》（行标）、《老年人能力评估基本数据集》（行标）、《社区居家养老服务基本数据集》（行标）、《养老服务机构管理基本数据集》（行标）、《养老服务监管基本数据集》（行标）、《养老服务业务基本数据集》（行标）等标准。

随后，平台标准将促进以数据为基础的、系统之间的互通互联连接整合社会范围内的养老服务，通过多种服务资源的融合推动养老服务走向社会化，提高养老服务供给能力，使得老人可以得到多种类型的服务，促进养老服务模式的完善和发展。在平台标准部分，SSIDC 将在接下来的工作中重点编制《居家养老信息互联基本要求》（国标）、《养老服务信息系统互通互联接口规范》（行标）、《养老服务社会化开放平台接口规范》（行标）等标准。

　　应用标准将促进信息技术与养老服务的融合，引导提供以数据为基础的、符合老年人需求的差异化和人性化的养老服务内容，利用信息技术使养老服务面更广、服务层次更深、服务专业性更强。

　　根据医疗信息化的经验，标准的实施并不是一个非常顺利的过程，但如果整个行业的所有相关政府部门、企业、服务提供方、个人等都可以参与这个过程，制定出符合行业需求的标准并加以推广，共同遵守标准，那么最终所有相关参与者将会共同受益。

R.17
宁波银巢养老公益文化温暖人心

宁波市鄞州区银巢养老服务中心*

摘　要： 积极用老，是积极应对老龄化的重要组成部分。银巢未来·积极养老项目通过帮助老年人增加社会参与来提升他们身心健康和社会保障水平，从而增强老年人社会参与意愿和能力，进而增强他们的社会参与行为，实现幸福生活的良性循环。本文介绍了该项目的初衷、目标、运作模式、社会效益和未来规划等内容，较详尽地展示了该项目的创新性所在。

关键词： 积极用老　社会参与　养老

银巢未来·积极养老项目（下文简称"银巢"）是由"95后"女大学生李靖慧联合多名宁波大学生共同发起的。该项目致力于帮助老年人实现从"被服务者"到"价值创造者"的转变，从而通过积极养老构建幸福生活的良性循环。银巢项目于2015年7月正式创立，在2017年10月于鄞州区民政局注册了宁波市鄞州区银巢养老服务中心，是浙江省首例由在校大学生注册的养老民非机构。

银巢项目通过社区、街道、政府等机构聚合有一技之长、有碎片化时间、有合作意愿的健康老人，为其提供服务社会机会、提升服务社会能

---

* 宁波市鄞州区银巢养老服务中心注册成立于2017年10月，是浙江省首家由在校大学生注册的养老民非机构。该机构始于2015年7月的银巢未来·积极养老项目，由"95后"女大学生李靖慧联合多名宁波大学生联合发起，致力于帮助老年人实现从"被服务者"到"价值创造者"的转变，从而形成通过积极养老构建幸福生活的良性循环。

力，并通过时间银行、活动保险等增值服务为其提供保障。以居民委员会、社会组织等为媒介，联结老年人、青少年、残障人士等人群成为积极养老的服务受益对象。以社区用房为基地，以课程活动为载体，输送老年人的价值给社区里的外来务工子女、下岗妇女等弱势群体，实现平台老人的价值输出，真正做到老有所为、老有所乐的积极养老新模式。从试点落地至今，项目受益人数超过 10 万人次。其间多位国家、省市层面的养老领域专家领导莅临银巢养老服务中心，调研探讨积极养老的新模式、新实践。在宁波市民政局的大力支持下，银巢项目推动着整个宁波市养老模式的创新。

一　银巢构建的初衷

人口老龄化对人类社会各方面都将产生重大而持久的影响。中国的老龄化成为我国必须面对的重大挑战。老龄化社会的到来一方面要投入大量的人力资源用于解决与之相伴的社会问题，而另一方面老年群体中又拥有丰富的人力资源和人才。

积极养老是解决这一严峻问题的重要战略，对于缓解人口老龄社会负担、充分开发老年人力资源为社会创造价值具有重要意义。

二　银巢未来的使命和简介

（一）组织使命

银巢未来·积极养老服务平台正是为解决上述由人口老龄化所引发的各类社会问题而创建的，把老年人从被服务者转化成价值创造者，因为这恰恰是世界卫生组织为应对人口老龄化提出的战略。其组织的核心使命则是"帮助老年人通过积极养老来构筑幸福生活的良性循环"（见图1）。

具体而言，"通过帮助老年人增加社会参与来提升他们身心健康和社会

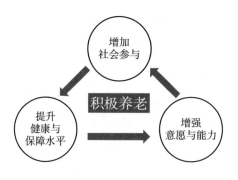

图 1 积极养老良性循环

保障水平，从而进一步增强老年人的社会参与意愿和能力，进而增加他们的社会参与行为，帮助老年人实现幸福生活的良性循环"。

（二）组织简介

宁波市鄞州区银巢养老服务中心成立于 2017 年 10 月，是一家民办非企业单位，以帮助老年人从"被服务者"转变为"价值创造者"为宗旨，致力于发展为帮助老年人实现积极养老的全国性长者乐活平台。

三 解决的社会问题

将部分老年人群体从"被服务者"变为"价值创造者"，降低社会养老压力。

通过部分老年人践行积极养老，解决当下社会公平教育问题，让老龄化助力教育多元化。

创新养老模式并帮助外来务工子女、残障人士和中年失业群体创造更大的价值，缓解当下技艺无人传承、人力资源短缺等问题，实现双重公益。

针对社区老年人的情况，提供集文化、娱乐、健康为一体的养老服务，打造专属的适老空间，为老年人提供丰富的老年生活，满足其精神文化需求。

四　银巢未来的运作模式

（一）主要业务

运用互联网技术对接"社会需求"和"老年人知识与技能"，为老年人提供灵活的就业机会，目前开展的业务包括（不限于）以下方面。

长者公益课堂（线下：老龄化助力教育多元化）；

爷爷的公开课（线上：以视频为载体，在平台上分享传播爷爷的"故事"）；

奶奶的公开课（线下：联结下岗妇女等弱势群体在基地里学习手工技能，获得再次就业的机会）；

乐活长者（线下：挖掘有一技之长的健康老人，为其赋能并输送到相关的单位）；

社区老年大学（线下：以老助老，助力老年人上学"最后一公里"）。

（二）业务内容介绍

基于调研以及三年多以来的不断摸索，目前银巢未来·积极养老服务平台已经开发出来的业务有如下三类。

第一类，"一老一故事"，通过线上运营的模式，集发布社区养老需求、智能数据管理与社区养老项目策划运营于一体，把目标老人的才艺、技能等经验价值打造成产品，进行网上传播、授课和分享，致力于打造一个智慧养老云社区，创新养老模式，使老年价值最大化。

第二类，"益动社区"，是以社区为单位，通过对目标老年人进行人群细分，针对不同类型的老年人设计不同的项目板块，主要内容如下。

①教书育人型老人：建立"乐育以闻"板块，以社区为单位，挖掘具有教育技能的健康老人，与外来务工子女进行链接，与社区合作开展社区教学活动。

②手工艺型老人：建立"技有所承"板块，通过平台征集具有手工艺

特长的老年人，与社区里的残障人士、下岗妇女和中年失业人建立有效链接，帮助这部分弱势群体获得二次就业的机会，乐享生活。

③娱乐型老年人：建立"老益笙歌"板块，以老年人的才艺为基础，通过热爱娱乐的老年人带动其他老年人加入，在自我娱乐的同时娱乐他人，并满足了老年人价值、沟通、娱乐等需求，实现以老养老的新模式。

第三类，"长者未来"，以服务老年人为基础，满足更多老年人的生活、健康与文化的需求，引进大学生志愿者和社会爱心人士组建志愿服务队，把老年大学搬进社区，解决老年人上学"最后一公里"的问题。为更多老年人提供学习的机会，真正实现"以学促为""学为结合"。

（三）实现自我造血

银巢作为公益创业项目，本身具备一定的自我造血功能。项目收入主要分成课程培训、政府购买服务、长者服务、平台流量等。现阶段，政府购买服务在总收入中占比逐渐减少，主要营收还是在老年人创造价值过程中产生的服务收费，以形成项目的可持续发展。

五　项目进展及效益

（一）社会效益显著

银巢项目落地运作至今，开展"银龄学堂""爷爷奶奶的公开课"等活动100余次，与鄞州区30多个社区达成战略合作协议，开展活动课程2500余次，共计服务对象达30000多人。

在三年多时间里，银巢项目帮助了2700多名老人重新站上了讲台。他们为7300多名青少年讲授书法、象棋等课程，并带领1.6万名老年人重新活跃起来。这是6家外来子弟小学和8家老年大学的力量。还有47名老人在银巢项目的支持下，重新走进了机构、社区、酒店等单位，成为管理咨询师、家庭法律顾问等等。更有720名失业人士因获得了老年人的技能培训和经验授课而获得了再次就业的机会。

银巢项目受到新华网、中国经济网、浙江卫视、宁波日报等多家媒体近100次的宣传报道，荣获"2018年'创青春'全国大学生创业大赛银奖（浙江省金奖）""宁波慈善奖"等各类奖项近40项。银巢创始人李靖慧同学获评"浙江省优秀团员""最美90后"等各项殊荣，在2018年3月作为青年代表，受邀参加CCTV-1《开讲啦》的节目录制，为青年人如何助力养老服务而发声。各界媒体称赞她为"宁波市大学生公益创业第一人"。作为中国积极养老服务组织的一分子，银巢团队编辑的《关于及早谋划实施"积极老龄化"战略的提案》提交全国政协十三届一次会议，获得了国家政府的批示肯定。银巢的养老模式获得中国老龄办原机关党委副书记张恺梯、中国人民大学老年学研究所所长杜鹏等的肯定，他们称赞银巢为"有温度的养老"。平台成果丰硕，社会效应显著，并获得多方政府的一致肯定和社会人士的赞赏好评。

为了让更多老年人及其服务对象受益，银巢团队实现了标准化课程研发、精细化数据管理、信息化平台建设和多样化的长者服务；结合互联网技术，搭建智慧平台，通过线上传播的方式再进一步拓展银巢项目的服务对象，以视频、音频、图片、文本等方式，对老年人的故事、经验、知识等进行线上分享传播。让更多有需要的人群通过银巢平台学习受益。目前银巢养老服务中心自主研发的老年人精神能力评估系统1.0版本已经投入试点使用。通过录入老年人的相关信息，系统可以实现智能分析，从而得出老年人的精神能力评估报告，工作人员可以根据评估报告更加快速准确地了解老人的相关精神需求和价值分析，并对其进行赋能和输送。

（二）多方协同支持

团队组建完善：银巢项目由8位创始人联合创办，目前有26位团队成员、4位项目顾问、7位创业导师参与项目管理，组织架构完善；

专业学术指导：有多家公益研究院和公益创业中心作为顾问指导；

政府大力支持：宁波市鄞州区民政局、宁波市委等政府单位提供资源助力；

街道社区助力：与多个街道社区进行合作拓展，共同运营管理；

建立高校联盟：同宁波各大高校的人员组织合作，组建庞大的大学生志愿者队伍；

企业共同推进：企业方面同中国普天集团、万科随园之家等企业共同合作，丰富养老服务内容，提升养老服务品质。

（三）项目创新性

理念创新：服务老年人的同时，把其从"被服务者"变成"主动服务者"，间接服务社会。

教材开发：自主课程研发，对志愿者实现标准化、规范化的"快餐式"培训。

平台建设：线下定时定点开展活动，线上同步开发相关的课程活动，实现线上线下的动态学习。

数据管理：建立退休老人数据库，实现网络数据转移和对接，完善老年社群管理。

六 战略规划

2019 年初项目拓展到宁波的 100 个社区。

2020 年项目拓展到浙江省的 300 个中高端社区。

2021 年底项目覆盖东南沿海地区的 1000 个社区。

项目运作至今，从想法到落地，服务人数达 30000 余人。

第一阶段（2018 年 1 月至 2019 年 1 月）：以社区为单位，挖掘社区内一部分有特长且有志愿服务精神的老年人，开展"乐育以闻"板块课程，服务社区内的外来务工子女。同时逐步搭建线上平台，实现线上线下一体化运作。

第二阶段（2019 年 2 月至 2020 年 1 月）：通过第一阶段的发展，"乐育以闻"板块已经获得一部分成果。为了满足更多老年化的服务需求，开展"老益笙歌"板块，实现以老养老的新模式。扩大项目的影响范围，逐步向宁波周边城市拓展，把项目辐射到浙江省的300个中高端社区。

第三阶段（2020年2月～2021年1月）：通过两年时间的线下实施、线上平台推广，项目运作稳定，平台优秀老年人资源丰富。把老人身上的"经验财富"通过平台辐射到社会，帮助更多的弱势群体乐享生活。继而开展"技有所承"板块，链接到残障人士和失业人群，并把项目扩展到东南沿海的1000个中高端社区。

R.18
即刻到家养老服务体系建设

北京即刻到家服务科技有限公司*

摘　要： "互联网＋"正日益紧密地与积极应对老龄化结合起来。技术的赋能，既丰富了服务的内容，也提升了服务的效率。即刻到家依托其研发的"智身宝一键通"专利设备，可为老人提供紧急救助、帮买帮送、代买代办、家政快修、短期照料、助行助洁、助餐助浴等300余项服务。本文介绍了即刻到家的发展过程和服务体系，以及作为北京首批社会企业试点单位的责任担当。

关键词： 智慧养老　"互联网＋"　生活服务

北京即刻到家服务科技有限公司的创始人——隗合亮，于2014年7月创建了即刻到家品牌，是北京市平谷区政府重点鼓励支持的首家区域"互联网＋生活服务"平台，主要通过"互联网平台＋智能终端设备＋专业服务团队＋连锁养老驿站＋24小时人工客服"五位一体的模式为用户进行服务。

自成立以来，"即刻到家"商标已成功注册保护45个全类别，先后被评为中关村高新技术企业、北京市高新技术企业及北京市首批（共6家）社会企业试点。

---

* 北京即刻到家服务科技有限公司成立于2014年7月，是北京市平谷区政府重点鼓励支持的首家区域"互联网＋生活服务"平台，主要通过"互联网平台＋智能终端设备＋专业服务团队＋连锁养老驿站＋24小时人工客服"五位一体的模式，为用户提供365天×24小时的综合性生活服务。

一　发展史

互联网时代指尖上的生活已成为生活常态，但对于老年群体则是个难题，上网对他们来说过于复杂，然而不论是在城市还是在乡村日益增加的空巢老人和孤寡老人，他们的老年生活谁来关心和照顾？他们的孤独寂寞谁帮解决？即刻到家创始人隗合亮想出了一个好办法，那就是通过一个智能设备，一键通即刻到家 24 小时人工客服，让老人也能享受指尖上的晚年幸福生活。创始人隗合亮带着他的团队和北方工业大学的韩宾教授团队，共同实现研发了"智身宝一键通"专利设备，并有效地将其应用于老人家庭的日常生活中。

智身宝一键通具有与外界无线通话的功能，老年人可以通过按键的方式，时时与即刻到家 24 小时客服平台对话并提出需求。即刻到家 24 小时人工客服会第一时间针对老人的需求进行调度，合理分配给相对应的专业服务人员，可为老人提供紧急救助、帮买帮送、代买代办、家政快修、短期照料、助行助洁、助餐助浴等 300 余项服务。

二　健全服务体系

为了提高服务标准，即刻到家规定客服人员定期对老年人用户的服务情况开展回访工作，及时整改服务中发现的问题。同时提出了服务规范和服务价格标准，公示社会同时备案至属地民政、街道和社区，由其对即刻到家服务进行监管，一旦老人提出异议，属地就会起到监管作用。即刻到家这一做法，就是倒逼自己团队将服务做到最好，争取不出任何差错。

最值得介绍的是即刻到家的所有服务项目，服务价格为老年人进行细致的年龄划分，让 60~70 岁老人可享受 8 折服务，70~80 岁老人享受 7 折服务，80 岁以上老人享受 6 折服务。

正是因为健全的服务体系，自2016年始，即刻到家得到了更多的认可，陆续与北京市平谷区委组织部、区老干部局合作，为区内200多名离退休干部、老党员提供居家养老服务；与平谷区经信委和镇罗营镇政府合作，共同启动"智慧镇罗营·凤英工程"，为镇罗营山区包括见子庄、张家台、北水峪等10个村的60岁以上老人安装智身宝一键通并提供居家服务，与区社会工委合作，共同为平谷城区75岁以上老人提供居家养老服务，与区民政局合作，共同为80岁以上独居老人提供居家巡视探访服务，与区兴谷街道合作，为新型社区空巢老人提供居家养老服务等。通过大量的居家养老服务案例，即刻到家公司得到了平谷社会的充分认可，在短短两年多的时间里，有效紧急救助12次老人生命，实际上门服务老人3万余次，积攒了丰富的为老服务经验。

2017年，即刻到家参与了平谷区幸福养老驿站的建设和运营工作，当年在镇罗营镇建设了3家驿站，2018年又在平谷城区新建5家社区养老驿站，形成了8家连锁养老驿站规模。同时，由原先的基因居家养老服务升级到"居家+社区养老服务"体系。

肖女士是住在平谷城区的一位残疾人，平日只能坐在轮椅上，靠保姆照顾，家里没有电梯，肖女士几乎无法出门。2017年4月，即刻到家免费为肖女士家捐赠了智身宝一键通，为肖女士提供服务。一日肖女士怀着试试的心态按下了一键通，告诉即刻到家客服人员自己想要出门，是否能来人帮助搬轮椅。没想到，15分钟过后，就有3个即刻到家的养老服务员敲响了肖女士的家门，把肖女士抬到了楼下，同时预约好了回家时间，待肖女士想回家时，即刻到家服务人员又把她抬上了楼。

肖女士感激地说："真是太谢谢即刻到家了，因为有了你们即刻到家，我终于可以出门见太阳了，不用总闷在家里了，谢谢即刻到家！"

家住平谷区新平北路的王大爷，因身患重疾，卧床已久，夜里不小心摔下了床，老伴年岁已高，抬不动刘大爷。情急之下，老人按下了智身宝一键通，即刻到家24小时客服接到呼叫后，立即定位到附近的即刻到家服务人员小陈，服务人员火速赶往大爷家，把大爷抬上了床，观察一段时间后，确保老人没有危险了才离开，老人家感动地说："你们即刻到家真是好同志啊，常来家里玩儿啊。"

在服务实践中，居家老人突发遇险的紧急救助，是创始人隗合亮最为关注的事情，提出"智身宝一键通＋24小时人工客服＋就近员工＋紧急联系人＋医疗救护车"五位一体救助模式，2017年4月的一天，即刻到家客服人员张蕊接到镇罗营镇五里庙村张良老人的紧急呼救后，立刻联系五里庙"村管家"王会（即刻到家工作人员），同时联系120救护车赶往老人家，并随即通知老人的女儿提前到医院挂号，王会接到通知后3分钟到达了老人家中，仔细检查老人的情况，得知老人心脏病史后认真观察他的反应，并进行辅助救助，随后120救护车到达老人家中，王会把老人的情况告诉了救护人员，并陪同老人前往医院。

救护车抵达医院的时候，老人的女儿已经挂好号等候在医院急诊科外，此次无缝连接使老人及时顺利地得到治疗。

自这次紧急救助成功后，即刻到家创始人隗合亮在紧急救助的实践中不断总结，又进一步制定了与区镇级医院建立联动机制的更完整的五位一体紧急救助体系。截至目前，即刻到家已经成功完成紧急救助12次，老人全部化险为夷，转危为安。"时刻准备着，即刻紧急救助"成为即刻到家团队的救助誓言。

三　社会企业　承担责任

正因为在养老服务领域的创新理念和优质服务，在北京大学公民社会研究中心的精准帮扶下，即刻到家被评选为北京市首批社会企业试点单位，企业将接受相关部门的透明化监管。作为一家社会企业，即刻到家承担着的不仅仅是社会责任，更要优先服务于弱势群体、民生领域，并对企业自身的分红和资产锁定有所限制。在如此自我要求下还需通过市场化运营的模式"自我造血"，创始人隗合亮很愿意并且有信心担起这样的责任，他希望即刻到家可以在养老助残服务上做得更多，做得更好。"加快即刻到家的专业化、现代化团队建设，在服务中提升老年人的获得感、幸福感、安全感，是一个共产党员的担当，也是一个社会企业的责任。"

2018 年，即刻到家又获得了北京市第四届（2018）公益汇"银奖"、北京市平谷区青年创新创业大赛（2018）一等奖。

R.19
北京通州区老年协会
为老志愿服务创新

史 英*

摘 要： 城乡倒置，是中国老龄化的突出特点之一。受经济发展水平
和就业机会等因素影响，农村老龄化水平和速度明显高于城
镇。并且，与城市相比，农村物质基础较为薄弱，老人社会
福利和保障待遇较低。北京市通州区春晓心理社会工作事务
所的"以小助老"项目，开创了传统农村社区自助互助养老
的新模式。本文梳理了"以小助老"项目的背景、设计、实
施、管理的全过程，并提出了相关思考，对于做好农村养老
具有很强的借鉴作用。

关键词： 以小助老 农村社区养老 通州区

一 综述

国家应对人口老龄化战略研究表明，我国农村人口老龄化的程度已经达
到15.4%，由于农村物质基础比较薄弱，农村老人的社会福利和保障待遇
较低，农村老龄化的"养老—照料"的双重危机已经爆发，大量农村青壮

---

* 史英，北京通州春晓心理社会工作事务所所长、国家二级心理咨询师。她以"党政所需、社
区所需、居民所需"为工作出发点，开展了富有时代特色的社区心理服务和各种活动，在特
殊儿童康复治疗、婚姻家庭建设、社区心理服务等方面做出了贡献。

年劳动力外出务工，导致农村人口未富先老、未备先老和孤独终老情况非常严重。通州区也不例外。

根据调研，依靠子女养老的通州区传统农村养老观念和方式已经发生改变，空巢、孤寡、失独老人等农村养老问题已经凸显，老年人的心理、身体、日常生活都需要社会提供更多帮助，创新农村养老模式刻不容缓。

从 2016 年开始，北京市通州区春晓心理社会工作事务所在通州区永乐店镇 4 个社区、漷县镇 2 个社区、于家务乡 4 个社区开展了创新的"以小助老"项目，2017 年调整了永乐店的 4 个社区，并扩展到台湖镇 2 个社区、西集 2 个社区，2018 年增加了西集 8 个社区，成立了通州区传统农村社区助老服务中心，成立了 22 个社区助老服务站、22 支助老服务队，开展了"善行社区"服务。同时，以社区助老服务站为中心，形成助老员、村干、春晓社工组成的三级服务体系，以精神慰藉、医疗服务、生活照料为社区助老服务内容，形成了助老站日常管理、春晓专业管理、镇民政局统筹管理的立体管理网络，开创了通州区传统农村社区自助互助养老的"以小助老"新模式。

二 背景

（一）通州区基本情况

通州区位于北京市东南部，京杭大运河北端，与天津、河北交界。区域面积 906 平方公里，常住人口 109 万人。2016 年全区常住人口 142.8 万人，户籍人口 74.7 万人。通州区第六次人口普查数据显示，通州区 65 岁以上老人超过 9.1 万人，占常住人口的 7.7%。2018 年，通州区户籍老龄人口 18.3 万人。

（二）项目所在乡镇基本情况

通州区永乐店镇、于家务乡、西集镇都是传统农村社区，农民居村养老；漷县绿荫西区和绿茵小区 2 个社区是漷县小城镇发展后成立的新社区，以"农转居"为主。根据调研，在这些乡镇中，空巢现象非常突出，老年人实际空巢比例超过25%。虽然绝大部分老年人的生活有人照顾，也有基本的保障（每人每月最低400多元的生活补助和基本的农村医疗保险），但是他们最需要的是日常的生活服务和精神陪伴，其他的如日常医疗服务和法律、安全、金融等服务，由于农村条件所限，目前没有人或者机构能够提供足够的相关服务，他们也没有能力或者不愿意为此支付费用。对他们而言，老有所依、老有所养成为奢望。

让老年人在生活上得到照料、精神上得到安慰，是我们需要努力工作的方向。

三 项目设计

（一）项目设计

1. 调研

根据乡镇街道的需求，我们进行了前期调研，由于农村空心化、空巢化逐渐严重，空巢比例达到25%以上。空巢的定义是：家中无子女，或者子女不在本市，或者子女不在同村居住。失智、残疾、半失能、失能比例也在缓慢增加。

尤其是70岁以上的老人，如果一旦生病就很难得到及时的救助和帮助。

2. 项目落地

将项目落地在传统农村社区，主要出于以下考虑。

（1）有较强的人情关系。在一定意义上，传统农村社区还是"人情社会"，有比较浓的乡土特色和乡情，村民之间很多有亲戚或者是血缘关系的，日常的来往就比较频繁，为"以小助老"提供了基本土壤。本项目实施中，选取了永乐店镇、于家务乡、西集镇三个传统农村社区乡镇，并选取了潞县"农转居"社区作为对比，很多村民相互之间有一定的知晓和社会关系。

（2）养老方式单一。从这些社区目前养老的现状来看，老年人以居家养老为主。农村社区各种配套设施不完善，医疗、生活服务等远远不能满足需求。村里目前解决的主要是五保户问题，无力覆盖更多人群。

（3）老年人的基本情况。

①大部分老年人仍需要从事一定的劳动。由于他们长期收入不高，养老金严重不足，大部分老人还要靠劳动来获得一定的收入，或者通过照顾孙辈获得儿女们的经济或者物质资助。

②生活照料不够。据对这两个乡镇的统计，随着子女务工和离家单过，老人得到的生活照顾远远不能满足需求。

③日常医疗服务不足。受限于经济状况和农村条件，他们的健康状况整体较差，"小病扛、大病熬"仍是多数老人的选择。尤其是70岁以上患病老人，生活质量非常低。

④精神需求无法满足。由于子女不在身边，老年人普遍具有孤独感。

⑤安全知识缺乏。很多老人不懂得用火、用电安全的常识，煤气中毒、雷电击等情况屡屡发生。

⑥各种金融诈骗事件屡见不鲜。

关注农村老年人，提高他们的养老质量，已经刻不容缓。

3. 项目目的

项目希望通过低龄老人志愿服务高龄老人的方式，解决农村社区高龄老人的生活照料和精神关怀问题。

（二）助老员和高龄老人的选择

1. "小"的定义与助老员

"小"是指低龄老人，包括以下三类。

①身体健康，但是不太需要或不愿意去从事全职工作；

②留守妇女；

③闲散劳动力，尤其是北京市"腾退"之后企业的辞退人员。

以上三类人年龄在40~65岁，身体健康，智力正常，情绪稳定，有一

定的生活经验和劳动能力，有一定的文化水平，愿意为老年人服务，称为
"助老员"。

"助老员"的来源有以下三类。

①村委会推荐；

②自荐；

③老人推荐或者指定。

"助老员"确定后，匹配服务老人，填写《助老员基本情况和服务表》。

项目将低龄老人培训成助老员，使助老员通过志愿服务帮助高龄老人，
同时获得一定的志愿回馈。

2. "老"的定义

"老"指的是独居、空巢、高龄、残疾、半失能、失能、失智等老人，
或者村委会认为需要帮助的其他老人，年龄大部分在 70 岁以上，本人或家
属希望或者愿意得到帮助。老人作为服务对象，有以下两个来源。

①村委会推荐或者指定；

②自荐、村委会和春晓核实。

通过乡镇民政科、村委会，对选定的社区进行摸底，了解高龄老人、孤
寡老人、失独老人、残疾老人及其他需要帮助的老人的情况，选定老人作为
服务对象，填写《服务老人基本情况表》。

四 项目实施

（一）宣传

1. 宣传品发放

以宣传资料和海报等方式进行老年人身体、心理健康知识宣传，帮助老
人了解身体状况，了解一些常见老年病的自我保健和突发问题的处理知识；
了解法律和金融常识，避免遭遇金融诈骗；学习和了解安全常识，避免意外
事件发生。

2. 讲座

根据社区老年人情况，组织相关专家进行讲座，内容包括老年人身心健康、老年心理健康、老年自我护理、防止金融风险、人际沟通、邻里关系、家庭关系处理、安全知识、法律知识等，提高老年人自救、自助、自我管理能力。

（二）助老员培训

1. 专题培训

对助老员进行专题培训，包括增强助老员的志愿服务意识，提高服务能力。通过培训，让他们具备基本服务能力，可以开展助老服务。

2. 系统培训

采用专题讲授、主题研讨、工作坊、个案督导、小组活动及分享、外出参观等方式进行系统培训，包括：志愿服务、社工理念及工作原则和方法，社区助老站的内容和特色，社工介入模式，社区工作服务案例分享，社区家访技巧，个案服务中的常见问题及解决方案等，社区老年人心理特点，老年人健康护理、日常护理理念和基本方法，服务老人的主要方法和技巧，标准化表格填写等。

通过培训，大大提高了助老员的服务能力和志愿服务意识。

（三）助老员服务

1. 上门服务

主要包括以下几个部分。

①检查水、电、煤气、房屋安全问题，了解财产安全问题。助老员检查后，发现问题上报村委会和春晓进行解决。

②观察和了解老人精神、心理状态，初筛精神病性症状、早期失智，通过陪伴解除老年人的精神孤独。如果发现问题，及时告知春晓，提供个体心理咨询服务。

③了解老人社会支持系统，包括邻居、家人的来往情况，促进老人人际

关系的加强。

④了解卫生情况，及时帮助老人打扫环境卫生，帮助老人理发、剪指甲等。

⑤提供助医、助行、助餐等老人需要的服务。

2. 信息沟通

①与村民和邻居、老人亲属沟通，及时了解和掌握老人情况。

②与村干、春晓社工沟通，及时汇报情况，并协助解决问题。

（四）春晓服务

1. 针对老人开展直接服务

①核实老人和助老员情况，对老人实施分类管理。

②组织医院大夫开展义诊活动，开展上门义诊和集体义诊活动，主要内容为体检、中医按摩保健、牙科、眼科等。

③提供金融及理财服务，尤其是金融防诈骗。

④组织律师提供法律服务，维护老年人权益。

⑤安排心理咨询师入户开展个体心理咨询。

⑥链接资源，组织志愿者参与服务。

⑦开展联谊活动。

2. 为助老员提供专业支持

①组织助老员开展团建和小组活动。

②定期巡查，及时发现问题、解决问题。

③定期组织督导，进行业务、服务和管理督导，帮助助老员和村干、社工解决问题。

④定期组织助老员、村干开会，及时汇总助老员汇报情况，上报镇民政共同解决。

（五）管理

1. 三级助老服务管理体系

形成乡镇统筹管理、村委会日常管理、春晓专业管理的三级管理体系。

2.社区助老服务体系

2016年，每个社区成立一个社区助老服务小组，小组成员包括春晓社工、助老员、社区干部，形成联席会议制度，共同解决老人和助老员问题。

从2017年开始，在助老服务小组的基础上建立了社区助老服务队，进而建立了助老服务站。助老员的服务方式也发生了转变，从最初的结对子、一对多的服务方式开始向多对多的方式转换。

3.制定统一的工作制度和工作表格

由于助老员普遍文化水平不高，根据社区需要，编制《社区老人综合评估单》《社区老人个案服务单》《社区老人小组活动单》等，方便助老员工作，也便于管理。

4.配备必要的设施设备

为每位助老员配备1个护理包，包括手套、酒精、棉签、指甲刀、剪刀、螺丝刀、针线包、凡士林、抹布、搓澡巾、创可贴等。为每个村助老站配备2个急救包，包括血压计、血糖仪、急救药品、绷带、酒精、棉签、手术刀等。

5.长期招募志愿者

长期招募大学生志愿者和其他企业志愿者、社会爱心人士，关心农村老年人。

（六）资金来源

2016年，获得北京市民政局"三社联动"项目资金支持，由区民政局配比。

2017年，获得通州区民政局"三社联动"项目资金支持，由社区公益金支持。

2018年，获得通州区农村社区建设资金支持。

三年获得总资金近100万元。

（七）服务效果

2016年，在10个社区开展服务，100名助老员直接服务400名老人；

2017 年，调整了 4 个社区，扩展为 14 个社区，200 名助老员服务 600 名老人；2018 年，扩展为 22 个社区，300 名助老员服务 800 名老人，在一定程度上缓解了老人日常照料问题，取得了良好的效果。

1. 直接服务效果

①一个人可以同时服务多个老人，项目中一个助老员最多可以服务 11 个老人，平均 3 天去一趟，老人开心，自己也感觉很有价值，并获得了一定的回馈。

②空巢、独居老人得到了精神关怀，抑郁和焦虑情况有一定缓解。

③多位半失能、失能老人得到了照料，助老员主动为老人提供餐饮并喂食等。

④防止了多起金融诈骗，助老员、村民都从中受益。

⑤成立了 22 支社区助老服务队、22 个助老服务站。

2. 间接效果

①提升了老人助老员参与社区活动的意识，社区活跃度明显提高。

②培育了村民志愿服务意识和行为，让村民在志愿服务中获得了价值感。

③探索了传统农村社区居家养老服务及管理模式。

④增加了社会对农村高龄困难老人的关注。

（八）创新点

1. 从社区助老服务小组到善行社区

①2016 年，在 10 个社区成立了 10 个社区助老服务小组。

②2017 年，在服务小组的基础上，在 14 个社区成立了助老服务队和助老服务站。

③2018 年，以社区助老服务站为基础，开展了"善行社区"活动，推行善心积分，引入社会资源支持，促进整体村民的善行。

2. 参与社区治理

从 2018 年开始，尝试结合社区特色，协助参与社区治理，从单一项目向治理转变。组织项目的助老员主动参与社区协商议事，参与其他社区活动，成为社区建设的"有生力量"。

五　思考

（一）项目反思

从项目实施的三年效果看，取得了一些成绩，也有很多不足。

1. 经验

①调研精准，需求明确，符合通州区传统农村社区情况，后续实施有较好的基础。

②乡镇支持、社区配合，实施过程中得到了乡镇民政的大力支持，从实施效果看，越是乡镇重视的地方，实施效果越好。村委会重视此项工作，积极配合，助老员和老人参与的积极性和配合程度大大提高。

③项目不断创新发展，在助老员、助老服务小组、助老服务队、助老服务站、善行社区方面不断创新思路。

2. 问题及不足

①项目持续性。由于项目归属问题、经费问题，项目至今没有在一个社区完整坚持三年，效果没有达到预期。

②农村社区空心化导致闲散劳动力不足，项目规模不容易扩大，覆盖面不够。

（二）北京的各种养老政策的实施对项目的影响

2016 年以来，北京市也出台了多项养老、为老服务政策，带来了新的挑战和机遇。

1. 社区养老驿站（农村幸福晚年驿站）

2016 年《北京市居家养老服务条例》出台以来，通州区完成了大约 60 个驿站建设，其中农村幸福晚年驿站大约有 40 个，驿站有六大功能：日间照料、呼叫服务、助餐服务、健康指导、文化娱乐、心理慰藉等。还可以根据自身设施条件和周边资源供给情况，拓展康复护理、心理咨询、法律咨询等延伸性功能。

"以小助老"项目存在的必要性，如何和驿站功能无缝连接，这是新课题。

2. 巡视探访服务

2018 年北京市正式开始实施独居高龄老人巡视探访服务，从项目设计来说，和以小助老服务有很多类似的地方，都是帮助高龄困难老人，为他们提供上门巡视和电话探访服务。

（1）主要区别

①巡视探访的人员略有不同，除了社区的三类人员外，还有为老服务机构专职人员、社会工作者或者是其他的专业人员。

②服务方式：电话和上门都可以。服务频次为一月 4 次电话、2 次上门，都有硬性规定。而以小助老以每周一次上门为主要方式。

③服务内容：以小助老服务内容更宽泛。

④巡视探访服务人数和人群覆盖面广：通州区 2600 多人。

（2）巡视探访服务的不足

①由于不是本乡本土的人，巡视探访员不太容易被老人接受，有被拒之门外的情况。

②参与服务的人很多是机构专职人员和社工、社区的骨干和志愿者，他们和社区老人自身的需求不一定能达成一致。

③政府购买服务不再是一个志愿服务的形式，而是作为一份工作或者兼职，把邻里互助情变成一个商业行为，把志愿行为变为契约行为。

④覆盖面需要进一步扩大，以通州区永乐店三村为例，60 岁以上的老人已经达到 200 多人，80 岁老人已经接近 100 人，不管是巡视探访还是以小助老的量都远远不能满足这个要求。

根据北京市民政局安排，巡视探访服务将长期持续开展，"以小助老"项目如何做出新的特色，是摆在我们面前的新课题。

老龄社会的加速推进，倒逼政府部门、社会组织、为老服务商提供更多符合需求的服务。传统农村社区如何开展志愿服务？农村社区如何开展自助互助养老？助老服务如何促进"美丽乡村建设"、如何参与"乡村振兴"？未来"以小助老"作为一个自助互助志愿服务方式，还有很漫长的路要走，还需要做出很多的努力。

$\mathbb{R} . 20$
老友记：智慧助老

老友记智慧助老服务中心*

摘　要： 科技的创新及应用，有助于老龄群体更好地参与社会生产生活。但是，部分老龄群体无法适应网上办公、电子支付、手机打车等新模式，在代际间形成新的电子鸿沟。智慧课堂，可以有效地扬长避短。但是，如何保持智慧课堂的可持续性和良性发展呢？上海老友记以此为切入点，通过改进原有"时间银行"机制，取得了良好的效果。另外，本文还介绍了老友记的"为老助餐"服务的运作模式和主要特点。

关键词： 老龄智慧课堂　为老志愿服务　为老助餐

一　老友记智慧助老服务中心

上海杨浦区老友记智慧助老服务中心（民非机构统一代码52310110MJ5111331W）是上海市杨浦区民政局下属的一家为老社会服务机构。2015年3月18日团队正式组建，成员来自国内顶尖互联网企业（淘宝大学、百度、宝尊电商、云家政等）、养老相关市政产业单位（中国电信、

---

* 老友记智慧助老服务中心是上海市杨浦区民政局下属的一家为老社会服务机构。团队正式组建于2015年3月18日，成员来自国内顶尖互联网企业、知名外资企业和养老相关市政产业单位。目前已为杨浦、静安、长宁等街道和居委会提供助老课堂、社区专业化助餐服务、为老志愿者服务等，惠及300多个居委，在5所高校、1所高中拥有稳定的1000人以上志愿者团队，成为上海市民政系统的窗口和老人们的温馨家园。

民政局、老年协会、华山医院、上海财经大学，上海理工大学等）、著名外资企业（Booking、阿斯利康等）。中心在杨浦、虹口、普陀区已相继举办过千场助老活动并提供上门助老服务，现已成为上海市民政系统的闪亮窗口和老人们的温馨家园。2018 年主要业务内容为与科技助老主题相关的志愿者助老活动、助老机构评估、科技助老社区服务、助老政策研究等。目前已为杨浦、静安、长宁等街道和居委会提供微信助老课堂、社区专业化助老餐服务、时间银行为老志愿者队、陪诊、适老改造等助老活动，惠及 300 多个居委会，在 5 所高校、1 所高中拥有长期稳定的1000 人以上志愿者团队。

二　老友记智慧课堂

（一）项目概述

老友记智慧课堂是由老友记中心组织志愿者针对居家社区老人的为老服务课堂，起初志愿者到社区举办包括教老人怎么用手机医院挂号、看天气预报、用滴滴打车等科技产品的科技互动讲堂。如今已有让老人与时俱进、让老人更健康、让老人更惬意、让老人更安全、让老人更手巧五大类 60 余项智慧扩展课程。每次活动分别由一位主讲志愿者和六位小组志愿者组成（每 3 位老人配 1 位现场小组志愿者）。

本项目利用创新的志愿者组织方式，即通过建立"新时间银行"体系，运用"共享经济""新商品模式"等互联网元素，激励更多在校大学生与社会资源参与助老扶老的社会公益事业，为老人提供稳定且高效的助老志愿者队伍，从而践行老年社会工作"助人自助"理念。

（二）项目对时间银行进行的创新

志愿者将参与公益服务的时间存进时间银行，当自己遭遇困难时就可以从中支取"被服务时间"。尽管时间银行是社会工作实践中的开创性成果，但也存在一些问题，最突出的问题就是服务者所储存的时间无法在自己有需要的时候进行兑换。时间银行的显著特点就是双向。时间银行不是一个慈善组织，它只在供与求之间发挥穿针引线的作用。这就意味着如果服务者的需求无法基于储存的时间而得到满足，或者时间"变现"困难，时间银行的整个机制将会失灵。

我们正是看到了这一点，对原有时间银行机制进行了探索和改进。首先将服务的范围定位在年轻的学生群体，这是因为大学生拥有极大需求，且这些需求是亟待解决的，如就业机会、实习机会、个人成长。只要找到对接其需求的部门，就能解决储存时间及时兑换的问题。同时，大学生的参与对于老人来说增加了个案的实施效果。吸收年轻的力量参与扶老助老的公益事业也有利于整个老年社会工作环境的改善。

虽然学生群体有极高的参与公益的热情，但大多数学生的主动性和持恒性略显不足。同时项目还引入了各企业参与，社会中有大量拥有高度社会责任感的企业，加之许多大型企业拥有完成 CSR 的指标需求。大学生的志愿者库也可以成为企业最为稳定的人力资源库，希望在这样的设计下能够向学生提供实习、学习、成长等机会，而企业从中获得 CSR、人力资源、社会关系的便利等机会，进而使老人获得优质、不断迭代更新的志愿者团队的服务，形成三方共赢的正向循环系统。

对于时间银行我们希望用高效的管理来更好地为老人服务，希望新时间银行不仅成为一个有效的志愿者组织方式，而且能够依托新时间银行机制建立和完善一套补充养老体系，因此我们引入了"商业管理力量及思维"，希望利用互联网思维提升高校志愿者的职业能力建设，比如所有助老相关项目的志愿者都会做互联网化的培训，用一些云协作的软件，比如 teambition、企业微信、以 OKR 为导向的执行安排等，使得我们的助老项目专业化、系统化，同时使得我们的志愿者互联网化、职业化，从而形成一个良性循环，加强社区志愿者服务可持续性。时间银行秘书处的成员每周都会召开一次总结会，进行管理流程优化和产品优化，我们希望借此让大学生不只是靠一时的热情来参与助老，而是将助老公益作为他们的"第二职业"，可以将公益事业持续下去，也让新时间银行智慧课堂走得更远。

（三）项目针对的问题

1. 老人需要陪伴

老吾老以及人之老，是中华民族亘古不变的人文情怀。在老龄化社会中，老人最急迫的需求是年轻人的陪伴，我们发动大学生志愿者去社区为老人服务，可以了解老人的进一步需求，可以发现老人的隐性问题，及早处理或开展服务。因为我们的服务是稳定且可持续的，能提供个案的跟进服务。

2. 老人建立社会支持

之所以教授老人手机运用的知识，是因为我们认为智能手机是目前老人可接触的最强大、最易上手的联系工具，手机的众多 APP 能够使老人用最廉价且最方便的方式得到所需要的服务，手机的支付能极大地减少老人的购物成本，微信等 APP 能减低老人联系亲人好友的成本，随着成本的减低，老人会更广泛地参与社会生活，从而完善老人的社会支持系统，缓解老人因年龄增长而导致的对环境改变的不适应性。

3. 发挥老人的潜力

老人也有继续成长和发挥潜力的权利，手机上的应用可以帮助老人学习更多的知识和技能，事实上社会工作的理念就是助人自助。帮助老人加强解决问题的能力，让老人能够在晚年生活中学习到新知，让老人享受夕阳红是我们开展项目的根本目标。通过手机应用的教授，可以使老人对某个领域产生兴趣，比如手机摄影带动老人摄影方面的兴趣，从而使老人深入学习，从掌握新技能中增强成就感、自尊心等积极正向的情绪。我们也可以利用大学生的专业优势提升更多老人不同的技能，拓展智慧课堂的深度与广度。

4. 让更多的青年人参与养老的事业

我们认为公共事业的参与是每个年轻人都应该承担的责任，然而社会工作是一项极具专业性且跨多领域的专业工作。以老年社会工作为例，它可能涉及心理学、社会学、康复医疗等众多专业领域，我们选择以青年学生为服务主体、以老人为服务对象的智慧课堂是因为相较于专业且复杂的服务来说，智慧课堂更容易让大学生志愿者参与，且培养大学生青年一代的社会责任感。我们希望通过时间银行的运行让青年的志愿者不仅只参与一两次的公益项目，而是通过时间银行的激励机制成为一名可以持续为老人服务的助老志愿者。

（四）项目的已有成效

智慧课堂的基石是时间银行的正向循环，目前老友记新时间银行已实施落地一年多，已经与10余所高校建立了长期合作关系，并成为2所高校及1所高中的签约社会实践基地，平台已有志愿者3000多人、稳定志愿者500多人。给社区输出稳定的志愿者助老活动，每个月都会在各个高校进行志愿者招新和志愿者动员会、宣讲会等，因此我们的迭代率是迅速、高效、可持续性的。我们对于志愿者的培养理念是：老友记愿意分享一切资源，我们合作的企业，如亚马逊、哔哩哔哩、booking、环球雅思等，可以为志愿者争取内推实习资格以及一些培训资源，所以我们的志愿者在做公益的同时，自身能力是迅速提升的，且他们会自发地形成一种竞争的态势，达成我们"越公益、越优秀"的理念。项目被评为创意为老大赛的十佳项目，并被邀请参加了老干部局的公益项目调研活动。

三　为老助餐服务

（一）项目概述

老友记为老助餐项目以"共享经济"的互联网思维为指导建立一种发动社会力量，发动有空闲时间的社区居民利用闲暇时间给老人提供相应的力所能及的服务。通过由青年组成的老友记为老助餐平台试图帮助社区降低居家养老模式中的成本，提高助老效率，为社区中的老人提供优质的社区资源支持。服务社区居家养老，帮助老人建立社区支持资源的平台建设与管理项目，该项目的目标是建立一套社区助老自助体系，并使该系统能够自主运营，最终让更多的老人能够享受到专业化的服务，满足老人的特殊需求，从而减轻社区老龄工作的负担。同时老友记为老助餐项目为青年参与社会治理、履行社会责任提供了一个非常良好的平台。

2015年起步，项目完全是个人投资，2016年开始政府采购占50%、个人投资占50%，至2017年6月起归入公益为老助餐的商业模式转型，政府采购占20%、商业运营费用占80%，并且自负盈亏，同时打造了一支以新互联网养老为主的，由客服团队和链接环卫工、部分低保残障人士进行配送的养老团队。自2017年6月开始，进入五角场街道，通过不同的营销方式，使整个五角场街道的老人订餐数量有飞速上升。同时该项目获得了上海天使基金会的种子轮投资及2017年阿里巴巴诸神之战50强、芝华士有道社会企业家大赛中国区10强、上海最有潜力价值投资机构50强、上海重点创业企业150强等荣誉。

（二）项目特点

本项目以居家养老服务为切入点，发动周围的有志青年，通过建立高效的为老送餐平台参与社区治理，解决居家养老服务中出现的实际困难。本项目亮点可归纳如下。

（1）为社区老人提供居家养老资源支持。针对老人的需求，如居家老人吃饭不便、选择不多、想要的买不到，通过平台管理、做餐饮供应商对接、社区运营的方式提供餐饮解决方案，为老人居家养老提供资源支持。

（2）降低社区治理成本。社区管理方只需要投入在断奶期限（完成40000份助老餐）的初始成本，之后我们就能实现盈利，自给自足，且投入回报比达到170%。

（3）整合社区资源为社区居家老人服务。以"共享经济"理念为指导，对社区原有餐饮资源进行整理调节，利用社区成员的空余时间借助互联网的共享思维调动社区的可用资源为居家老人提供高效的服务。

（4）为社区老年人治理提供历史数据。项目直接面对居家养老的老年人群体，在为老助餐业务开展过程中收集用户反馈，直观地反映老人群体的需求，并作为老社区治理的第一手数据资料。

（5）为青年群体提供创业管理锻炼的机会。项目宗旨通过互联网、市场化的理念和技术改造原有体系使其可持续，为此该项目对参与其中的青年伙伴来说是一个帮助其成长的平台。

四　承担的社会责任

为全天下的父母打造一个更美好的补充型社会养老服务体系，让退休后的老年家庭生活无忧且美好是我们的愿景。目前我们在杨浦、静安和长宁每周都会固定地给社区提供志愿者服务，街道和社区老人都很认可，这些老人对我们的依赖性很强，会把我们当成亲人。有些老人因为行动不便，会把房子的钥匙给我们，方便我们提供服务。甚至有些老人已经把我们当成陪同他们走完余生的最亲密的人。在 2017 年 6 月左右，我们的志愿者在进行回访的过程中，有一位叫孙长英的奶奶说她最近腿肿得厉害，希望我们陪同她去医院看一看，因为当时孙奶奶的家庭情况非常复杂，是没有家人可以陪同她去医院看病的，社区又因种种限制而不能帮助她解决这个问题。因为当时情况又紧急又严重而且相当复杂，我们团队内部也临时进行了沟通，最终决定去解决这个事情，我们就带孙奶奶去医院进行了诊断治疗。最后诊断结果是非常严重的糖尿病并发症，需要立即住院治疗，否则就会有生命危险。当时这个情况处理起来真的是非常非常麻烦，因为住院需要家人签字，而当时孙奶奶身边的亲人因为种种原因，不能过来签字，但是最终通过和社区联系，帮助解决了住院问题。当时我们团队的小伙伴，24 小时轮流在 ICU 病房外面看护，有一周时间，孙奶奶度过了危险期。所以孙奶奶直到现在都把我们当作自己的孩子一样看待，大事小事都会在第一时间找我们帮忙。就因为这些需要被帮助的陌生人之间的深刻牵绊，更坚定了我们做助老的决心。

五 急需解决的问题

（一）希望有更多的推广机会

我们的为老助餐2017年6月进入五角场街道，通过寻找合适的公立餐厅，根据实际情况利用不同的营销方式，使整个五角场街道的老人订餐数量飞速上升。现在正在向五角场街道周边发展，与虹口区凉城街道、长宁区新泾镇街道协议开展为老助餐服务。老友记为老课堂已实施落地一年多，已经与10余所高校建立了长期合作关系，并成为2所高校及1所高中的签约社会实践基地，平台已有志愿者3000多人，稳定志愿者500多人。在给社区输出稳定的志愿者助老活动的同时，我们的项目本身具有可复制、可推广的特点。相信我们的2个项目能极大地推动社会助老事业的发展。然而我们依然缺少更广阔的平台与更多的机会来改进项目。我们希望能在更多社区、街道、居委会推行助老模式。

（二）需要更广的资源链接

老友记为老课堂的基础是"新时间银行"体系的正向循环，而时间银行的基础是资源的可兑换，所以我们需要更多地对接时间银行的资源，包括可以和时间银行合作，与可以为青年志愿者带来进步和实习机会的企业、政府部门实现资源对接，或是能给青年志愿者带来启迪成长的专家讲座等。

（三）希望更多人了解我们

我们是一家为全天下的父母打造一个更美好的补充型社会养老服务体系，希望让退休后的老人生活无忧且美好。我们希望得到更多志同道合、愿意为助老扶老的公益事业努力的机构与组织的了解与支持，也希望与社会各方力量一道推进社会公益、社会老龄事业的发展。

R.21
微尚：构建技术服务一体化的
智慧养老生态圈

福建微尚信息科技有限公司*

摘　要：　如何积极应对人口老龄化，构建养老、孝老、敬老的社会环境，加快老龄事业和产业健康持续发展？福建微尚信息科技有限公司依托养老服务信息化平台，不断深耕线下交互场景，构建技术服务一体化的智慧养老生态圈，打造区县四级社区居家养老服务模式即"居家养老服务平台（呼叫中心）+居家养老照料中心+社区养老服务站（农村幸福院）+专业化养老团队"，覆盖福建省、浙江省的近十个县市，为老年人提供综合性、多元化服务。这一实践经验，正在不断被行业市场有效验证，也得到了政府、街道、社区、百姓的高度认可。

关键词：　居家养老　智慧养老　技术服务一体化

智慧养老，科技先行。微尚科技自主研发智慧养老信息管理系统、智慧居家养老服务平台、医养结合养老机构信息管理系统、老年人电子商务平台、云健康管理系统、居家安全智能系统等，被认定为"双软企业"、"高新技术企业"和"AAA级信用企业"。

---

* 福建微尚信息科技有限公司创立于2010年，是恒锋信息股份有限公司的控股子公司。微尚科技作为国家工信部、民政部、卫计委等三部委智慧健康养老示范企业，及福建省民政厅重点扶持的社区居家养老专业化服务龙头企业，以"让您优雅地养老"为愿景，是国内优秀的智慧养老服务提供商之一。

微尚科技打造的"微尚·我家"服务品牌，依托线上信息化养老服务平台和线下社区居家养老照料中心，整合社会公益和服务资源，构建"平台＋街镇照料中心＋社区养老服务站＋专业化助老服务队"的四级社区居家养老服务体系。微尚科技致力于线上线下社区居家养老服务的提供和养老基础设施的运营，自建专业化服务队伍，100％员工制管理。截至目前，"微尚·我家"已落地福建省、浙江省的近十个县市，走出一条既实现商业可持续发展，又满足社会公益需求的新路子，多次受到国家相关部委及省委省政府的高度认可，社区街道组织和群众更是欢迎。

一　运营模式及内容

微尚科技拥有一套全方位、立体化的"四位一体"四级社区居家养老服务体系——社区居家养老服务平台（呼叫中心）、社区居家养老照料中心、社区。

图1　运作模式区县四级社区居家养老服务模式体系建设

（一）社区居家养老解决方案

以社区为依托、智慧养老服务平台为支撑，以智能终端和呼叫中心为纽带，整合社区养老服务基础设施、专业服务队伍和社会资源，建设以"呼叫救助、智能监测、居家照料、健康服务、档案管理"为中心的智能居家养老服务网络，为老年人提供综合性养老服务，打造"系统＋服务＋老人＋终端"智慧养老服务模式。

（二）政府智慧养老监管服务平台

微尚科技的"政府智慧养老信息管理系统"主要面向省、市、县（区）各级民政部门，旨在通过对民政养老部门业务管理的梳理，实现民政养老部门对养老基础数据集中化、业务处理网络化、统计决策科学化、流程监管智能化、为民服务信息化（平台系统功能：门户网站、呼叫中心、照料中心、档案管理、服务商管理、政府监管中心、服务数据中心、开放接口系统等）。

（三）云健康监测管理系统

基于老年人健康需求，通过将医疗机构、社区和家用便携式医疗检测设备检测的个人健康信息同步至云平台，通过智能分析，为用户提供专业的家庭医生咨询、健康状况分析、健康指标预警、营养膳食分析、专用食疗定制等多维度健康管理内容。经过用户授权同意后，健康数据供合作的医疗机构查阅，让医生的健康服务更精准、更高效。同时老人自己和亲属子女也通过多种渠道，查看老人的每次体检报告和某一时间段内指标的变化趋势。

（四）医养结合机构信息化应用

基于微尚科技多年对养老机构管理的深入需求调研，集医疗、康复、养老、安全为一体，将养老机构与医疗系统、个人安全照护系统的功能相结合，借助信息化技术，旨在为养老院（或养老公寓）、敬老院、福利院等养老机构提供专业、智能、安全的医养护相结合的养老信息化系统。

二 成功经验

（一）社区居家养老专业化服务解决方案

福建省福州市仓山区政府购买社区居家养老专业化服务。

基于微尚科技"智慧居家养老服务平台"为政府购买服务老人提供专业的线下居家助老服务、运营社区养老照料中心和养老服务站。

（二）智慧鼓楼养老服务信息平台软件服务

为福建省福州市鼓楼区民政局提供养老监管服务信息平台，实现老年人信息档案、补贴资金、社会化服务的监督管理。

（三）微尚科技智慧为老云健康管理平台

为福建省老龄事业发展基金会下辖的 20 个养老机构提供云健康管理平台。

（四）浙江省温州市苍南县"一键通"综合服务项目

基于微尚科技"智慧居家养老服务平台"为浙江省温州市苍南县的政府购买服务人员（老人、残疾人）提供紧急呼叫、主动关怀、特色助急服务。

(五)社区老年人日间照料中心改造

为福建省宁德市福鼎市天湖社区老年人日间照料中心进行专业的养老智能化设计、施工。

三 解决了什么样的社会问题

打通了养老信息科技与服务任督二脉，让养老信息科技真正能与实际服务相吻合，提高养老服务效率。

老年人更愿意在自己生活过的熟悉的地方养老，理念的转变和养老院的改善不会提高太多机构养老比例，机构养老院将来以服务失能老人和孤寡老人为主。社区照料中心内设微机构（50 张床位以下）的日托、月托、短租等养老比例会大幅增长。所以，社区居家养老仍是最重要的养老形式。

积极应对人口老龄化，构建养老、孝老、敬老政策体系和社会环境，推进医养结合，加快老龄事业和产业发展，实现病有所医、老有所养、弱有所扶。

四 面临的主要困难和需求

最困扰企业的是公益与商业的矛盾。微尚科技运营的都是政府公建民营的站点，为了保证政府社区基本公共服务设施的基本职能，微尚科技一直在商业生存与公益服务之间，不断试错和探索合适的方式，投入了大量的成本。

基层政府公务员专业教育、居民宣传、社会宣传、从业企业信用教育等也需要跟上，将社区居家养老服务培育成由市场调控、政府引导的微利型商业新行业。

我国老龄化的加速倒逼着政府不断求变、求新，政府不仅要出台各项优惠措施鼓励整个社会参与我国养老事业，也要充分利用"互联网 +"技术，借助移动互联网、物联网、云计算、大数据等信息技术的优势，对养老服务业态进行深入、细致的管理和公开、透明的监督，不断提升老人对政府养老保障的满意度，感受对老年人的关爱。

R.22
小棉袄爱老的居家养老模式

北京市东城区小棉袄爱老居家养老服务中心*

摘　要： 近年来，中国家庭小型化、少子化趋势明显，导致家庭养老基础日渐薄弱，养老压力日益加大。北京小棉袄爱老居家养老服务有限责任公司依托其位于北京市东城区龙潭街道4家养老服务驿站，积极探索城市居家养老模式，做出了有益的尝试。本文介绍了小棉袄爱老的硬件环境基础、运营理念和模式探索方向，包括对环境的调研分析、养老驿站间的不同定位、积极探索市场化运营手段等，特别是信息化建设在提高服务效能和支持运营决策中的地位和作用。

关键词： 养老服务驿站　城市居家养老　小棉袄

　　小棉袄爱老团队于2015年在北京成立，专注于为社区内高龄、空巢或独居、自理能力较差但选择居家养老的老年人提供专业、有温度、可信赖的居家养老服务。

　　三年以来，小棉袄爱老团队秉持"以一颗子女的心"的服务理念，坚持"正心诚意""平凡人齐心协力，完成非凡之事"的团队价值观，希望通过年轻人的方式和智慧、专业团队和完善的服务体系，实现"老有所养、老有所乐、老有尊严"的机构愿景和品牌使命。

＊北京市东城区小棉袄爱老居家养老服务中心于2015年成立，专注于为社区里高龄、空巢或独居、自理能力较差但选择居家养老的老年人提供专业、有温度、可信赖的居家养老服务。

小棉袄爱老团队目前在北京的东城区和朝阳区运营着 6 家社区内的为老服务空间，服务北京 20 多个社区，服务老人超过 20000 人次。通过扎根社区，运营社区里的养老服务驿站，为居家养老的老人建立档案，提供定期上门、安全访视、助医服务、生活照料、专业护理等养老服务项目。同时，建立社区里的小型养老机构，提供全托管、短期托管、术后康复期照护等专业照护服务。

人口年龄的倒梯形结构以及上世纪 80 年代以来实行的独生子女政策，还有青壮年劳动力远离家中长辈工作生活，使得家庭的照护力量日趋单薄，难以满足急速老龄化带来的照护需求。这两点，是养老事业，尤其是居家养老事业发展的大势所趋。但是，城市社区里的居家养老目前还没有一个成熟的或者说在商业上成功的可持续的模式出现，小棉袄爱老团队希望通过不断的探索与实践，努力接近这一目标。

一　一个街道级城市居家养老服务模型中的硬件基础

小棉袄目前在东城区龙潭街道有 4 家为老服务空间，形成了服务站点在整个街道北中南均匀分布的格局，能做到 15 分钟步行服务圈内，既可以老人来站接受服务也可以驿站派出入户服务。龙潭街道具备了一个街道级模型中提供居家养老服务的硬件基础。

龙潭街道共有 11 个社区 6 万人口，其中老人 1.5 万，位于北京市东城区老城区，老龄化比重超过 25%，街道有商品房住宅、20 世纪 60 年代的家属院、老旧小区平房区，退休工资三四千元到万元，老年人群结构丰富，是一个标准的城市居家养老的街道级模型。

小棉袄爱老团队在龙潭街道运营的养老服务驿站目前能为周边社区老人提供的为老服务包括日间照料、安全访视、助餐、家政保洁、上门护理、陪同就医、代购采买、健康促进、康复指导等。目标是满足社会化养老的服务需求，提高老年人的生活质量，打造老人居家养老无围墙的养老院。

同时，龙潭的每一个服务空间，除了提供和输出标准服务之外，又各有所长、功能上互为补充、各自优势深化。

比如左安漪园驿站突出邻里客厅，是居家环境适老化的体验间和样板间；幸福驿站在老旧小区、居民高龄和经济基础偏差的基础上，突出志愿服务和入户服务特色；华城站突出半自理失能老人康复需求的满足、家属保姆照护能力的培训；安化楼驿站是街道级驿站，服务能力最完整，正在实践养老管家、共享保姆等特色养老服务模式，同时打造以康复为特色的健康管理、健康促进、全家康养特色驿站。

二 运营理念和模式探索方向

除了目标是为老人打造无围墙的养老院外，从链接资源的角度上，小棉袄爱老团队也发挥了平台的功能，是一家没有围墙的养老服务提供商。市场化理念既存在于我们服务资源的链接上，也存在于我们商业模式探索的方方面面。

（1）坚持尝试用商业化、市场化的方式解决养老问题；

（2）相信社会化、市场化的手段是成本最低的选择；

（3）在服务产品和流程设计中，坚信用规模化降低成本；

（4）借力公益力量、政府购买、大企业社会责任助力模式建设。

下面举几个例子。

第一，老人有需求，却不愿意买单，是目前养老事业发展中最大的困境。而靠政府购买形成的需求，无法带给养老事业真正的活力。小棉袄爱老团队坚持在完成政府托底扶助保障工作（政府购买）的基础上，坚持商业化的服务理念面对市场和老人，靠一对一、人对人的客户跟进维护，个性化的定制服务包推荐，个案跟进和服务于老人的居家养老生活，从健康管理、安全访视到生活照料、照护服务等，提供既专业又有温度的服务，增加老人的接受度和购买黏性。

第二，我们是北京唯一在跟美团合作，为老人配送爱心午餐上门的团队。在老人突然爆发每天七八十份助餐需求的时候，老年餐供应商的送餐能力无法满足，我们坚持死磕最市场化的送餐服务提供商——百度、美团、饿了么，最终是美团以公益价格答应为我们的老人提供送餐上门的服务，我们努力搭乘市场化的力量，不受自有配送人力的局限，把年轻世界的前沿力量嫁接到为老服务中来。

第三，在服务需求的满足上，我们强调集约式、规模化服务，养老服务的利润非常薄，我们坚持靠规模化降低成本。比如在日常运营中，运用一些小技巧，预约式集中服务，面向老人搞团购的清洗抽油烟机、团购清洗纱窗、团购清洗空调等，都是为了靠规模化降低服务商的成本、争取生存空间，为老人提供可持续的服务。

第四，比如2018年覆盖整个东城的独居老人巡视探访项目，我们说服了中国联通北京公司，与他们合作，请他们24小时网格化分布的线务维修人员——一群年轻的小伙子、经历过政审的国企职工，作为主要的志愿者力量参与进来。他们的本职工作是在北京的大街小巷24小时执行线务维修工作，契合了分布东城的上门访视任务。在项目执行过程中，他们成为东城独居巡视探访项目中最为坚实的基础力量。另外是公益发起，跟社会青年志愿者——卫生职业技术学校的学生志愿者、社区里的低龄老人志愿者合作，共同服务社区里的高龄老人，以公益力量提供保障型的低偿服务。

三 信息化建设提高服务效能、老人数据库支持运营决策

2019年我们的计划是把现有的街道级模型做深做透，提升驿站在社区在老人当中的知晓率，增加服务量。用户数量和服务量的增加，都对我们的信息化建设工作提出了急迫的需求。我们将基于一个街道级模型的服务基础，将信息化、互联网等技术手段融入社区一线养老服务，提高服务效率和服务能力，靠信息化和规模化降低单次服务的管理成本。

另外，除了现有驿站的服务对象老人，团队还于2018年服务了整个东城区17个街道167个社区2068位独居老人，定期开展安全访视工作，发动志愿者300余人，完成入户探访和电话探访次数超过5万次，积累了2068

个老人的信息档案和服务过程的信息记录数据，这也是数据信息化的建设要求。

小棉袄爱老团队自从 2015 年开展服务以来，一直强调老人的档案建设，最早在东城开展一人一册一档的建档服务，老人档案不仅有基础信息，还有服务记录、信息更新等。随着我们服务的老人数量不断增加，服务量的不断攀升，尤其是配合 2019 年的深化宣传和服务覆盖计划，我们将着力打造服务平台和功能的信息化建设，建设老人的信息化数据库。

另外我们还在东城区龙潭街道为重点服务的老人发放智能硬件、建设信息化互动平台，目前只提供呼叫响应服务，未来计划通过我们服务能力的提升，提供 24 小时的需求响应和救助响应服务。尝试用信息化的硬件和平台链接和响应居家老人，尤其是独居高风险老人在家中的生活安全，同时有能力响应更广泛服务对象、更高频服务需求的呼叫，更高效地匹配和提供服务。

三年以来，小棉袄爱老团队的服务覆盖人数、服务覆盖人次、团队服务收入都有了一个比较好的上升态势。未来三年，我们将坚持精益创业理念，从产品设计、服务设计、宣传推广、规范流程、人员梯队建设上磨炼和打造好东城龙潭模型，争取实现城市居家养老服务可持续发展。

互联网时代是一个伟大的时代。只是这时代给予人们的极大丰盛，有多少惠及了 70 岁及以上的老人呢？我们不愿意让他们就这样无声无息地默默老去，小棉袄爱老团队，愿以"一颗子女的心"，让更多的老人共享这个时代的成果，让他们晚年的每一天能过得更有意义、更有尊严，这是小棉袄爱老团队全体成员矢志不渝的追求。

R.23
吾老之域：老年人微信生活与
家庭微信反哺

深圳大学数字代沟与数字反哺课题组
腾讯研究院 S-Tech 工作室

摘　要： 本报告是基于一项针对老年人与新科技的研究，一方面通过问卷调查，描摹老年人的微信使用现状，另一方面通过行动研究，在家庭场景中探索改善老年人微信使用的行动方案。由于家庭代际微信反哺是改善老年人微信使用的一种途径，我们借助行动研究方法，想要探索促成这类反哺的行动方案。研究者设计了面向家庭多代的"微信反哺工作坊"，包含一系列课程与练习、奖励与约束机制等；而后招募到 4 个三代同堂的志愿者家庭，加入为期 2 个月的工作坊，在实践中观察反哺发生的全过程。经过后期分析，对于微信反哺的适用性、难点和解决办法有了更深入的理解。

关键词： 微信反哺　老年人　新科技

　　老年，是每个人所必经的生命阶段，也构成了社会中的一个显性群体。人口结构急剧变"老"，科技产品却持续更"新"。移动互联网的发展已把全社会带入一个新的数字时代。科技应更具"包容性"和"前瞻性"。除少数专为老年人设计的产品外，主流科技产品的视野中，老年一直是缺位的那一方。这种单一服务年轻人的目标，不仅对其他群体不够友好，而且随着人口老龄化，也是对科技产品发展的自我局限。因而，科技行业应融入更多老年人的诉求，产品设计之初，便对人群更具包容性，这是一种前瞻性的体现。

纵然老年人也在发展，但总的来说，他们受生理、心理条件所限，或多或少会表现出对新科技的不擅长或缺乏兴趣。最基本的态度依然是"尊重"。中立来看，无论是老年人还是其他群体，都完全可以选择最适合的方式生活，是否接触新科技以及如何使用各种数字产品，没有高下之分。

在探讨老年人的新科技使用中，我们聚焦到微信这一产品上。一方面，因为微信是许多老年人"触网"的起点，反映了他们数字生活的主要面貌；另一方面，微信反映了当下社会关系、家庭关系的变迁，而社交与家庭又是老年生活的重要部分。微信适应并进一步改变了现代的社会交往和家庭交往，因而透过观察老年人的微信使用，我们可以更好地理解他们的社会关系和家庭关系。

家庭在影响老年人的科技使用中也扮演着重要角色。在家庭中，有一种独特的"反哺"行为在发生：长辈时常会向晚辈请教微信使用方法，儿女也会主动教父母使用某些功能。这种源于"文化反哺"[1] 范畴的"数字反哺""微信反哺"行为，或许可能成为改善老年人数字生活状况的"解决方案"。

有研究表明，这种"反哺"能同时提高亲子两代的使用素养，[2] 反哺程度越深的家庭，家庭关系越融洽，[3] "反哺"也可能引发家庭权威关系的转变。[4] 借由"反哺"这一路径，我们既看到了改善老年人微信使用的可

---

[1] 周晓虹在1988年将文化反哺定义为"在急速的社会文化变迁时代所发生的年长一代向年轻一代进行广泛的文化吸收的过程"，也就是传统受教育者转换角色对传统教育者施教的现象。

[2] 江宇：《家庭社会化视角下媒介素养影响因素研究》（Doctoral dissertation，中国传媒大学），2008。

[3] 周裕琼：《数字代沟与文化反哺：对家庭内"静悄悄的革命"的量化考察》，《中国传媒大学学报》2014年第2期。

[4] 朱秀凌：《青少年的手机使用、数字代沟与文化反哺——基于对福建省漳州市中学生家庭的实证分析》，《新闻界》2015年第11期。

能，也满足了老年人的核心需求——亲情与家庭互动。

抱持着上述的态度与构想，深圳大学周裕琼教授团队①与腾讯研究院开展了一项针对老年人与新科技的研究，一方面通过问卷调查，描摹老年人的微信使用现状；另一方面通过行动研究，在家庭场景中探索改善老年人微信使用的行动方案。

由于家庭代际微信反哺是改善老年人微信使用的一种途径，我们借助行动研究方法，想要探索促成这类反哺的行动方案。研究者设计了面向家庭多代的"微信反哺工作坊"，包含一系列课程与练习、奖励与约束机制等；而后招募到4个三代同堂的志愿者家庭，加入为期2个月的工作坊，在实践中观察反哺发生的全过程。经过后期分析，对于微信反哺的适用性、难点和解决办法有了更深入的理解。

一　55 +的微信生活与数字家庭

关于老年人的界定，国际常用的标准有两个：60 岁以上（联合国标准②，在学术研究中较为常见）或 55 岁以上（在用户研究时较为常见③）。本研究选取 55 岁及以上人群作为老年人样本，以便与微信及其他已有用户研究结果形成对照。

本部分的数据结论主要来自一次全国家庭配对问卷调查，2018 年 1 ~ 6 月，通过入户调研的方式进行。抽样方法为两阶段配额抽样，第一阶段根据一线城市、省会城市、普通城市（东、中、西部）的划分，选取了共 58 个调研城市；第二阶段选取对应城市的家庭样本，每个家庭至少需要有一位 55 岁以上的老年人及一个 14 岁以上的晚辈参与调查。

---

① 承担国家社科基金一般项目"数字代沟、数字反哺与老龄化社会媒体素养提升研究"（项目编号：16BXW048，主持人：周裕琼）。

② 老年人年龄定义参考联合国公开发表资料：http：//www. un. org/zh/ development/progareas/ global/ ageing. shtml。

③ 可参考《2016 年微信数据报告》与《2017 年微信数据报告》中对老年人年龄的定义。

最终参与调研的对象包含全国956个家庭的3051个样本。其中老年人问卷1399份，其余1652份为家庭成员的问卷。老年人平均年龄为66.5岁，男女比例为48.7∶51.3，中小学文化程度的占72.9%。

研究既涉及不同代际（祖辈、子辈、孙辈）的比较又涉及不同年龄段（老年人、中年人、青年人）的比较，经描述统计发现，大部分子辈年龄集中在40~55岁，孙辈年龄集中在14~40岁，因此，剔除少量（6.8%）不符合此条件的样本，后续报告中，子辈/中年人指代40~55岁人群（共543份样本，平均年龄47.6岁），孙辈/青年人指代14~40岁人群（共1109份样本，平均年龄27.2岁）。详细样本构成见文后附录。

（一）55+的微信生活

1. 老年人微信生活图鉴

开始使用，是老年人进入微信世界的第一步。在我们调查的样本中，有49.6%的老年人会使用微信，与之形成对比的是，超过九成的中青年群体接入了微信（见图1、表1）。

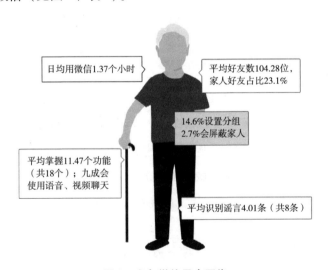

日均用微信1.37个小时

平均好友数104.28位，家人好友占比23.1%

14.6%设置分组
2.7%会屏蔽家人

平均掌握11.47个功能（共18个）；九成会使用语音、视频聊天

平均识别谣言4.01条（共8条）

图1　老年微信用户画像

表 1　微信使用情况

项目	老年人	中年人	青年人	不同人群在微信使用情况上是否有差异
每天使用时长（小时）	1.37	1.78	1.86	老年人 < 中年人与青年人 ***
掌握功能数（个）	11.47	15.03	16.83	老年人 < 中年人 < 青年人 ***
好友数（位）	104.28	188.12	305.28	老年人 < 中年人 < 青年人 ***
好友数中家人占比（%）	23.1	16.1	9.7	老年人 > 中年人 > 青年人 ***
分组占比（%）	14.6	17.7	46.9	老年人与中年人 < 青年人 ***
屏蔽家人占比（%）	2.7	3.1	25.8	老年人与中年人 < 青年人 ***
平均识别谣言数量（条）	4.01	4.11	4.67	老年人与中年人 < 青年人 ***

注：①老年人每天使用时长数据为手机上统计使用时长的客观数据，而中年人与青年人的每天使用时长为自填主观数据。②对微信使用时长进行了 Z 分数转换，剔除了大于正负 3 个标准差的异常值。③除了分组与屏蔽家人情况使用卡方检验，本研究对三代人的其他微信使用情况进行了单因素 ANOVA 检验。④"*"$p < 0.05$，"**"$p < 0.01$，"***"$p < 0.001$。⑤n（老年人使用时长）= 672；n（青年人使用时长）= 1080。⑥其余变量 n（老年人）= 694；n（中年人）= 513；n（青年人）= 1092。

相对来讲，老年人在微信使用程度上比青年人和中年人更浅，无论是每天的使用时间、掌握的功能数还是微信好友数都更少，但是他们的微信好友中家人的占比是最高的，并显著高于中年人和青年人。另外，在谣言识别能力上，中年人与老年人水平相当，都显著低于青年人。

当然研究也发现，不同的老年人在微信使用上呈现出显著的差异。不同年龄、收入、学历的老年人在接入微信上不尽相同（见图 2）——"年龄越小、收入越高、文化程度越高的老年人越可能会使用微信"[1]，但不同性别的老年人在是否使用微信一项上并没有显著差异。[2]

对于老年人这个群体来说，年龄越大，视力、听力以及认知能力越容易出现不同程度的衰退，这种不可逆转的生理状况会很大程度影响老年人的微信接入。

---

[1] 本研究采用二元 Logistic 回归探究各影响因素对老年人微信采纳的影响，结论"年龄越大、收入越高、文化程度越高的老年人越容易接入微信"通过显著性检验（sig < 0.001）。

[2] 本研究对老年男女的微信接入情况进行了卡方检验，发现"是否使用微信与性别未出现相关关系"（sig > 0.05）。

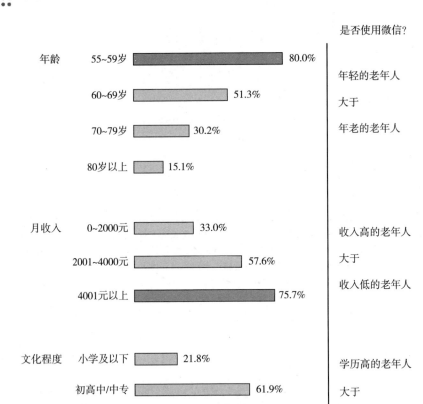

图2　什么样的老年人更可能会用微信

注：①本研究采用二元 Logistic 回归探究各影响因素对老年人微信采纳的影响。②"*"$p < 0.05$，"**"$p < 0.01$，"***"$p < 0.001$；③$n = 1070$。

除了生理上的退化，不同年龄层的老年人在思维方式和媒介使用习惯上的差异也会影响其接入微信，例如越是年长的老年人越习惯于传统的媒体而不愿意接触新媒体，而相对年轻者则更容易也更愿意接触互联网。除了年龄，收入和文化程度也在很大程度上影响老年人的微信接入，收入可以决定老年人接入微信的物质基础，而文化程度则可以影响老年人的学习能力和接受新事物的意愿。

2. 从洞察老年人真实的数字需求开始

了解、理解老年人真实的数字需求是研究老年人数字生活的起点。本研究试图通过一种相对直白、简单的方式去了解老年人对微信的需求是否得到了满足。

　　表 2 自上而下排列微信对老年人需求满足的情况，呈现出了社交 > 信息 > 支付的分层轮廓。值得关注的是，在罗列的所有需求中，青年人的需求满足评价要么显著高于老年人，要么与老年人无差异，但是仅有"获得个人生活相关信息（如养生、烹饪、健康）"这一项，老年人的需求满足评价要显著高于青年人。①

表 2　老年人在微信上的需求满足情况

项目	老年人	中年人	青年人	不同人群在微信需求 满足上是否有差异
联络他人	4.01	4.05	4.19	老年人与中年人 < 青年人 **
维护和老朋友的关系	3.94	4.02	4.07	老年人 < 青年人 **
获得娱乐	3.80	3.82	3.82	无显著差异
打发时间	3.78	3.89	3.89	无显著差异
获得个人生活相关信息 （如养生、烹饪、健康）	3.60	3.55	3.39	老年人与中年人 > 青年人 **
观察别人的生活	3.55	3.73	3.93	老年人 < 中年人 < 青年人 **
了解国内外新闻	3.45	3.47	3.40	无显著差异
日常工作便利	3.32	3.84	4.03	老年人 < 中年人 < 青年人 ***
记录展示自己的生活	3.18	3.57	3.94	老年人 < 中年人 < 青年人 ***
结识新朋友	3.15	3.41	3.63	老年人 < 中年人 < 青年人 ***
日常生活便利如导航、打 车、缴纳水电费等	2.92	3.53	3.87	老年人 < 中年人 < 青年人 ***

　　注：①本研究通过李克特量表来调查老年人与青年人微信使用在多大程度上满足了上述需求，采用 5 分制计分法，5 分代表完全满足，1 分代表完全不满足。排名越高说明得分越高，也就说明老年人通过微信在此项需求上得到了更高的满足。②本研究对老年人、中年人、青年人的微信需求满足情况进行了单因素 ANOVA 检验。③" * " $p < 0.05$，" ** " $p < 0.01$，" *** " $p < 0.001$。④n（老年人）=694；n（中年人）=513；n（青年人）=1092。

---

① 本研究对三代人的微信需求满足情况进行了单因素 ANOVA 检验，结论"老年人在获得个人生活相关信息（如养生、烹饪、健康）的需求上显著大于青年人"通过了显著性检验（sig < 0.01）。

除直接询问需求满足情况以外，本研究进一步考察老年人在微信各个功能点上的使用以及与其他人群的差异。

　　表3呈现了老年人选择使用的微信功能占比，已经可以看出老年人在微信三大板块的功能选择上有明显的分层——社交＞信息＞支付，这一点与老年人在微信上的需求满足相吻合。数据显示，会使用社交类功能点的老年人占比大约为85%，会使用信息类功能点的老年人比例下滑至65%左右，会使用支付类功能点的老年人比例再度下滑，为50%左右。本调查还对比了青年人与中年人在这些功能点上的选择，会使用这些功能的比例基本在90%以上。

表3　老年人微信各个功能的使用情况及其与其他人群的对比

单位：%

项目		老年人	中年人	青年人	不同人群在微信功能使用情况上是否有差异
社交类功能	发语音聊天	95.8	98.4	97.5	老年人＜中年人与青年人*
	视频即时聊天	90.6	96.7	97.4	老年人＜中年人与青年人***
	发文字聊天	89.9	97.9	97.6	老年人＜中年人与青年人***
	语音即时聊天	89.2	96.9	97.3	老年人＜中年人与青年人***
	接受好友邀请	86.3	98.6	96.4	老年人＜中年人与青年人***
	添加好友	82.3	98.2	97.3	老年人＜中年人与青年人***
	点赞及评论	80.1	94.7	95.8	老年人＜中年人与青年人***
	红包功能	74.9	96.3	97.1	老年人＜中年人与青年人***
信息类功能	阅读公众号	74.5	90.8	94.9	老年人＜中年人＜青年人*
	发布原创朋友圈	64.4	86.2	94.1	老年人＜中年人＜青年人***
支付类功能	转发公众号文章	62.4	82.5	91.8	老年人＜中年人＜青年人***
其他进阶类功能	微信转账	54.3	90.4	96.2	老年人＜中年人＜青年人***
	微信支付	51.2	88.9	96.0	老年人＜中年人＜青年人***
	微信搜一搜	30.7	63.9	91.2	老年人＜中年人＜青年人***
	第三方小程序	23.5	57.9	91.0	老年人＜中年人＜青年人***
	创建公众号	11.5	27.7	66.2	老年人＜中年人＜青年人***

　　注：①表中的百分比代表会使用该功能的群体占会使用微信的该人群总数的百分比。②本研究对微信功能使用情况进行了单因素 ANOVA 检验。③"*" $p < 0.05$，"**" $p < 0.01$，"***" $p < 0.001$。④n（老年人）=694；n（中年人）=513；n（青年人）=1092。

3. 什么因素影响了老年人的微信使用

老年人内部存在极大的多样性，把老年人当作统一的整体去研究其数字生活往往容易出现偏差。本研究进一步调查了老年人微信使用与哪些因素相关（见表4、图3）。借此我们可以了解不同老年人微信使用的不同状况。

表4　影响老年人微信使用的因素

项目	使用时长	使用功能	好友数
性别	……	……	老年男性 > 老年女性 *
年龄	年轻的老年人 > 年老的老年人 ***		
月收入	……	……	收入高的老年人 > 收入低的老年人 ***
文化程度	……	学历高的老年人 > 学历低的老年人 **	
社会活动参与	……	活跃参与的老年人 > 独行的老年人 ***	
使用微信满足的需求	满足的老年人 > 不满足的老年人 *		
学习新事物的意愿	爱学习的老年人 > 不爱学习的老年人 *		……
与子女的居住距离	……	……	……
一起吃饭看电视	……	……	……
一起锻炼逛街	……	参与次数多的老年人 > 参与次数少的老年人 *	……
情感亲密度	……	……	……

注：①本研究采用一般线性回归探究各影响因素对老年人微信使用的影响。②"*"$p < 0.05$，"**"$p < 0.01$，"***"$p < 0.001$。③n（使用时长）＝528；n（使用功能/好友数）＝547。

第一，与女性相比，男性往往拥有更多的微信好友。虽然老年女性相比男性在社交方面更加活跃，但老年女性更多会参与唱歌跳舞类的社交活动，[①]这类活动人员较为固定，所在地又相对集中，也就导致老年女性的社交圈范围大多比较有限。虽然在是否使用微信上，老年男女没有差异，但是老年男性一旦开始使用微信，他们原有的在求学、工作、生活中积累的关系

---

① 本研究对老年男女的社会活动参与情况进行了独立样本 T 检验，结论"老年男性更经常参与一些独自就能够完成的活动（如书法绘画、读书写作、运动健身），而老年女性更经常参与一些户外集体性的活动（如广场舞、唱歌、老年大学、社区活动）"通过了显著性检验（sig < 0.05）。

a.性别

好友数
男>女

b.社会活动参与

使用功能/好友数
活跃>独行

c.年龄

使用时长/使用功能/好友数
年轻>年老

d.使用微信满足的需求

使用时长/使用功能/好友数
满足>不满足

e.月收入

好友数
收入高>收入低

f.学习新事物的意愿

使用时长/使用功能
爱学习>不爱学习

g.文化程度

使用功能/好友数
学历高>学历低

h.一起锻炼、逛街

使用功能
次数多>次数少

图3 影响老年人微信使用的因素

将会嫁接到微信上。

第二，老年人年龄越小、学历越高，往往可能拥有更多的微信好友，会使用更多微信功能。"年轻的老年人"大多身体健康、头脑清晰，学习使用微信障碍较小，相对而言，更容易跟随时代潮流，充分地融入数字化生活。

而受过良好教育的老年人比其他同龄人视野更开阔，更能理解数字化为整个社会带来的变化，并且乐于适应这种变化。

第三，爱学习新事物的老年人往往在微信上花费更长的时间，也会用更多的微信功能。

第四，经常参与社会活动的老年人往往拥有更多的微信好友，会使用更多微信功能。另外随着老年人使用微信越来越娴熟，他们就会添加很多老同学、老同事、老朋友为好友，重启原有的关系网络，所以好友数量也就更多。

第五，与家人一起逛街、锻炼次数多的老年人往往会用更多的微信功能。这可能是因为代际间的情感沟通在外出共同活动中得到了促进，由此带来了家人间的微信反哺行为的增强。

4. 微信能让老年人更幸福吗？

幸福是所有人持续一生的追求，老年人也不例外。本部分以微信为切入点展现老年人数字生活的切面，但是微信使用与老年人的幸福感之间是否存在关联？这是改善老年人数字生活的重要前提。

退休是中国城市人口生活中的重要分水岭，很多老年人从此陷入无所事事、无所适从的窘境。使用微信不仅可以满足他们对信息的需求，而且可以缓解他们对社交的极度渴求，减轻孤独感，提升幸福感。

本研究进一步探索了影响老年人主观幸福感的因素，发现老年人参与社会活动与他们的主观幸福感之间也存在相关性。[①] 上述数据无法得出因果关系，但是或许可以带给我们一些猜测和启示——微信使用和参与社会活动都与老年人的主观幸福感存在某种关联。

（二）55 + 的数字家庭

这部分我们将重新回到老年人日常生活的家庭中。然而本部分所言之"家庭"，不同于中国社会传统意义上的"家庭"，我们希望将当下老年人正在经历的一场"数字家庭变革"呈现出来。

在这场数字变革里，老年人不仅仅拥有了智能手机，运用数字化的工

---

① 本研究采用 Hayes（2013）提出的 Bootstrap 方法进行中介效应检验，在样本量选择 $n = 5000$，在 95% 的置信区间下，结论"社会活动参与部分中介了使用微信与幸福感的关系"通过了显著性检验（sig < 0.001），意味着可能还会有其他的变量中介是否使用微信对幸福感的作用。Hayes, A. F., "Introduction to Mediation, Moderation, and Conditional Process Analysis: A Regression – based Approach", *Journal of Educational Measurement*, 2013（3）。

具参与家庭生活中，也可能在新型的"数字家庭"中遭到误解。

1. 冲突：悄然发生的数字家庭变革

当微信进入家庭生活，不少老年人感受到了家庭关系与交往的变化。

或许有不少老年人有过这样的经历，老年人会给子女的朋友圈在第一时间送上点赞、附上评论，但子女却不积极给父母的朋友圈点赞、评论。

本研究调查[①]发现：在朋友圈点赞和评论的对象上，老年人会将家人排在朋友之前[②]；而青年人则正好相反，他们会将朋友放在第一的位置上，这一点在朋友圈评论上体现得更加明显——优先级依次为亲密好友 > 普通朋友 > 家人[③]。

一方面，对于老年人来说，家人和亲朋好友在生活中属于"第一优先级"，朋友圈的点赞和评论对他们来说是一种很好的体现亲情、建立情感联系的方式。而对青年人来说，则可能完全不同。另一方面，如今的年轻人大多相对独立，相比家庭这个封闭的小圈子，朋友这个大圈子对青年人来说更为重要。

越来越多的中国家庭成员分开居住，老人们只能通过朋友圈来了解晚辈的生活。但很多年轻人采用分组等方式屏蔽他们。

两代人在数字时代的分歧不可避免，但是倘若我们把这种冲突带入一个个具体的家庭，它为我们打开了一个从家庭视角出发观察社会变迁的切口，展示了中国家庭正在经历的数字变革的真实状况。

2. 忽视：缺乏深度与内容的"数字反哺"

在本研究所调研的 694 名使用微信的老年人中，有 50.3% 的老年人表示他们是由儿女或孙辈教授，由此可见，晚辈的"数字反哺"是老年人走进互联网世界的一个重要的渠道。本研究以微信为例，调查了晚辈在微信使

---

① 本研究采用李克特量表测量受众的点赞评论频率，经常点赞（评论）计 5 分，有时点赞（评论）计 4 分，不一定计 3 分，偶尔点赞（评论）计 2 分，从不点赞（评论）计 1 分。

② 本研究采用重复测量的方差分析探究老年人点赞（评论）对象差异，结论"老年人给家人和亲密好友在朋友圈点赞和评论的频率高于普通好友"通过了显著性检验（sig < 0.001）。

③ 本研究采用重复测量的方差分析探究青年人点赞（评论）对象差异，两条结论即"青年人给亲密好友在朋友圈点赞频率显著高于家人"与"青年人朋友圈评论亲密好友的频率显著高于普通朋友，进而高于家人"均通过了显著性检验（sig < 0.001）。

用上反哺长辈的功能点，调查发现子辈平均教授过父辈 6.97 个微信功能的使用，孙辈平均教授过祖辈 3.22 个微信功能的使用，排名靠前的是发红包、发语音、视频聊天、语音聊天等社交功能。

本研究进一步将老年人自学的微信功能与由晚辈反哺教授的微信功能进行对比，绘制二维象限图（见图 4）。

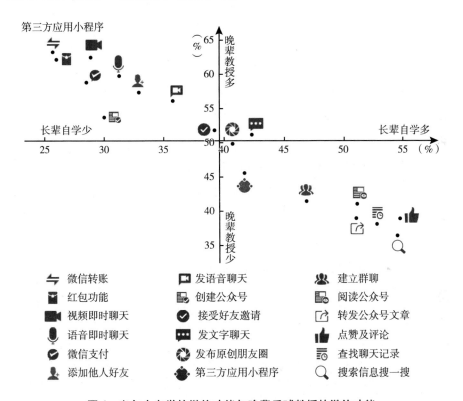

图 4 老年人自学的微信功能与晚辈反哺教授的微信功能

第二象限（左上角）的微信功能多为晚辈教导，较少由老年人自己学会，我们可以观察到这一象限中的微信功能多属于支付与通信等工具性功能。第四象限（右下角）的微信功能多为依靠老年人自学。第四象限的功能有一个鲜明的特点——它们不是纯工具性的，关涉老年人在信息内容层面的需求、偏好和素养——而这一部分的微信使用主要依靠老年人自学。尽管本研究没有数据表明年轻人是否通过其他方式帮助老年人获取和甄别他们想要的信息，但是我们也可以从上述数据大致推测，年轻人对父辈在数字内容上的反哺可能是不充分的。

与获取与甄别内容相比，教会父母发红包、视频聊天并不是一件难事，这些较为表层的技能性教授，对于老年人来讲或许是不够的。老年人对"与生活相关的信息需求"要显著大于其他人群，这样的需求与渴望很难通过简单的技能性反哺获得，往往需要更加深度的基于数字内容的反哺。

晚辈教老人学会发红包，但没有教他们如何选择公众号。当年轻人看到数字时代老年人的种种"不适应"，如轻信网络谣言、易上当受骗等的时候，或许可以回到家庭本身中多一些反思。

3. 缺位：中年男的失语与补位之道

尽管数字反哺不是帮助有需求的老年人享受数字生活的唯一方式，但这可能是有效且容易操作的一种方式。本研究发现，在家庭内部数字反哺也受到诸多因素的影响，有些家庭成员中有相对充分的数字反哺，而另一些则比较匮乏。

进一步调查那些数字反哺情况较好的家庭与相对较弱的家庭之间的差别发现：女性晚辈比男性晚辈更多地对长辈进行数字反哺；年龄越小，学历越高，就越多地反哺长辈；与父母住得越近，就越有可能教会父母使用更多的微信功能。①

如果单看数据结果，似乎矛头直指中年男们，但奋斗中的中年男们则可能对祖、父辈缺乏关注。

本研究还发现，即便是与祖、父辈同城而居的年轻人，其反哺行为也千差万别。本研究发现，与老年人一起吃饭、看电视的频率与数字反哺行为无关，②

---

① 本研究采用二元 Logistic 回归探究各影响因素对晚辈是否反哺的影响，采用一般线性回归探究各影响因素对晚辈反哺长辈功能数量的影响，该部分结论均通过了显著性水平检验（sig < 0.001）。

② 本研究采用二元 Logistic 回归探究各影响因素对晚辈是否反哺的影响，采用一般线性回归探究各影响因素对晚辈反哺长辈功能数量的影响，其中，与老年人一起吃饭、看电视的频率对于是否反哺与反哺功能数量无显著影响（sig > 0.05）。

但是与老年人一同外出锻炼、购物的频率与反哺长辈的微信功能数呈正相关。[1]

（三）小结

通过问卷调查的数据结果，呈现了老年人以微信为代表的数字生活和以微信反哺为重点的数字家庭互动。在以微信反哺为重点的数字家庭互动中，看到中国家庭正在面临的数字变革的真实情况——数字观念与使用偏好的冲突正在悄然发生。本文还希望呼吁、鼓励年轻人了解老年人真实的微信生活图景，充分理解、尊重他们自发的数字化需求。

二　一项家庭内微信反哺的行动方案探索

2017年12月，研究项目组在广东省汕尾市田家炳中学开展了一场微信反哺工作坊。课堂上，孩子们耐心教学，老年人们积极学习，一切似乎都很顺利。然而，2018年3月，当研究者再次对参与工作坊的4个家庭进行回访时却发现，一切并没有想象中那么顺利。事实上，对不少家庭而言，工作坊的效果并没有延续下去。老年人言道，"之前学的都记不得了"，甚至有的家长反映"工作坊成为孩子沉迷于手机的导火线"。我们发现，微信反哺没有想象的那么简单。

（一）反哺工作坊：一项家庭内微信反哺的行动方案探索

面对老年人在数字生活中呈现的各种各样的问题，我们认为家庭内数字反哺可能会是一种好的方案。老年人的生活重心在家庭。将老年人的数字融入放在家庭的场景下讨论，或将有所助益。

基于以上考量，我们希望开展一项行动研究，探索家庭内数字反哺的可能性，发现潜在的问题，并提出可能的解决方案和推广形式。我们采用工

---

[1] 本研究采用一般线性回归探究各影响因素对晚辈反哺长辈功能数量的影响，结论"与老年人一起锻炼、购物的次数越多，反哺功能数量越多"通过了显著性检验（sig < 0.001）。

作坊的形式，从中学切入，招募三代同堂的家庭，以中学生及其父母为反哺者、祖父母作为被反哺者，以微信使用和微信素养为核心反哺内容，通过工作坊课程、互动练习、奖励等方式促成家庭内代际间的微信反哺，因此，本次工作坊称为"家庭内微信反哺工作坊"。

最终的目的——我们期望通过工作坊的形式，促成家庭内更多的微信反哺，从而缓解数字时代对老年群体的冲击，同时潜移默化地增进数字时代家庭之中的理解、互动和情感联系。

1. 研究问题

本项研究的目的在于检验家庭内微信反哺的可行性和探索有效的反哺方式。由此出发，我们将研究问题细化为如下三个方面：首先，研究将检验微信反哺的适用性问题，即以家庭内微信反哺促进老年人的微信使用，这一途径本身是否可行，适用于哪些老年人及其家庭。其次，在适用的基础上，研究将总结反哺效果的影响因素，并聚焦于其中的难点。最后，研究将针对发现的具体难点和问题，尽可能提出相应的解决方案。

2. 研究方法与过程

研究最终决定在广东省汕尾市的田家炳中学进行家庭样本招募。在一系列预热活动后，研究者在校内进行公开招募，并逐一联系有意参与的家庭，进行更具体的介绍沟通，最后有 12 户家庭表示愿意接受入户家访。接下来的一周，项目组在汕尾对报名家庭进行逐一入户家访，最后实现 7 个家庭的有效入户，完成入户调查记录和观察日志等一手资料收集。在重点评估入户采访家庭的意愿强烈程度，并兼顾家庭样本基础人口学特征的多样性后，最终选定 4 个家庭参与为期两个月的工作坊。

最后，4 个家庭的基本信息如图 5 所示。

本项研究将以一定干预激发家庭内微信反哺。干预的主要实现形式，以工作坊课程为主，并配以其他规则和奖励机制。

工作坊课程包含微信使用技能、微信素养提升两个部分，设置 4 次课程，并辅以课后反馈作业。大致安排如表 5 所示（详细课程内容见文后附录）。每个家庭中的祖辈、父辈和孙辈均需现场参与工作坊，家庭成员一边

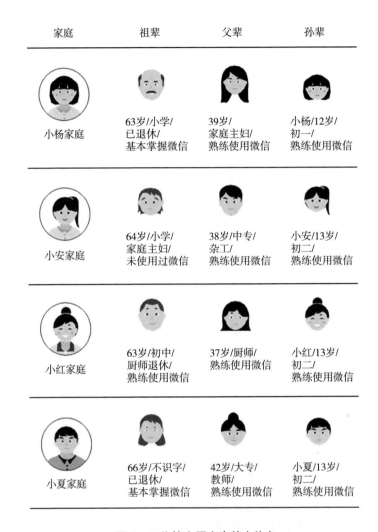

家庭	祖辈	父辈	孙辈
小杨家庭	63岁/小学/ 已退休/ 基本掌握微信	39岁/ 家庭主妇/ 熟练使用微信	小杨/12岁/ 初一/ 熟练使用微信
小安家庭	64岁/小学/ 家庭主妇/ 未使用过微信	38岁/中专/ 杂工/ 熟练使用微信	小安/13岁/ 初二/ 熟练使用微信
小红家庭	63岁/初中/ 厨师退休/ 熟练使用微信	37岁/厨师/ 熟练使用微信	小红/13岁/ 初二/ 熟练使用微信
小夏家庭	66岁/不识字/ 已退休/ 基本掌握微信	42岁/大专/ 教师/ 熟练使用微信	小夏/13岁/ 初二/ 熟练使用微信

图5　工作坊志愿家庭基本信息

学习课程内容，一边通过直接互动进行微信反哺的尝试。课程以"一人主讲，多人场下跟进答疑"的方式进行，每个志愿者家庭都有对应的项目组成员协助参与互动；授课过程中穿插创意短剧和互动游戏等环节，调动志愿者家庭的参与度；每周日晚设置线上主题茶话会，回顾课程内容，并进行答疑。每次课程结束后，项目组结合志愿者家庭的学习情况，进行入户深度访谈和参与式观察，用以了解课后微信互动情况并进一步收集家庭信息。

表5　工作坊课程概要

项目	第一次课程	第二次课程	第三次课程	第四次课程
微信功能教学	认识微信添加好友……	发送信息与通话……	群聊朋友圈……	支付功能公众号……
微信素养提升	介绍微信的概念和形式	介绍微信具体应用场景	微信谣言辨别	常见的微信诈骗类型和预防方法

除了基本课程外，项目组还设计了一些辅助机制，尽可能提升志愿者家庭的参与积极性，保证工作坊的顺利进行，包含激励机制、保障机制和制约机制。

（1）激励机制：项目组设定以奖学金、亲子基金和荣誉证书为主要内容的奖励机制。

（2）保障机制：部分志愿者家庭的祖辈仅有非智能手机，而智能手机是微信等应用使用的基础。对此项目组将为其提供智能手机。

（3）制约机制：项目组与志愿者家庭签订合作承诺书，约定双方义务，约束双方行为，以书面形式规避可能出现的违背约定行为。

3.执行一览（见图6）（工作坊总体设计详见文后附录）

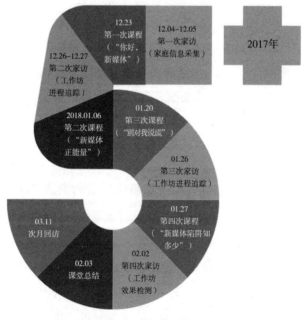

图6　工作坊时间轴

（二）个案解读

整个工作坊为期 2 个月，结合工作坊课堂内容和多次深度访谈，研究小组将对 4 个家庭进行个案分析。通过对 4 个志愿家庭的观察分析、资料研讨后，我们逐渐提炼出如下案例思考框架，框架包含反哺者属性、被反哺者属性、两者间互动、家庭属性及反哺效果这五大要素（见图 7）。

图 7　行动研究初步分析框架

（三）研究发现

通过个案解读、总结要素的循环分析后，我们得以对前述思考框架进行细化和补充，最终形成了一个相对完善的家庭内数字反哺分析框架。在框架指引下，逐一分析本次行动研究的最初问题（适用性、难点、解决方案），我们得到了可能的解答。

1. 研究框架

研究小组根据四个案例的原貌，在此前分析所运用的大致框架的基础上进行加工，总结出了一个含有具体要素的家庭内微信反哺推演框架（见图 8）。该框架尽可能包含了从这四个案例之中折射出来的对家庭内微信反哺有所影响的要素，从抽象的角度整体阐释了反哺行为的发生过程。

（1）反哺者属性

对家庭内微信反哺至关重要的是反哺者。

反哺意愿是反哺者主观能动性的来源，将很大程度导向反哺行为，从而影响最终效果。除此之外，性格和基本人口属性也是重要变量，主要作用于反哺技能。

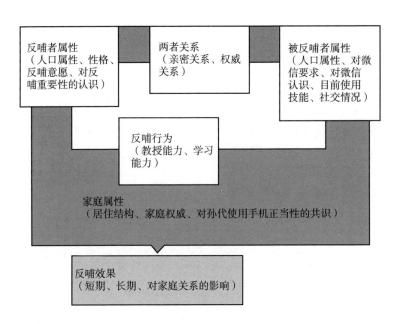

图8 行动研究最终分析框架

（2）被反哺者属性

反哺者的另一端，自然就是被反哺者。他们作为反哺效果的体现方，其特征对结果自然也有重大影响。

（3）双方互动关系

微信反哺是一个双方高度互动的行为，我们还需关注反哺双方的互动过程，以及反哺者和被反哺者之间的原有关系。

反哺互动过程，我们主要关注：反哺者的教授技能，例如反哺者能否很好地理解长辈的接受程度、能否很好地解释和表达、是否具有耐心，采用了鼓励、重复等技巧；被反哺者的学习技能，包括被反哺者的理解力、记忆力、主动性、提问等技巧。

在我们的观察中，双方的关系至少可以从亲密关系和权威关系两个视角理解。亲密关系是指反哺者和被反哺者的情感亲密度、关系融洽度、交流沟通紧密度。一般来说，双方关系越亲密，反哺意愿就越强烈。

权威关系则是指两人相对的权力地位，是民主平等，还是存在权力距离。在民主平等的关系中，反哺者和被反哺者能实现更多更好的互相交流，有利于被反哺者表达实际需求和疑问，从而提高反哺效果。

（4）家庭属性

除了个体与双方，家庭属性也对反哺效果有着各种影响。毕竟反哺行为是发生在家庭这一场域下，受到家庭整体属性和其他成员的制约。

在本次研究中，家庭因素首先体现在家庭居住结构上。核心家庭相较于联合家庭，更能激发老年人使用微信的意愿。此外，家庭权威是另一个重要因素。民主家庭会比权威家庭更具有微信反哺的基础氛围，原因与反哺双方的权威关系类似。

本研究观察的是三代同堂家庭的反哺，还发现了一个特殊的因素：家庭内部对孙辈使用手机的正当性是否达成共识。这可能发生在反哺者年龄尚小的家庭之中。家长往往对孩子的手机接触较为敏感，担心过度使用会对学习和身心健康造成影响，但进行反哺、鼓励老年人使用，却为孩子提供了一个使用手机的正当性和更多的接触机会。这其实折射出了一个家庭对待新科技的态度：是将其视为"洪水猛兽"，还是一种因人而异的工具。这种态度会蔓延到老年人的心中，从而影响他们对新科技的接受度。

（5）反哺效果

所有的这些因素结合在一起，共同作用导致了家庭内微信反哺的效果。本次研究中考察了效果的三个层面：短期效果（工作坊结束后，即时查验老年人的微信功能习得情况）、长期效果（工作坊结束一个月后回访，查验老年人的微信功能持续使用情况、反哺行为持续情况）、微信反哺对家庭关系的影响（通过微信反哺，家庭成员间的亲密关系是否发生改变）。

2. 微信反哺的适用性

本项研究提出的第一个研究问题是：家庭内微信反哺的适用性——家庭内微信反哺适用于什么样的老年人和家庭。从整个工作坊的分析来看，我们认为，影响适用性的最核心因素应该回到被反哺者（即老年人）对微信等新科技产品的自身需求之上。

需求是激发个体动机、行为等后续反应的根源。在当前社会环境下，微信等新科技产品对许多老年人依然是一个可选项，而非必需品。本次工作坊中，个别反哺效果不佳的老年人，究其原因在于对微信的需求并不强烈或缺乏使用场景，而是受到满足儿孙心愿、体验新事物等外部因素的影响。由于缺乏内在需求，在工作坊干预停止后，新习得的技能和反哺行为逐渐消失了。

需求主要分为客观需求和主观需求两个维度，具体如表6所示。

表6　被反哺者的微信使用需求

客观需求	生活环境：被反哺者的生活环境是否高度数字化，有使用移动支付等数字功能的需求
	家庭模式：被反哺者所在家庭是联合家庭还是核心家庭，是否有联系异地家属的需求
主观需求	娱乐需求：被反哺者是否需要使用新技术进行娱乐
	社交需求：被反哺者是否需要使用新技术进行社交
	其他需求：被反哺者是否有使用新技术的其他主观需求（如通过新媒体更加了解后辈）

总的来说，对于没有技术使用需求的老年人，我们无须强求，应最大程度地尊重老年人的意愿，而不是从自己的角度出发。因而，我们不止要关注老年人主观表达的需求，还应回到其实际生活环境中，去思考某类需求是否切实。

另外，需求会随着外在技术环境的变化而转变。除了当前需求外，也应该更建设性地看待老年人长远的需求。

需求之外，对反哺适用性的讨论还应结合另一点，即老年人既有使用技能和学习能力。部分老年人具有很强的学习能力和自我能动性，即便不借助外力，也可以自学不少新科技产品。对于这部分老年人，我们应该更多地在心理上给予鼓励，在策略上给予建议，促进老年人更好地自我推进，感受到自我赋能的成就感，成为同辈的标杆。

3. 反哺难点和解决方案

本项研究的第二个主要问题，就是探索家庭内微信反哺可能存在的难点，并为其提出对应的解决方案。基于对观察到的现象和对材料的分析，后期我们进行了大量的讨论和反思，最终跳出本次工作坊的设计和操作上的局限，归纳出了家庭内微信反哺的三大难点和可能的解决方案。

（1）难点一：被反哺者效能——强者愈强，弱者愈弱

本次工作坊中，显现了一个尤为突出的问题：一些能力不足、缺乏使用经验的被反哺老年人，在学习微信使用的过程中，表现出态度犹豫、学习信心不足、对自我能力评价很低的状况。并非所有老年人都表现如此，部分老年人亦表现出了十足的信心、之前也经常自学新事物。在对新科技的态度、使用意愿和能力上，老年人之间表现出了很大的差异。

解决方案："赋能"先于"授技"，重定义"老"的内涵。

让弱者向强者靠拢，而非强者愈强、弱者愈弱，我们需要对相对较弱者予以更多的关注。并且这种关注应当在"赋能"层面，而非"授技"层面。所谓"授人以鱼不如授人以渔"。

（2）难点二：反哺者意识——家庭内反哺的原生动力

除了老年人自身的一大特殊难点之外，本次研究认为，家庭内微信反哺机制的难点主要体现在反哺者一侧。其中，反哺者的意识是促使反哺发生的原生动力；在此之上，才是更多技能层面的问题。

解决方案：唤醒能动性——小小一举，事关重大。

反哺对于年轻人可能仅是一件随意而为的事，但对于老年人而言，可能影响巨大。反哺者只有充分认识到这一点，并将之内化成一种持久的动力，才可能在日常生活中去不断实践。作为数字原生代的孩子和数字移民的成人，我们应该认识到它在每一个人肩上的分量。

（3）难点三：反哺技能三大忌——挑战权威、武断、失去耐心

即便反哺者有足够的意识，反哺方式和技能的欠缺也很可能损害反哺的发生。在本研究中，技能层面存在三个最典型的问题。

首先，在中国高权力距离的文化语境下，年长者享有更高的权威。这在反哺过程中却成为一个阻碍因素。

其次，反哺者缺乏对老年人切身需求的理解。我们往往从自身感受或是所谓社会大众的选择出发，去为老年人选择学习的内容和教学方式。但这往往是盲目的，无法满足老年人独特又多样化的需求，也忽略了老年人的实

际接受能力。

最后，由于老年人学习效果较慢，反哺者在反哺过程中往往感到逐渐失去耐心。

解决方案：反哺方式与技能——尊老、务实、同理心。

对于上述"三大难"，我们尝试提出"尊老、务实、同理心"的解决方案。

首先，对于长辈维持权威感的问题，我们认为，老年人和年轻人都应该做出一定的妥协和改变。作为年老的被反哺者一方，应该以变化的眼光去看待世界，向所有人学习。而更重要的改变依然在年轻一代。我们首先应该理解传统，予以老年人足够的尊重。

其次，针对武断的问题，反哺者首先能做的便是换位思考。尝试从他们的角度，思考他们的所需所求；也可留心老年人偶尔表达的诉求。

最后，针对大多年轻人最为棘手的失去耐心问题，也许同理心是一条开解之道。依然通过换位思考，多看到他们由于生理、认知衰退带来的种种限制，和由此产生的对新事物的不自信与退缩。

（四）衍生思考

本报告开篇，我们便提出了"新与老"这个命题：不断更新的科技与不断老去的人们。

"新"指的是新科技。由于新科技、互联网、数字化进程不断深化，宏观如社会组织、结构、运作，微观到个体的生活方式、价值观和意识形态，新事物层出不穷。

在科技推动新事物层出不穷的同时，"老"似乎站到了对立面。中国传统社会文化对身体的强调映衬了对心理、精神世界的疏忽；对停止追求的提示傲慢地设定了一种老年人应该遵循的生活方式。

这种对"老"的观念设定，导致了老年人在身体上衰老的同时，也慢慢走入心态的衰减区。与此同时，年轻一代对"老"的刻板印象，也导致其一味加以保护限制、不敢鼓励其继续发展。

　　虽然新事物的发生不会停，而人终究会止步，但在有限的生命历程中，我们有权利去选择自己所需，完整地经历一段丰沛的生活。

　　但同时，"老"是一种规律，我们无法避免，也会实实在在感受到其来临。反哺老年人不能带来像哺育孩子那样的愉悦感。在反哺老年人的时候，却不得不面对屡教而无果、认知能力每况愈下的趋势。我们对老年人的不耐心、厌烦甚至愤怒，又何尝不是夹杂着对自身终将老去的一种忧虑、恐慌和抗拒呢？

　　因而，除了更新"老"的定义、摒弃消极待老的态度，我们也应该学会另一种心态——面对并且更坦然地接纳"老"这件事情的发生。

　　在此次行动研究中，还有一点令我们十分感慨：一些老年人选择参加反哺工作坊的关键动机，是看重工作坊中能与儿孙有更多的互动。

　　我们的社会历来倡导年轻人陪伴，但年长者的需求似乎始终难以满足。我们的社会正处在转型期，人口流动极大，很多青年人出于改变现状或竞争的需要，常迁移到一、二线城市中去。传统家庭被拆分，家人互动需求便更难满足。

　　即便并非相隔两地，青年人与年长者处在不同生命周期，对个人、家庭、事业等方面的重视程度和比重分配也是不对等的。我们应对年长者予以关怀，对青年人给予更多理解。但这种不对等生命周期必然带来错位的需求，这种张力从古至今，很难有彻底的解决办法。

　　很多老年人为了联系分居两地的亲人，学会了微信。一些老年人在"老友群"中相聊甚欢、通过上网发展兴趣爱好。新科技作为一种信息媒介，为老年人打开了一片天，让他们有更为独立和丰富的生活，也缓冲了对家庭的依赖感。

　　新科技在这两个层面上，的确能够去调和青老两代错位需求的矛盾。不过，技术工具并非万能，最重要的依然是科技带来的生活状况改变。

　　技术工具本身不是目的，人性才是，技术是到达人性的一种方式。技术也帮助我们丰富了新时代数字家庭理念的内涵——未来，更为理想的家庭关系，应该是在数字化的基础上既紧密又独立的关系。亲人之间互相联系、理解和尊重，却又并非完全依附。个体能更为独立自主，家庭亦可享受天伦之乐。

我们认知技术、使用技术，希望技术能更好地为生活服务，提升幸福感。当它真正成为让家庭联系更加紧密、人们彼此更加理解的桥梁时，便实现了它的最终意义。

三　小结

从2017年12月到2018年7月，历时半年有余，这项关于微信反哺行动方案探索的研究就此结束。经历了工作坊全程和后期素材深度分析，我们终于对微信反哺这一特殊互动有了更为深入的理解，对此前提出的三个问题——适用性、难点、解决方案，也有了相应的解答。

本次工作坊检验了家庭内的微信反哺的适用性，也提示了其所具有的潜力，我们希望未来能在关注老年人自身需求、关注家庭内原生动力之上，倡导、鼓励家庭内部的微信反哺，以及更大范围地对新科技产品采取反哺行动，帮助老年人更好地融入数字生活，同时促进家庭和谐，向未来的数字家庭迈进。与此同时，我们也必须正视本次研究中所发现的针对老年人效能感低、反哺者意识不足、反哺技能不佳的三大难点。这次实践所得经验将为后续更深入、广泛的数字反哺尝试提供启发，奠定基础。

经过本次研究，我们也得以了解"新科技与老年人""青年与老年需求"这两对充满张力的复杂关系。我们倡导社会对"老"的概念认知进行全方位的更新；在数字时代，予以老年人和青年人生活方式同等的自由与尊重，去拥抱科技，享受生活。

附录

附录1：问卷调查抽样方法

本研究抽样分为两个阶段，均采用配额抽样的方法。

一　第一阶段：确定调查的城市

首先，把全国（22 个省、4 个自治区、4 个直辖市，不包含西藏、港澳台）的城市单位划分为东、中、西三个区域。

其次，综合考虑城市的发展水平，城市人口数量①及城市级别等因素，在不同的区域下将城市进一步细分为一线城市、东部/中部/西部省会城市、东部/中部/西部普通城市，确立了抽样框。

最后，确定了全国 58 个城市（4 个一线城市、7 个东部/中部/西部省会城市和 47 个普通城市）作为调查城市（见附图 1）。

二　第二阶段：选择适合的调查对象

在每个抽取的城市中采用配额抽样②的方法来抽取调查对象，调查对象为至少拥有一位年满 55 周岁的中国公民的家庭，每一户被调查家庭需至少（但不限于）有一位 55 周岁以上的老年人以及一个晚辈（父辈或孙辈）参与调查。

附录 2：被调查者人口统计学特征

2018 年 1~6 月，65 位经过培训的调查员，在国内 4 个一线城市、7 个东部/中部/西部省会城市和 47 个普通城市按照给定配额寻找符合条件的老

---

① 参考《中国统计年鉴 2016》中各省人口以及城镇人口比例的统计。
② 具体配额方式依据各省市 2016 统计年鉴中的人口统计数据，尽量保证在所调查城市中被调查老年人在性别和年龄的分布上与该地区的整体情况相符。

年人，并对老年人及其家庭成员（最多四代、最少两代）进行调查。最终共有效访问家庭 956 个，获得老年人样本 1399 个，中年人样本 543 个（上有老下有小，且儿女年满 14 岁），青年人样本 1109 个（没有儿女或儿女未满 14 岁）。所有受访者的地域、性别、年龄和教育程度分布如附图 2 所示。

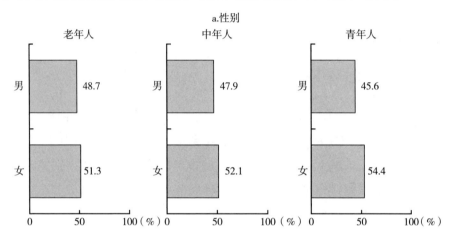

a.性别

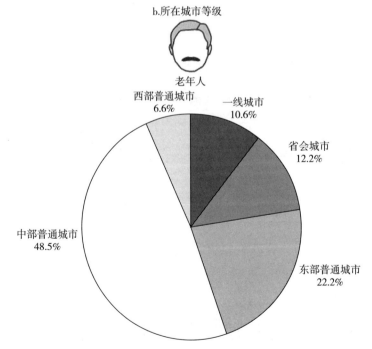

b.所在城市等级

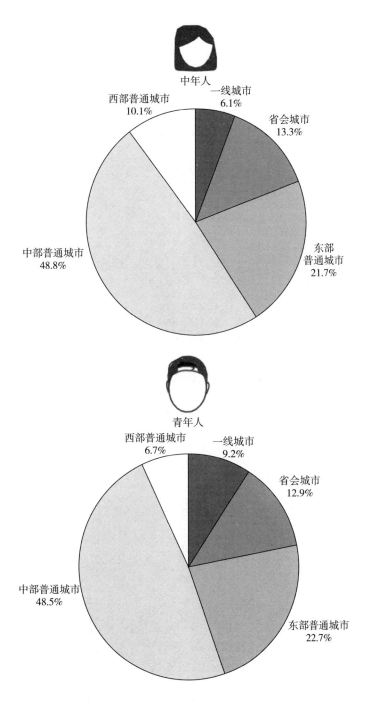

c.教育程度

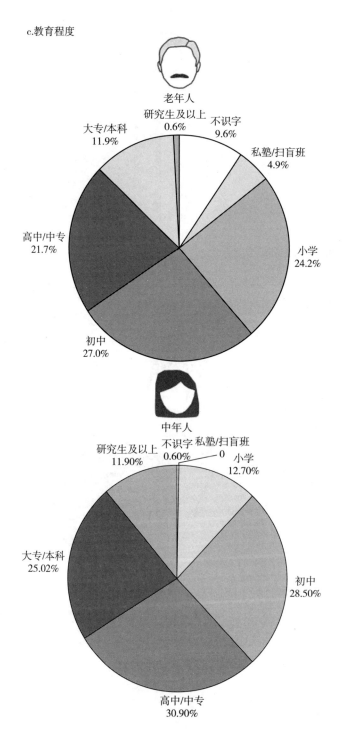

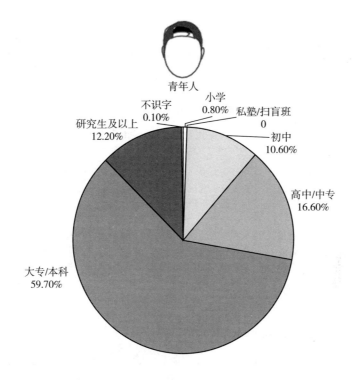

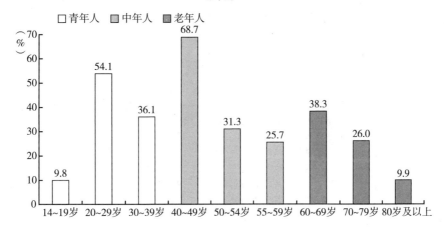

附图 1 受访者的人口特征

附录3：工作坊课程内容

项目	第一次课程 2017.12.23	第二次课程 2018.01.06	第三次课程 2018.01.20	第四次课程 2018.01.27
微信教学内容	·认识手机系统 ·登录微信 ·调大字体 ·接受好友邀请 ·添加他人好友 ·发送语音、文字	·发送表情 ·收藏表情 ·下载表情包 ·语音通话 ·视频通话 ·拍照并发送图片 ·拍摄小视频并发送 ·撤销和删除信息	·建立群聊（面对面、发起群聊） ·加入群聊 ·@群内人 ·发朋友圈、点赞、评论 ·发送定位、学会共享位置	·红包功能 ·微信转账 ·面对面付款阅读公众号 ·订阅公众号 ·转发公众号文章
新媒体素养提升	"你好，新媒体" ·介绍新媒体的概念和形式 ·文字媒介、声音媒介等不同媒介形式之间的差别和应用	"新媒体正能量" ·针对志愿者家庭真实生活需求如求医、自学、视听娱乐等介绍新技术的具体应用场景，提供可靠的选择渠道	"别对我说谎" ·微信谣言辨别，介绍常见的谣言类型和辨别方法，并推荐相关的辨别工具	"新媒体陷阱知多少" ·介绍常见的新媒体诈骗类型并推荐可供参考的预防方法
课后互动作业	·把爷爷奶奶的微信加入项目组群聊 ·拍摄爷爷奶奶添加别人为好友的过程 ·每个人准备一个新媒体正能量小故事 ·创意记录	·和家人来一场斗图大赛并截屏记录 ·我是小记者：采访爸爸妈妈媒体使用历史 ·引导爷爷奶奶拍摄小视频分享到项目互动群里 ·创意记录	·在项目互动群中@随意成员，发信息 ·帮助祖辈在本周内发至少3次朋友圈记录生活 ·拍摄一个以共享位置为主题的小短剧 ·创意记录	·给爷爷奶奶发红包并记录爷爷奶奶抢红包的过程 ·带爷爷奶奶用微信支付进行购物并拍摄记录 ·创意回顾总结

附录4：工作坊总体设计

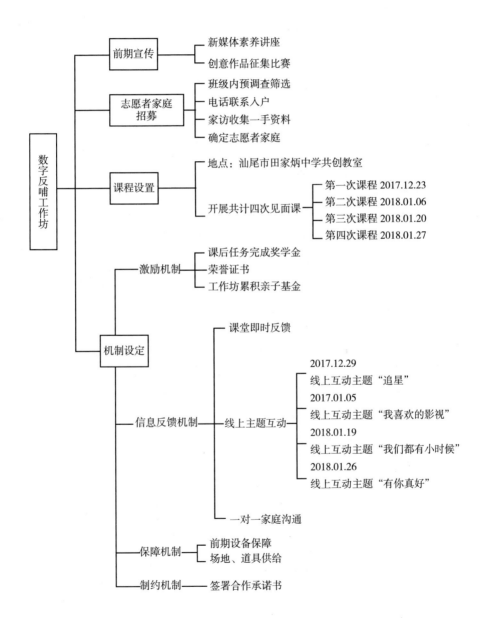

总顾问

郭凯天（Leon Guo）腾讯公司高级副总裁

出品人

司晓（Jason Si）腾讯研究院院长

总监制

程明霞（Mx Cheng）腾讯研究院助理院长

深圳大学团队：

周裕琼　深圳大学传播学院教授

林枫深　深圳大学研究生团队组长

柯成薇　深圳大学本科生团队组长

S-Tech 研究团队：陆诗雨、余洁、黄晨阳、段采薏

研究助理：丁海琼、李嘉豪、徐俊佳、陈怡希、李国扬、林艾倩、王锦正、曾凤仪、周维航、姜锴立

＊以上人员均为深圳大学传播学院研究生、本科生

学术顾问：

陆杰华　北京大学社会学系教授、北京大学健康老龄与发展中心副主任

彭华茂　北京师范大学心理学部教授

刘　谦　中国人民大学人类学研究所副教授

借　鉴　篇

ℝ.24
中日养老体系与政策比较

田兰宁*

摘　要： 日本 2000 年启动的长期介护保险制度已经发展为老年人长期
介护必不可缺的制度。在长期照护保险制度实施之前，日本
政府出台了长期照护保险法。日本照护保险的运营方面，主
要由中央、地方、个人三方来筹资。但是随着老龄化程度的
不断加深，需要介护的老年人的增加、介护时间的延长等，
对长期介护的需求也不断增加。介护保险制度实施以后，由
于介护保险的缴费方式增加了年轻人和低收入人的负担，存
在人们直接将老年人送入最能减轻家庭负担的各种机构或者

* 田兰宁，日本国际医疗福祉大学健康福祉经营学博士，思德库养老信息化研究院院长，中国
社会福利与养老服务协会副会长，中关村思德智能健康养老产业联盟（SSIDC）理事长，中
华预防医学会老年健康与医养结合工作委员会副主任，老龄社会 30 人论坛成员，清华大学老
年学研究中心特聘研究员。

社区日托中心，并不利用居家介护服务的状况。

关键词： 养老体系　日本　老龄

可以看到，在日本政党更新换代的过程中，往往老年人福利方面的政策是重要议题；在老年人福利政策议题上，形成两党的竞争。所以，每次两党展开竞争和更新换代时，都会有新的、针对老年人福祉的政策产生。这样就使得日本国民对老年人福祉方面的满意度越来越高。

一　日本老年福利政策发展历程

在长期照护保险制度实施之前，日本政府出台了长期照护保险法。2000 年，长期照护保险制度正式实施。我们现在提到的日本养老非常好，就指制度保障。养老照护保险为所有养老服务制度提供了重要的财政支撑，使得日本在养老服务的程度上有重要保障。得益于长期照护保险，日本老年人群对国家的满意度大幅提高。

日本照护保险的运营方面，主要由中央、地方、个人三方筹资。在筹资过程中，需要有保险的界定，在保险的界定中推出了评估这一方法。在评估的过程中可以了解到老年人需要照护的种类和程度。同时，按照老年人的健康情况进行分级，分类之后进行筹额的配置。各类服务项目都有不同酬额，无论什么服务项目都有一个额度来进行赔付。以上是目前养老照护保险的运营体系。

日本政府负责长期照护保险工作。在政府和地方政府的行政窗口，首先要进行老年人的情报采集，认为有需要的老年人会去区役所的窗口申请。在申请过程中，会对老年人进行评估，评估后产生 8 个等级，为需要照护的 1 级到 5 级、需要支援的 1 级和 2 级、不需要照护和支援。这个庞大的体系是由政府来操作的，在操作过程中公平性、服务的可及性、可持续性都得到保证。所以在这样的情况下，照护的范围与费用的调整都在不断变化。在这样庞大的体系背后，日本政府的行政支出非常大；而行政支出是长期照护保险的重要部分，也正是因为这样的行政支撑，才可以使费用能更公平地被公民所用。

谈到日本的改革，日本政府要比其他人都更了解其所面临的情况，所以对于改革是毫不犹豫的。政府提出对长期照护保险每三年进行一次修改，修改的原因是老龄化是非常动态的。比如，在20世纪80年代，认知症的问题并不像现在这么突出。在人类身体老化的过程中会出现各种问题，而新问题出现时，我们的医疗体系、知识体系都需要调整。因此，日本政府提出三年修改一次的方针。从修改的过程中，可以看到日本政府的敬业性——对于社会问题不断地跟踪和调整，花费了大量的心血。

在长期照护保险实施五年之后，日本政府发现，费用非常巨大。"花费这么大进行长期照护保险，到底解决了多少问题？还有多少问题需要解决？"为此就推出了通过评估来对失能老人进行预防。如果一个老人被评估为重度失能，他会获得资助。但这个费用只能延续他的生命，却不能保证他的生活质量，同时也不能解决健康问题。因此，日本政府就提出了照护预防的概念，将费用的使用提前，希望使老年人在更长时间内能自理，预防失能，失能前提供一定资金让老年人去社区康复中心，改善其居家环境，并提供一定支援。这是一次比较大的政策调整。

2008年，日本政府发现，日本在照护方面的人才是非常短缺的，并且对于照护人员的培训应该从重视数量向更侧重质量转变。照护人员需要更高的专业技能来应对各种需要照护的情况。

2011年和2014年的改革是一脉传承的，主旨是走向社区居家服务。日本政府发现，建设了很多养老机构和专业服务机构依然无法完全覆盖老年人的需要。"我们现在无法建造更多机构了，就到此为止，我们现在需要你回到家里。"所以2011~2014年，形成了互助居家体系；2014年则是更加强调地方的照护系统，调整社区居家养老，使得重度失能老人也能居家享受到照护服务。在日本，重度失能老人不一定要去机构，居家也同样能够得到服务，同时，老年人去世的地点也可以在家里。2012~2015年，费用急剧增加，而之前的几次改革在控制费用方面都没有起到明显的作用，所以2014年起，日本政府想控制费用，开始考虑长期照护保险的可持续性问题，"我们是否还有足够的钱去保证长期照护保险的持续"。

2015年在整个调整的过程中可以看到政治博弈、民间的呼吁和学术界的参与，能够看到日本的决策部门对于政策的调整，虽然不是特别迅速，但是目标非常明确，从中也有很多模式创新，2011年后，许多创新涌现了出来。

在2017年修订、2018年4月开始实施的改革中提出了信息化，提出了ICT化和照护机器人的投入补贴。这样的政策会使得日本的IT企业能够加大养老方面的研发投入，并且更容易找到产业化的可能。改革最大的背景就是老年人大量增加。老龄人口的大量增加导致仅靠效率的提高已经无法解决巨大的照护费用。2025年以后，第一批婴儿潮出生的人全部75岁以上，还包括65岁以上独立生活、夫妻生活和空巢的老人，这对于日本是一个非常棘手的问题。能够看到这次改革强调了定量化和信息化，以及很多具体的措施。

综合来看，日本的改革强调了以下几点：一是重视预防，提高生命质量。二是保障低收入人群的保险公平性。三是医养结合。日本的医养结合和中国是完全不同的。日本强化了医疗和照护的区别，同时把医疗体系加以划分，如65岁老年人需要的医疗与80岁高龄老人需要的医疗的区别。另外可以看到日本对于养老人才的培养是非常重视的。

本次修订从4月开始，首先是个人费用增加，个人需要支付的费用增加；共生型服务将残疾人也列入长期照护保险范围；照护医院，有一个大背景就是婴儿潮，结合医疗技术和人们生活质量，这其中贯穿了日本人对生死观的转变；ICT化也就是信息化，使填写的文件数量减半，在日本信息化发展是有很大阻力的，有了制度保障后信息化可以在日本更好地推进；加大照护机器人的开发力度，给大家一个明显信号，让大家认识到照护不只是政府的问题，仅仅依靠政府是不行的，也是产业和个人的问题。

20世纪50年代后期开始的经济高速增长带来了国民生活水平的提高，特别是饮食条件的改善、医疗事业的发展、卫生保健措施的完善等使日本的长寿老人越来越多。"少子化"则进一步加剧了日本的老龄化，1970年日本正式步入老年型国家的行列。

近年来，日本国民医疗费所占比重呈现上升趋势，尤其是 20 世纪 90 年代至进入 21 世纪初的 10 年，虽然从宏观层面上看，日本的医疗需求在绝对量上的增长趋势得到了一定程度控制，但是因为受到经济增长因素的影响，医疗需求占国民收入的相对比重依然居高不下。

截至 2013 年 4 月，日本需要介护的认定人数为 564 万人，比 2012 年增加了约 2.59 倍，其中轻度认定人数增长幅度较大，增速进一步加快。正是由于介护认定人数的增加，介护费用也随之上升。

二 日本介护保险制度介绍

介护保险制度，即保证所有居民在需要长期介护时，均可享受同等服务。在日本，长期介护服务所需的费用由长期介护保险制度承担。利用人自己负担的金额为费用的 10%，剩余金额的一半由保险费负担，另一半由税金（中央 25%、地方 25%）负担。

负担保险费的原则上包括 40 岁以上的所有人群。对于居家服务，重度患者每个月最多可以享受约 36 万日元的服务赔付。不同市町村的老年人（65 岁以上）保险费也不同，但全国平均每人每月约 5000 日元。

随着老龄化程度的不断加深，需要介护的老年人在增加、介护时间在延长等，对长期介护的需求也在不断增加。小家庭的增加及承担长期介护的家庭成员趋于高龄等，需要介护老年人的家庭状况发生了变化，因此需要创建一个全社会共同承担的老年人长期介护机制，即长期介护保险。长期介护保险的理念在于自理援助，对需要介护的老年人，已超越单纯的生活照顾，以支持老年人自理为理念；以利用者为本，即由利用者选择，可以综合接受来自多方主体提供的保健医疗服务和福利服务的制度；采取赔付和负担关系明确的社会保险方式。

目前，2000 年启动的长期介护保险制度已经发展为老年人长期介护必不可缺的制度。65 岁以上的参保人（被保险人）自制度启动以来增加了约

1.4 倍，需要介护人或者需要援助人自制度启动以来增加了约 2.4 倍，保险费自制度启动以来增加了约 1.7 倍。

介护保险制度，可针对卧床不起、认知障碍症等或需要日常生活照护等支援的参保人，根据其介护的必要程度提供相应的服务。参保人是否需要介护及程度的判断，应进行需要介护认定。需要介护认定的保险人（市町村）基于一定的基准，由参保人申请，根据参保人身心状态，分为需要介护度1～5、需要援助 1 和 2、不符合条件等级别。

需要介护的认定有两个判定，首先根据市町村的认定调查员根据身心调查（认定调查）及主治医生的意见书进行判定，其次是二次机构认定，需要介护的最终认定由市町村设立的独立的"介护认定审查会"进行。

三　日本老年长期介护服务体系建设对中国的启示

介护保险制度是日本社会保障制度的重要内容，是基于日本人口快速老龄化的现实需要，在社会福利制度从救助到服务均等化的发展过程中，由于日本政权的更换，社会组织、市民团体等各界的推动，为满足国民对完善福利制度的呼声，借鉴德国的介护保险制度，导入的一项重大的老年福利制度。

日本老年卫生和介护体系的核心是以介护保险制度为基础，形成的老年卫生资源的确定与配置，并由此来进行养老服务的组织与递送。介护保险比较成功地实现了介护的社会化，服务类别明细，专业程度明显提高。介护保险制度的实施使得老年人医疗费用增长速度放缓，缓解了医疗保险基本赤字的扩大趋势，达到了质量保障与费用控制的目的。总的来说，介护保险法的颁布和实施，基本明确了家庭、个人、中央政府、地方政府的责任界定和分担，实现了基本保障的公共价值。

但是介护保险制度实施以后，由于介护保险的缴费方式增加了年轻人和低收入人的负担，也存在人们直接将老年人送入最能减轻家庭负担的各种机构或者社区日托中心（并不利用居家介护服务）的状况。并且，由于各地经济发展水平的差异，人们生活水平的不同以及各个地区的老龄化水平的差异，造成了保费最低地区和最高地区的差距达到了三倍以上，同时部分老龄化水平较高的相对贫困地区政府由于介护保险基金的不平衡甚至开始借贷（从经济发展不均衡这方面来看，中国的情况更加严重，因此更应当注意地区差异）。此外，在老龄化快速发展、日本经济不景气的大背景下，医疗以及介护费用的增长趋势仍然是不可逆转的。随着日本超高龄社会的到来，因长期介护保险制度而促成的需要介护老年人数量引起全社会关注，需要介护老年人不断增长，因此无论是个人负担还是国家财政负担的费用都将持续增加。这也将成为日本政府和百姓要一起面对的一个大问题，并直接影响日本的经济发展和国力水平，日本医疗介护制度改革势在必行。

综上所述，日本今后一定会走向产业化。但可惜的是日本走的路已经形成了一个非常严谨、完备的闭环，再走产业化，难度比我们想象的要大，但这是一个大的方向，不走产业化是很难承担如此庞大的费用的。另外是定量化，通过大数据来分析计算，比如 75 岁以上哪些药有用、哪些药完全是浪费。日本具有得天独厚的条件来做好大数据，因为都是国家来做，所以数据保存得很好。不过日本也存在一个问题，就是行政和 IT 界的对话不够敏感、不够迅速，其实日本的 IT 公司应积极去孕育大数据挖掘，建立模型，这样我们可以参考，也可以用得上，这对于我们未来的制度是有帮助的。目前的日本还看不到太多信息化的影子，相比之下中国则在信息化上做得更好，很多地方都已经 IT 化了。中国现在的问题主要是，虽然信息化进程很快，但在知识及其积累上的差距很大。

总体上，我们能从日本学习到的好的东西多，不好的东西相对少一些。虽然我国现在有 15 个城市在试点长期照护保险，但不是日本意义上的长期照护保险，可能会涌现出更多的灵活性和多样性。这条路才刚刚开始，我们需要大量的研究和实践，面临大量的挑战。

ℝ.25
日本老龄社会下的商业创新

李　佳*

摘　要:　日本自 2005 年以来一直是世界上老龄化程度最高的国家, 未来其老龄化趋势将进一步加剧。与其他发达国家相似, 日本有很多人视老龄化为洪水猛兽, 担心老龄化会成为经济社会的负担。但日本也有很多人看到老龄化是大势所趋, 积极开发新方案、新产品和新服务, 从而创造了新商机。

关键词:　日本　老龄产业　商业创新

日本自 2005 年以来一直是世界上老龄化程度最高的国家。据日本内阁 2018 年度《老龄社会白皮书》, 截至 2017 年 10 月 1 日, 日本 65 岁以上人口达 3515 万, 占总人口的 27.7%。

日本也是世界上老龄化速度最快的国家之一。65 岁以上人口占比从 1970 年的 7% 到 1994 年的 14%, 仅仅经历了 24 年的时间, 而法国用了 130 年、瑞典是 85 年、美国是 70 年。

未来, 日本老龄化趋势将进一步加剧。据日本国立社会保障·人口问题研究所发布的《日本未来人口预测》, 按出生中位数、死亡中位数预测, 日本 65 岁以上人口占总人口的比重将于 2036 年达到 33.3%、2065 年达到 38.4%。

在这样的背景下, 与其他发达国家相似, 日本有很多人视老龄化为洪

---

* 李佳, 盘古智库老龄社会研究中心副主任、研究员, 主要研究领域为老龄社会、人工智能。

水猛兽，担心老龄化会成为经济社会的负担。但日本也有很多人看到老龄化是大势所趋，积极开发新方案、新产品和新服务，从而创造了新商机。

一　新宿京王百货：对老龄群体再细分

新宿京王百货成立于 1964 年，是日本著名老牌百货公司之一。商场位于东京新宿地铁站上方，地处日本最繁华的商业区之一。在与周边百货商场的激烈竞争中，京王百货独树一帜，凭借着聚焦老龄群体的独特市场定位得以生存发展。

走进京王百货，更加宽敞的通道、没有高低落差的柜位、大字的价格牌、每楼都有的休息座椅和饮水机、配置扶手的卫生间、高度相对低矮的洗手台、速度更慢的电梯，处处体现着对老龄群体细节的关注。同时，用传统的"值下げ"（打折）代替"Sale"，也更加符合老龄群体的语言习惯。

在楼层设计与商品安排上，药品、假发、护理用品被集中在一起，防止有此类需求的老龄者在各楼层间奔波；服装不按品牌，而是按价格、大小和颜色布置在一起，方便老龄群体的个性化选择；保持传统的地板布局，避免老龄顾客处于全新、陌生、过度青春化的购物环境。

为了提高客户服务和沟通质量，京王还设有购物顾问和色彩顾问，为老龄群体提供贴心的购物帮助和搭配建议；在自有服装品牌的设计中，要求设计师以"打扮自己母亲"为标准进行设计。

京王是日本最早以老龄群体为主要客源的百货商场。早在 1996 年，京王就将顾客细分为四类：65 岁以上、55～64 岁、40～54 岁、40 岁以下。

需要注意的是，京王的顾客分类看似以年龄划界，其实是基于多元化的价值观和个人特征。

65 岁以上人群有良好的消费和储蓄习惯，以二战后的价值观享受休闲时光，但他们的消费仍需正当理由，喜欢成熟的商场形象与熟悉的购物环境。

55～64 岁人群是战后第一代婴儿潮，虽然比较保守，但有着与年轻一代共同的价值观，有巨大的消费力。他们喜欢外观漂亮的优质产品，有国际化体验和对旅游、放松的喜好，更注重私人生活，不喜欢将生命全部投入工作中，看重个性和来自家人、朋友的口碑信息，还对预防老龄化和健康老龄化的产品兴趣深厚。

40～55 岁人群出生在后婴儿潮时期，会毫不犹豫地购买国际化、年轻风格、昂贵的名牌产品，个人消费单价水平远高于其他人群。

40 岁以下是年少的婴儿潮一代，不超过 40 岁并在年轻时尚领域打拼。

正是基于以上观点，京王确立了以 55～64 岁人群为最重要目标人群、40～54 岁人群为战略目标人群的独特市场定位，并得到了市场的认可，40 岁以上的消费者数量增长明显，每年 70% 以上的销售额都是由 50 岁以上消费者所贡献的。

二 永旺葛西 G. G Mall：针对老龄群体的社群化运营

永旺葛西购物中心成立于 1982 年，位于东京都江户川区。2013 年，顺应周围 2 公里内的 65～74 岁老龄人群比重超过 40%，购物中心四层被改造成专门面向 55 岁以上老龄人群的 G. G Mall。

G. G（Grand Generation）一词源自日本作家小山熏堂，指的是日本战后婴儿潮、目前年龄已经超过 55 岁的一代人，有"最重要、最高级"的意思。从起名上，就可以看出永旺对老龄人群不喜欢被称作老年人的特殊尊重。

G. G Mall 称自己的设计理念是"一切从老龄人群出发"，要把所有老龄人群想做的事都搬进商场。

针对起床早的老龄者，这里从早上 7 点就开始营业。

针对想锻炼的老龄者，这里有每天早上免费参加的健身操课程；有 180 米长、专门加宽的室内健身步道和专门的健步课程；有专门面向老龄群体的健身房，提供拉伸锻炼等相对舒缓的运动；还卖各种护膝、护踝、徒步手杖等运动保护装备。

　　针对有能力或认知障碍的老龄者，这里有免费班车接送；有参加过专门培训的服务员和购物顾问；还有可以提供康复性物理治疗和认知症辅助治疗的康复中心。

　　针对想娱乐的老龄者，这里有可以随意试用的乐器行，有 2 个工作室和 6 间教室提供百余种关于围棋、跳舞、瑜伽、戏剧、料理、摄影、手工艺学习的体验活动。

　　针对有金融需求的老龄者，这里有各类金融机构的服务网点，提供储蓄、理财、贷款、保险等各类服务。

　　针对想接触新科技的老龄者，这里的咖啡店里有电脑、平板等智能设备，可以尝试上网、阅读电子书。

　　针对有宠物的老龄者，这里有提供宠物照顾与美容服务的宠物店。

　　针对想商品便宜的老龄者，这里有每天早上 7 点至 9 点的"早鸟折扣"；还有每月 15 日的"G·G 感谢日"，对 55 岁以上顾客有额外 5% 的折扣。

　　凭借这种高黏度的社群化运营，G. G Mall 的月客流量达到 15 万人，老龄人群的日均停留时间达到 3 小时。

　　目前，永旺以 G. G Mall 为样板，在日本重新装修了 13 家分店，并计划在 2025 年前改造 100 个网点，专门满足老龄人群的需求。

三　超市与便利屋：融入老龄群体生活

日本的各家超市针对老龄人群也下足了功夫。

购物车经过了专门的设计与改良，车筐更浅，车体更轻，还配有老花镜。

货架标识清楚，高度适宜，顾客不需要弯腰或踮脚就能取到商品，还设有放大镜。

商品以小包装和轻包装为主，便于搬运。

价格标签以大字为主，容易辨认。

食物以 1 人份为主，成分少油少盐，既便于一次性吃完又有益于健康。

对于含糖的食物还有清楚的标识，方便特殊人群。

收银台高度较矮，配有站立支撑架。

购物区内设有厕所和休息区。

凭借无微不至的周到考虑，超市将自己打造成老龄人群的购物胜地。

遍布各处的便利屋，更是与老龄人群的生活密不可分。

如7-11便利店以营业时间长著称，开门很早、关门很晚，为附近的老龄群体提供房间打扫、水电维修等服务，特别是在晚上和周末等休息时段提供相关服务。

另一家大型便利店连锁企业罗森集团则开设了"多功能"健康便利店，将药品销售、护理、营养健康咨询与便利店的功能合为一体，招徕附近居民特别是老龄人群光临。同时，便利店内定期举办各种健康和护理讲座，还设有"咖啡空间"，为居民提供交流场所。

与7-11和罗森集团齐名的全家集团则在便利店内开设食疗专柜，为糖尿病、肾脏病等慢性疾病患者提供90多个品种的专用饮食。

针对便利店覆盖不到、购物不便的地区，日本一些超市还推出了移动零售服务——将轻型货车加装冰箱冰柜，搭载生鲜、米面、酒水饮料、冷冻食品等约300种商品，每周提供1~2次上门零售服务。

四　七膳食：零售与快递的结合体

7-11是日本最大的连锁便利店，网点遍布大街小巷。宅急便（简称YTT）也是日本数一数二的知名快递品牌。双方最初的合作是，YTT将7-11便利店作为收货和卸货的地点，由此补充完善自己的快递系统。而7-11既可以受益于YTT的快递系统，迅速将货物运往各地，也可以将自身形象从零售店转为服务机构，更深入地融入人们的日常生活之中。

1988年，YTT扩展运输能力，率先推出了冷藏快递业务，可以将新鲜食品快速运抵各地。这让7-11从中看到了双方新的合作点。

2000年8月，7-11成立了七膳食服务公司，专门从事订餐服务。

从事订餐服务，离不开高效的配送能力和低廉的运送价格。YTT 的快速运输能力正是七膳食商业模式的关键一环。首先，YTT 的专业能力可以确保七膳食的送餐时效和质量。其次，YTT 的冷藏运输是七膳食夏天必需的运送途径。最后，通过达成长期合作意向，YTT 对每份餐仅收取 200 日元的运费，相对包裹运输已非常便宜。而对 YTT 来说，七膳食的庞大订单足以弥补单价的低廉，并且有助于公司提高日常业务量和拓展运送能力。

2000 年 9 月，七膳食首先在东京市区开始提供服务。点餐渠道包括商品目录、网站和 7–11 便利店；取餐方式包括送餐上门和到店自取两种。仅用了 7 年时间，七膳食就于 2007 年夏天实现了覆盖日本全境，拥有用户 20 多万，其中一半以上都是 60 岁以上的老龄者，另外一半是没时间出去吃饭或喜欢七膳食的消费者。很多人选择到店自取，因为这样灵活性更强，可以同时购买其他商品并和店员聊天互动。

七膳食的成功，固然有餐品种类、质量、价格等多方面的因素，但 7–11 与 YTT 的结盟绝对是至关重要的原因之一。7–11 在零售业的经验、YTT 在物流业的能力，让双方打破了原来的市场壁垒，共同找到了全新的商业机会，创造了新的服务增值能力。

五　日本 Curves 女士健身俱乐部：深耕中老年女性健身

Curves 成立于 1992 年，总部位于美国，是一家专注于女性的国际连锁健身公司。日本 Curves 于 2005 年引入，现有门店超过 1760 家，会员超过 80 万名，2016 年净收入高达 13 亿元人民币。

日本 Curves 沿袭了美国总部的大多数做法。

（1）只为女性提供服务，工作人员也都是女性。

（2）主推"30 分钟环形健身"。该项目由 12 台健身器械组成一个环形，分别针对女性 12 个身体部位，女性只需要在每台器械全力以赴 30 秒，中间穿插缓和性恢复动作。整套运动简单、有效、用时仅 30 分钟，却可以达到运动 1.5 小时才能消耗的 500 卡热量。动作难度低，适合各个年龄段的女性，对健身基础的要求为零。

（3）鼓励交流。Curves 鼓励会员以小组锻炼的方式代替个人单独锻炼。同时，有别于传统健身俱乐部将器材朝外布置，Curves 的器材呈环形朝里摆放。会员们在锻炼时能看到彼此，方便交流。

（4）社群化运营。定期为会员举办"闺蜜联盟"活动，包括才艺培训、健康食谱、时尚美妆、职业发展等课堂活动，短途旅行、骑马、SPA、温泉等休闲活动，与商家合作的餐厅优惠、住店优惠、航班优惠等优惠活动。会员还可邀请家人和朋友一起参加。这些活动创造了良好的社群环境，有效地宣传了 Curves 的价值观，起到了非常好的营销效果。

与美国总部不同的是，日本 Curves 更强调日本身处老龄社会，更关注中老年女性。

（1）更迎合中老年女性的喜好。与总部宣传减重和健康饮食的理念相比，日本 Curves 更强调健康和养生的理念，以及对于疾病的预防和控制。

（2）价格更低。健身房不配游泳池、沐浴间，只配备常用的健身器材，以降低健身会费。

（3）无须预约，只要有空余时间，随时可以去健身。

（4）健身房不设镜子，避免打击自信心，也不容易分心，可以全身心投入运动。

目前，日本 Curves 会员的平均年龄为 50 岁，并且大多数从未参加过任何健身俱乐部。它在看似饱和、看似与老龄群体毫无关系的健身市场，以全新的视角挖掘出一片全新的市场，取得了巨大的成功。

六　洲本怀旧小巷：植根老街的新文旅项目

洲本市位于日本兵库县最大的岛屿——淡路岛中部，从明治时代开始就作为日本纺织厂的聚焦地而繁荣起来。但是受产业转换、1998 年明石海峡大桥开通等影响，当地的游客开始减少。再加上老龄化程度的不断加深，市区商业街上的一些店铺开始关门停业。

例如位于市内本町（日本行政区划之一）的一条宽约 2 米、全长 400 米的商业街，原本有电影院、饭店、鞋店、金鱼店等商铺鳞次栉比，但随着居民的老龄化和游客的减少，关门空置的商铺越来越多。

2012 年，担任洲本再生委员会会长的野口纯子（时年 69 岁）提出将空商铺改造为"小巷食堂"，为独居高龄者提供午餐服务和地区监护，并将"小巷食堂"所在的商业街改名为"洲本怀旧小巷"，以恢复这条商业街的活力。

洲本怀旧小巷建有很多日本传统建筑——町屋。再生委员会为此策划了专门的怀旧文旅项目，邀请人来参观旅游和举办活动。经过项目运作，从北海道、大阪等地吸引了年轻的新商家入驻。

到 2018 年，洲本怀旧小巷已成为一条拥有约 30 家店铺的商业街。小巷食堂每天都会迎来光顾的百岁常客。每逢假日，小巷遍布拿着导游手册的游客。每逢春天和秋天，小巷还会举行为期两天的"老街漫步"活动，并邀请近百家餐饮和手工艺者到这里卖货。

一条历史悠久且老龄化、看似活力渐失的"老"街，就这样焕发出了新魅力。

七　结语

除了上述创新之外，日本还有旅行社请老龄顾客参与制订旅游计划，再与顾客一起销售这些旅游计划，从而让客户可以体验到符合自身健康、能力和愿望的旅游项目，并能够遇到志趣相投的人。还有的机构为 55 岁以上的人群提供探险学习项目，希望通过户外探险让他们感到仍有很多要学的东西。

事实证明，老龄群体不是经济社会的负担。只要找准痛点、痒点、难点，他们既可以是经验丰富的生产者，也可以是实力强大的消费者。老龄社会下，商机依然无限。因此，在看到日本面临老龄化挑战的同时，我们更需要关注日本如何实现老龄社会下的商业创新。

R.26
荷兰：从福利国家到参与型社会

李　佳*

摘　要：　荷兰改革福利制度比较有代表性的措施包括：给予地方更大的自主权。中央将更多的责任、权力和义务转移给地方，鼓励各地针对自身情况，因地制宜。鼓励民众就地互助。要求地方搭建市民互助网络，呼吁邻里之间互相帮助，最大限度地就地解决问题。缩小护理险保障范围。明确护理险保障对象以机构养老者为主，其他能转入医疗保险的尽量转入医疗保险，能交给社会服务的尽量交给社会服务。进一步严格护理院入住条件，鼓励轻症患者尽可能采取居家养老。通过这些措施，荷兰既保住了社会保障的"底线"，更要求地方、社会、市场、家庭和个人积极地参与老龄化应对之中。

关键词：　参与型社会　社交近邻队　荷兰

在老龄化浪潮席卷全球之时，世界上哪个国家的准备最充分呢？是老龄化程度最高的日本，还是经济高度发达的美国？答案都不对。

"墨尔本美世全球养老退休金指数"由美国美世咨询公司（全球分布最广的人力资源管理咨询机构）和澳大利亚金融研究中心共同制作完成，下设40多项指标，被认为是世界上最全面的养老制度评估体系报告，至今已

---

* 李佳，盘古智库老龄社会研究中心副主任、研究员。主要研究领域为老龄社会、人工智能。

连续发布 10 年。不久前发布的 2018 年"墨尔本美世全球养老退休金指数"中，多年蝉联"亚军"的荷兰终于排名第一，成为世界上对老龄化准备最充分的国家。

作为全球老龄化前列的国家之一，2000 年荷兰老龄化已达 13.6%，2017 年更进一步上升至 18.5%。并且，荷兰独身老人近 40%，与家人同住的老人不到 2%。那么，荷兰到底是怎样应对老龄化的呢？

一　国家政策的调整

荷兰曾长期是欧洲高福利国家的典范，但全球金融危机和欧洲债务危机后，荷兰经济一度复苏乏力，财政连年赤字，失业率不断上升。在日益深化的老龄化面前，传统的高福利已难以为继。

2013 年 9 月 17 日，荷兰国王威廉·亚历山大在向全国发表年度演讲时宣布，荷兰将告别福利国家，转向"参与型社会"，呼吁国民自己选择、自己管理生活，互相帮助。不过，为了防止国民的恐慌，他同时强调，社会服务和护理服务与人密切相关，将按以往的方式来继续实施。

以国王讲话为标志，荷兰开始大刀阔斧地改革福利制度。其中，比较有代表性的措施如下。

（1）给予地方更大的自主权。中央将更多的责任、权力和义务转移给地方，鼓励各地针对自身情况，因地制宜。

（2）鼓励民众就地互助。要求地方搭建市民互助网络，呼吁邻里之间互相帮助，最大限度地就地解决问题。

（3）缩小护理险保障范围。明确护理险保障对象以机构养老者为主，其他能转入医疗保险的尽量转入医疗保险，能交给社会服务的尽量交给社会服务。进一步严格护理院入住条件，鼓励轻症患者尽可能选择居家养老。

通过这些措施，荷兰既保住了社会保障的"底线"，更要求地方、社会、市场、家庭和个人积极地参与老龄化应对之中。

二 授人以"渔"的社会近邻队

改革中，荷兰的地方和社会虽然承担了更多的责任，但中央的放权，也为它们提供了比以往更充分的创新空间。"社会近邻队"由此应运而生。

社会近邻队一般每队 10 人，由地方政府出资组建，主要由当地经验丰富的社会工作者组成。每座城市内都有多支社会近邻队，各自就近负责自己所在的区域。当市民遇到问题时，可以首先与社会近邻队联系，如运动恢复时想参加健步走团队、轻微疼痛时寻找附近的理疗师等，都可以向社会近邻队寻求帮助。

日常，社会近邻队会到客户家中交流。这个交流叫"在厨房桌上的交谈"。通过交谈，社会近邻队会重点了解客户本人能做什么，家人能做什么，附近和地区能做什么，从而摸清客户的实际状况和真实需求。然后，社会近邻队会去志愿者组织了解他们又能提供什么帮助。最后，社会近邻队将需求相同的人集中起来，尝试一起共同解决问题。

社会近邻队的工作人员介绍，一般来说，客户 80% 都是简单问题，只要有家庭和邻居的合作就可以解决；15% 是复杂问题，如孤寡老人、多问题交叉重叠等；还有 5% 是严重问题。对此，简单问题一般由负责的队员直接解决，复杂问题则在团队内互相商量，更复杂的问题在团队集体会议上探讨解决办法。最后仍然解决不了的问题，再委托其他的组织提出建议。

例如，一位 68 岁的男性，一个人住在脏乱、有害虫的公寓里。社会近邻队会先与他交谈，找到问题的症结所在。然后会帮助他打扫房间、清除垃圾和除虫。房屋干净后，社会近邻队会要求他做好身体健康管理。当地的志愿者组织也会派来"朋友志愿者"，定期与他一起去散步。方案的核心就是：帮助他不再回到以前的生活。

目前，荷兰 87% 的地方都设置了社会近邻队，大城市更是高达 96%。各地普遍积极评价社会近邻队的作用，认为此举有效预防了严重问题的发生，实现了综合性问题的积极应对，有助于民众的自立。特别是对于那些想要继续在自己家里生活的人来说，社会近邻队为他们提供了帮助。

三　可以全龄参与的生命公寓

生命公寓由荷兰养老专家汉斯·贝克教授于20世纪90年代率先提出，目前被誉为世界最好的养老项目。在荷兰的多家生命公寓中，最有名的是鹿特丹生命公寓，荷兰女王和政府官员经常到此参观。

全面的开放性，让人人可以参与其中，是荷兰生命公寓的最大特点。生命公寓更像是 Shopping Mall 的老龄升级版。附近的人可以来这里的超市购物，朋友可以来这里吃饭，孩子可以来这里嬉戏、喂养动物。周末，这里还会组织跳蚤市场。老人身处其中，不会有与世界的隔阂感。这里与周围的社区也不会产生违和感，可以很好地联动在一起。

鼓励老人尽可能自己动手，也是生命公寓的特色之一。为了防止老人各项机能"不用即废"、出现退化，公寓工作人员对老人不是帮办一切，而是尽可能要求老人激活自理能力，并通过多种辅助器械为老人创造尽可能自理的生活环境。

更有趣的是，生命公寓内还设置了"主妇"一职，让她充当老人的一家之主，不仅负责老人的衣食住行，还负责安排老人的日常起居与运动训练，组织各类社交活动。

实际上，荷兰生命公寓已经走出了养老项目的局限，成了一个面向全社会的全龄项目。各个年龄段的人都可以来到这里，找到自己的乐趣所在。

自立、互助构成了荷兰应对老龄化的主线。正是依靠这些措施，荷兰实现了从福利国家到参与型社会的巨大转变。

R.27
德国"多代屋"推动代际融合

柴 恂[*]

摘　要： 中国正加速步入老龄化社会，提高老年人的生活质量，使高龄群体老有所为、老有所乐，是政府、市场以及全社会在未来的重要任务。德国作为世界主要发达工业国家，已经步入超老龄社会（Super-aged Society），在针对老年人的社会服务和组织创新方面有许多经验可供中国研究和借鉴。本文试图厘清作为德国养老创新的多代屋模式（Mehrgenerationenhaus）的不同类型，介绍它们的运作方式及其在养老和代际融合问题上的独特作用。

关键词： 老龄化　代际融合　多代屋　德国

　　面对日益加强的老龄化挑战，我国媒体和社会积极寻求发达国家在这方面的经验。德国的多代屋模式因而映入人们的眼帘。所谓多代屋，大体是给代际交流和互助提供一个平台，这中间年轻人可以为年长者提供帮助，同时从他们丰富的生活经验中获益。这是建立在自愿基础上的互帮互助行为，无关人们的年龄或家庭关系、来历背景。

　　当前国内的相关报道中，对于多代屋的定义和形式描述得并不清楚。实际上，德国多代屋概念所指的是两个范畴：为人广泛了解的是所谓多代居住模式（Mehrgenerationen-Wohnen，Multigenerationenhaus），这是一种长期居

---

* 柴恂，科隆大学经济管理与社会科学学院比较政治研究中心硕士研究生。

住安排，也是一种生活方式。属于不同年龄层，（常常是）没有亲戚关系的人们经过协商一致，选择组成"大家庭"共同生活。居住空间既可以是独立房子也可以是面积较大的公寓，每个住户在其中享有自己的房间作为私人空间，而诸如浴室、厨房、会客室、花园，以至桑拿房或娱乐室，则属于公共空间。关于这部分设施的使用，住户一般会提前协商清楚，约法三章。住户之间具体的约定形式多种多样，一些居住型多代屋纯粹是不同年龄层的若干住户合住一所房子，大致等同于含有老年合住者的WG——这是一种德国年轻人特别是大学生当中常见的合租形式，即居住共同体（Wohngemeinschaft）的缩写。另一些多代屋中，住户之间存在更紧密的合作关系，他们依靠彼此维持生活，或者共同经营某些生意。比如在德国和以色列的乡下，由不同年龄层的有机农业爱好者组成多代生态农庄种植出售农产品，从而过上一种现代的乡村生活。实际上，对多代共居模式最感兴趣的就是老年人和带小孩的年轻父母，因为这样一来，老年人既排解了孤独，生活中诸如买菜、购物之类的小事也有人帮忙；年轻父母则有人搭把手看孩子。因此也不难理解为何许多单亲父母更加乐于住进多代屋了。

有人罗列了多代共居模式中老年住户能够提供的帮助。

（1）帮忙看孩子，比如孩子在花园里玩耍有人监护；

（2）年轻人遇事可以提供建议；

（3）当孩子们的"爷爷""奶奶"，特别是他们自己的祖辈过世或住得太远；

（4）搭伙做饭；

（5）帮忙打扫；

（6）帮忙收快递；

（7）照料宠物；

（8）帮忙浇花；

（9）向孩子们传授经验、传递价值；

（10）给孩子们讲故事。

年轻人给老年住户主要提供如下帮助。

（1）帮忙购物；

（2）家务事搭把手；

（3）陪老人散步、做运动；

（4）打理花园；

（5）帮助老年人排解孤独，接触社会；

（6）多些人同住，老人更有安全感；

（7）帮忙开车；

（8）修理东西；

（9）给老年人传授生活经验的机会；

（10）教老人使用新技术，融入现代生活。

不难看出，居住型多代屋的便利之处其实跟传统的大家庭生活非常接近。比起拥有血缘纽带的传统家族，多代共居模式以住户间的自愿约定为基础，形成一些传统家庭特有的代际关系优势。在以小家庭为主、人际关系日益原子化①的如今，这无疑为一些现代社会的困境提出了解决方案。另外必须提到的是，多代屋不同于照护居住（Betreutes Wohnen，英语：Assisted Living），老年居住者不会要求年轻人提供全方位的身体照料或护理服务；相应地，年轻住户也不能指望老年人完全替代幼儿园 24 小时帮自己看孩子。如果需要这些服务，他们仍然会寻求专业机构的帮助。

德国多代居住模式的另一个特点是，许多住房由住户共同拥有产权——这与大学生的 WG 大相径庭。一些多代住宅甚至是志同道合的伙伴事先协商妥当，共同出资购买土地，再责成建筑开发商按照多代屋模式的特殊需求建造房屋。现在德国和瑞士的一些建筑开发商已经开始提供专门适合多代共居模式的房型。至于住户间的产权分割，一般在购房或建房时就以合同的形式确定下来了。居住型多代屋建立在住户共同约定、共同出资、互相帮助的基础上，虽然政府原则上对这类房屋的建设不提供经济支持，但针对多

---

① 社会原子化：德国社会学家格奥尔·齐美尔在《大都会与精神生活》一文中指出："城市居民的生活长期处于紧张刺激和持续不断的变化之中，这导致居民逐渐缺乏激情、过分理智、高度专业化以及人与人之间原子化"。

代屋，各区县税收部门以及教会等民间机构在房屋选址以及税收减免等方面还是有一些特殊优惠。

多代屋的另外一种含义是指在德国联邦家庭、老年、妇女和青年事务部（Das Bundesministerium für Familie, Senioren, Frauen und Jugend，缩写：BMFSFJ）主导下自 2006 年起在社区内建设的跨代际聚会活动场所（Mehrgenerationenhaus als Tagestreffpunkt）。多代屋作为社区聚会场所的构想是由时任下萨克森州家庭事务部长乌苏拉·冯德莱恩于 2003 年在该州率先发起的，此后被推广到全德范围。截至目前已经建成多代屋 540 所，拥有超过 3000 名全职工作人员、33000 多名自愿参与者、18000 多个服务项目。每天就有超过 6 万人次使用多代屋提供的服务。从 2006 年到 2016 年的十年间，联邦家庭事务部推动了两轮多代屋行动计划，当前正在进行中的第三期始于 2017 年，计划至 2020 年结束。在此期间，社区建设多代聚会设施可以得到持续五年、每年 40000 欧元的补贴，其中 30000 欧元来自联邦政府，10000 欧元由社区以及州政府、区县共同筹措。补贴的主要目的是提供多代聚会中心运行所需的资金。

作为社区聚会场所的多代屋，作用主要集中于通过为社区居民提供日常见面沟通的平台，方便不同年龄层的居民了解彼此生活中遇到的困难，然后自愿参与设立互助服务项目，最终解决问题。多代屋基本设施一般包括一个便于邻里会面的开放式咖啡厅以及儿童室。规模较大的还设有座谈室、游戏活动空间等。总体来说，它就像是一个社区的大客厅、一间公共起居室，来自社区或者教会组织的全职工作人员负责日常运作，在他们的协助下，居民们自发开展针对家庭事务的互助服务项目。比如，合作看孩子，最典型的是所谓"租赁爷爷/奶奶"，他们可以承担家长不在时照看小孩的任务；方便儿童和学生就餐的午餐小饭桌；各种课业辅导小组；保洁和护理服务等。此外还有许多课程，诸如戏剧表演小组、绘画小组及语言课程，针对老年人的一对一电脑课，帮助移民背景人士学习德语的融合课程等。根据参与者的兴趣爱好和所掌握技能的不同，不同多代屋所提供的服务和课程种类不一，总体来说是相当多样的。

多代屋计划从一开始就非常强调居民自愿参与和紧密结合社区这两个方面。前者被认为是多代屋计划决定性的组成部分。社区中的参与者是提供服务项目的主体，因此多代屋秉持结构开放的原则，鼓励人们根据自己所掌握的技能开发新服务项目。任何和项目有关的建议都会受到尊重和重视，这意味着参与者可以大胆尝试开展服务而不用害怕失败，如果在项目中遇到了问题，多代屋也会协助他们做出改进；假如参与者缺乏开展服务所需的相关资格，多代屋也会积极出资帮助他们取得必要的认证，如参加培训、考证等。多代屋对自愿参与者的支持有利于激发他们的积极性，以便持续提供高质量、多样化的服务。此外，多代屋注重切合社区现有的服务以及需求。如果有必要，德国各地的多代屋和其他类似服务提供者之间会进行服务项目交流，互通有无，一方面弥补有些地方的服务空白，另一方面避免了和附近组织项目重叠造成的资源浪费。在这个过程中，多代屋加强了与社区各种协会、文化教育机构的有机联系。

联邦政府多代屋计划最终希望达到的目标是增进个体与社会的联系，特别是针对老年人或有移民背景的人。以往，这些群体可能由于害怕与人接触或者缺乏归属感而遭到社会的忽视，多代屋以其简便开放、平易近人的姿态，更容易接触这些人群，为他们发声，从而促进他们与社会的沟通。在此过程中，年轻人、老年人以及移民群体能够从彼此的社会技能中获益，最终在人口结构变迁——包括老龄化以及全球化导致移民增加——的背景下引导开发社会特有的潜力和可能性。实际上，民间自发组成的居住型多代屋和联邦多代屋项目建立的社区中心虽然在性质和组织形式、资金来源等方面完全不同，但从拉近人群之间的距离、弥合代际冲突（Generationenkonflikt）、促进老年人以及移民参与社会活动的角度来说，它们所起的作用是一致的。

R.28
平等养老研究报告

王江松[*]

摘　要： 养老权利具有普适性和平等性，然而现阶段我国基本养老保险制度体系中存在着农民、农民工、城镇企业职工、机关事业单位工作人员和高干分别享受不同养老待遇的"五轨制"。建议农民的养老权和养老金与其房屋所有权、宅基地使用权、土地承包权等财产权利平行；建议农民工和城镇企业职工养老制度并轨。

关键词： 养老权利　基本养老保险制度　平等

一　何谓平等的养老权利

退休、养老，是最基本的人权，是人的生存权在老年时的实现，或者说是人在年老时的生存权。由于人到年老时不能继续劳动并靠劳动获得生活资料，就只能靠自己过去的积蓄养老了，在没有积蓄或者有限的积蓄耗尽以后，老人就会失去生活资料来源，从而面临极为严重的生存危机，乃至被活活地饿死。现代文明社会，国家和政府显然不能甩手不管老人的死活，而必须以社会的力量、社会的方式来保障老年人的生存权利。这就是现代社会保障和社会保险制度的起源和本质。

平等的养老权利，得到世界人权宣言的庄严承诺："第二十五条（一）

---

* 王江松，中国劳动关系学院教授。

人人有权享受为维持他本人和家属的健康和福利所需的生活水准，包括食物、衣着、住房、医疗和必要的社会服务；在遭到失业、疾病、残废、守寡、衰老或在其他不能控制的情况下丧失谋生能力时，有权享受保障。"也得到中华人民共和国宪法的庄严承诺："第四十四条　国家依照法律规定实行企业事业组织的职工和国家机关工作人员的退休制度。退休人员的生活受到国家和社会的保障。第四十五条　中华人民共和国公民在年老、疾病或者丧失劳动能力的情况下，有从国家和社会获得物质帮助的权利。国家发展为公民享受这些权利所需要的社会保险、社会救济和医疗卫生事业。"公民养老权的内容是以生存权为核心理念的一组权利，包括社会保险权、社会福利权、社会救助权、社会优抚权、最低生活保障权、子女及家庭的赡养扶助权等。公民养老权的实现和保障能够使公民年老时过一种符合人的尊严的生活。

养老权利具有普适性和平等性，任何一个人在地球之上，任何一个公民在一国之内，均享受不可剥夺的生命权和养老权。这种普遍和平等的养老权，不仅适用于所有劳动者（工人、农民、职员、公务员、灵活就业者、个体户、自由职业者、家庭妇女），而且适用于所有由于特殊原因不能就业的非劳动者，也就说，适用于一切公民。

在远古的原始社会，由于生产力的极度低下和物质财富的极度贫乏，老年人的生命权在很多情况下得不到尊重和保护，他们或者被遗弃，或者找个地方自行了断。在古代和近代社会，虽然物质财富的积累在多数情况下达到了可以在全社会范围内保障老年人生存权利的水平，但由于社会经济政治制度的不公不义，存在严重的统治、剥削、奴役、掠夺、压迫现象，相当多的底层民众在年老时失去生活来源，在饥寒交迫、贫病交加中过早地结束了生命。生产力和经济的发展、物质财富的丰裕、阶级奴役和等级隔离的衰落、民主法治制度的建立、自由平等的人权观念和社会公正观念的普及，终于使养老权成为一项基本的人权和公民权。在现代社会，哪怕是一个老人活活饿死，也会成为骇人听闻的事；如果竟然有大面积的老人忍饥挨饿、流离失所、讨米叫化、绝望自杀、冻饿而死，那就可以判定，这个社会还不是一个文明的社会，而是一个野蛮的社会。

养老保险是现代社会公民的一项法定要求权,具有非商品化和非市场化的特点,它能减少和缓解市场经济运作过程中产生的不平等。人们主要不是根据市场竞争结果,也不是等待他人和慈善机构的施与来满足养老需求,而是根据公民身份和资格,向国家和社会要求相应的供给。养老保险制度只有以公平正义的法治和伦理精神作为内在的价值标准,对具有保障资格的所有公民无差别地实施,才能保障所有公民的养老权,赢得全体公民的认同。

二 各国养老保险制度对公民养老权的实现

现代的养老保险制度起源于 19 世纪末欧洲资本主义工业社会。1889年,德国在世界上第一个建立了强制性的国家养老金制度。经过 100 多年的发展,类似的制度已经推广到 160 多个国家和地区,逐渐形成了三种基本的社会保险类型。今天,养老保险制度早已成为工业化国家普遍覆盖全体公民的一项最基本的社会保障措施。

(一)劳动权利型或收入关联型养老保险

以德、美、法等发达市场经济国家为代表的养老保险,并不覆盖全体国民,强调待遇与工资收入及缴费情况相关联,保险对象一般为工薪劳动者,养老保险费由雇主和雇员共同负担,通过立法程序强制雇主和劳动者分别按照规定的投保费率投保,并要求建立老年社会保险基金,实行多层次退休金。与此同时,国家是养老保险的后盾,在财政、税收和利息政策上给予资助(见表1)。

(二)储蓄型养老保险

储蓄型养老保险制度在一批新兴市场经济国家实行,以新加坡、智利等国家为代表,强调自我保障的原则,实行完全积累的基金模式,建立了不同类型的个人养老保险账户或"公积金"账户。养老保险费用由雇主和雇员

表 1　德国、美国、法国的养老情况

项目	德国	美国	法国
国家	法定养老保险：强制险，每一个雇员、企业、团体必须在法律规定下定期投保，养老金会随着全国工资水平的提高而增加。国家财政补贴约占其总支出的 1/5。目前 80%~90% 的老年人、伤残者和遗属的主要生活来源为基本养老金 男、女职工都应在 65 岁退休，矿工、失业者、女性职工可提前到 60 岁退休，但早退一个月，养老金少 3‰	联邦退休金制度：国家以征收社会保障税的方式筹集，雇主和雇员按同一税率缴纳。雇员应缴纳的数额采取分段办法计算，年薪在 13 万美元以上的部分则不需要纳税 职工退休年龄不分男、女都是 65 岁，同时必须纳税 40 个季度（10 年）才能享受待遇	基本养老保险：缴费率为 16% 左右，其中雇员承担应保工资的 6.55% 再加所有工资的 0.1%，雇主承担雇员应保工资总额的 8.2% 再加所有工资总额的 1.6%。因各阶层具体利益细分了 130 种保险标准，使得每一步改革都必须充分考虑到所有阶层 男、女职工满 60 岁时，如果缴费年限达到 40 年，可领取相当于本人工作期间工资最高的 25 年的月平均工资 50% 左右的基本养老金，否则领取养老金的年龄在 65 岁
企业	企业养老保险：完全由企业负担，企业养老金一般相当于净工资的 4% 左右。职工退休后每月可领到企业养老金	私人年金计划：企业自愿，分为确定待遇方式和交费方式，政府向雇主提供税收优惠措施，目前有 60% 的雇员参加了该计划	补充养老保险：缴费率约为工资的 10%，由雇主、雇员分担，国家给予税前列支的优惠政策。与基本养老金相加，可实现 70% 左右工资替代率的养老金
个人	私人人寿保险：自愿在商业性的保险公司投保，65 岁时可从保险公司领到一次性或按月付的保险金	个人退休金计划：自愿参加，储金一般个人出 3/4、企业出 1/4，最高存款额为每年 2000 美元，年薪超过上限的不能参加	商业性养老保险：基金积累制，个人自愿加入，由各种互助保险和商业保险组成，缴费率依据利率逐年变动
启发	2014 年，德国养老保险制度改革的重要举措便是推行"母亲养老金"，提供额外养老金，保障女性的晚年生活	美国的农村人口也可通过自我雇佣者身份参与社会养老体系，且农民所缴纳的税明显要少，额度相对较低，政府还直接对农业进行补贴。农业家庭的平均收入甚至超过了非农业家庭的平均收入	法国在养老政策上侧重对社会弱势群体的保障，尤其是对于女性劳动者和失业者在保持账户平衡制度上的设计。此外，缩减公共部门养老保险制度的特权问题几乎贯穿了法国 20 年的所有养老保险改革，在 2003 年就已基本接近了零差距

共同分担，在参保人退休或遇有特殊需要时，将个人账户基金定期或一次性支付给个人。这种养老保险制度有利于发挥个人的自我保障功能，体现多劳多得的原则，但是，这一制度也存在自身缺陷，即无法充分发挥社会保障的互济互助功能，同时普遍面临着如何使基金保值增值的压力，在出现持续通货膨胀和金融危机时将面临困难。

在新加坡，政府设定了一种强制的"中央公积金"，强制要求雇主和雇员每个月在公积金账户存钱，现行的公积金缴费率为工资的35%，雇员分担20%，雇主分担15%。"中央公积金"带有强制储蓄的特性，为员工提供包括医疗、教育、养老、住房等在内的综合性保障服务，一般分为三个账户。一是普通账户，存款可用来购房、购买保险，也可用于投资和子女教育；二是特别账户，用于购买相关金融产品；三是保健账户，用于支付医疗费用。若老人经济困难，无法维持生活，可向政府提出申请，政府会根据具体情况，通过"公积金补充计划""家庭保障计划""公共辅助养老金计划"等政策来给予老人一定的生活补助。香港目前实行的中央公积金制度就是参照新加坡模式建立起来的。

智利政府强制要求所有雇员必须参加养老保险，基本养老金全部来自个人缴费。"智利模式"所缔造的私有化改革对包括中国在内的很多国家养老金制度建设产生了深远的影响，2008年起，对自雇者及非正规部门就业者也被强制要求参加。政府对参保人员缴费率统一规定为10%，并对缴费收入免征个人所得税。此外，参保人员还需给养老基金公司缴纳较高的管理费。18～65岁雇员均需以月工资收入为基数缴纳养老保险，男性65岁、女性60岁时，养老金金额主要根据个人账户缴费金额、预期寿命、投资回报率等因素确定，主要分为定期领取、年金领取（资金转移到人寿保险公司，按月领取，直至死亡）和延期年金领取（定期与年金的结合）三种方式。这种私有化"个人账户"养老金制度无法体现社会保障所强调的互助共济的基本原则，政府和企业逃避了责任而把风险转嫁给了个体劳动者，养老金的覆盖率下降，收入差距拉大。2011年，国际劳工组织对已运行30年的智利养老模式做出了如下评价："面临风险最大的个人是自谋职业者、农业工人、临时工和妇女。这个私有化制度加剧了在获得现有福利方面的性别不平等，而且没有解决覆盖面和福利适度的问题。"

（三）福利型普惠制养老保险

如果第一种类型主要由企业承担养老保险费，第二种类型主要由个人承担养老保险费，那么，第三种类型则主要由国家承担养老保险费，雇员个人不缴费，因此又被称为国家统筹型养老保险制度。福利型养老保险以英、北欧、澳、加、日等发达市场经济体为代表，基本养老保险覆盖全体国民，强调国民皆有年金，因此也被称为"普惠制"养老保险（见表2）。这种养老金与公民的身份、职业、在职时的工资水平、缴费（税）年限无关，所需资金完全来源于政府税收。需要说明的是，这种普惠制的养老保险待遇，一般水平较低，不足以维持退休者的体面生活，退休者必须同时加入其他养老保险计划中。目前，实行福利型养老保险的国家大多已经或正在向一种混合型制度转轨，即由福利型养老保险与收入关联型养老保险共同构成基本养老保险。

表2　英国、瑞典、日本、澳大利亚、加拿大的养老金体系

项目	养老金体系	评价
英国	公共养老金:基础年金(强制性缴费) + 收入关联养老金计划,2016 年起,个人最低国家基础养老金每周不会少于148.4 英镑 私人养老金计划:职业养老金 + 个人养老金,均采取市场运作模式,国家养老金仅能保证普通职工退休后的基本生活需要,更高的退休待遇主要依靠私人养老金来满足 国家补充养老金:覆盖人群包括年收入较低者、照看儿童或残疾人士者	以贝弗里奇报告为基础,按照统一、综合、充足、分类等原则,迅速构建起"从摇篮到坟墓"的社会保障体系。在给付充足性、制度可持续性等方面排在世界前列,有效控制了老龄化给国民保险基金及财政带来的负担,降低了缴费率过高对就业产生的负面影响

续表

项目	养老金体系	评价
瑞典	公共养老金制度:名义账户(参保者、雇主每年以税收的形式向名义个人账户供款,这些供款以养老金信用的形式记录在参保者的"银行存折",退休后按月领取)+基金制个人账户(个人账户的资金积累购买有息资产)+保证养老金(无须个人缴费,资金来源于国家财政,领取时间为65岁,精准定位于底线生活需求)职业养老金一般由工会与雇主通过集体谈判决定,不具法律强制性;私人养老金主要体现为商业保险和个人融资理财残疾养老金:由于生病或意外伤害而不能完全康复返回工作岗位的,可获残疾养老金,最高级别的残疾养老金相当于伤者受伤前的全额工资	北欧国家始终坚持福利国家经济制度的基本原则,瑞典是典型代表,其养老保险制度从诞生至今已有100多年的历史。瑞典养老保险在改革中不断倾斜无收入和低收入人群,并促进工资收入低、缴费年限长(蓝领工人)人员养老金增长速度的加快;同时,针对收入水平高、缴费年限短的人员则呈现逆向分配的趋势,以此缩短同一代人之间的收入不平等瑞典企业年金的设立非常特别,是劳资双方谈判的结果,完全由企业支付,不需要职工缴纳有关费用。多数情况下,企业职工自21岁开始有自己的企业年金账户,年满55岁时便可开始领取
日本	国民养老金:强制性,缴纳保费政府与国民各承担1/2,但对于符合一定条件的低收入者则采用非缴费型福利年金制度,其费用全部由国家负担;领取年龄为65岁雇员年金:覆盖5人以上私营企业职工的年金称为厚生年金;而国家公务员、地方公务员、公营企业职工、农林渔团体雇员、私立学校教职员工参加共济年金非公共养老保险金:私人机关经营管理者的职业养老金或公司养老金;农民在获得基础国民年金保险外还可以获得一份追加的养老金	日本是社会保障最健全、社会福利水平高的亚洲国家。为保证国民年金的收支平衡,日本中央财政一直对国民年金给予大量补贴,2014财年,日本包括养老在内的社会保障支出占中央财政的比重达到了31.8%。尽管日本公共养老保险金采用的是现收现付制筹资模式,但截至2015年,公共养老基金管理的资金总额多达117万亿日元,仅次于美国,位居世界第二
澳大利亚	政府的"最低生活保障福利安全网":凡年满65周岁的女性居民和男性居民,只要通过家计审查,即可领取由财政部门发放的最低养老金。养老金为当地平均周薪的25%,并随物价指数进行调整,其资金来源于税收职业年金也具有雇主强制性,而自愿性质的职业年金、个人养老金可享受税收优惠,有1/3年龄在15~64岁的雇员有自愿性养老金储蓄	在高社会福利的澳大利亚,退休人员的养老并不仅仅依赖于养老金。根据澳大利亚的有关规定,单靠养老金生活的退休者不缴纳个人所得税。此外,政府还为老年人提供医疗、交通、地租、水电费等方面的优惠,退休人员还可享受一些福利,如乘车半票,水、电、煤气、汽车的养路费、电话和互联网的补贴等
加拿大	保障金计划:无须个人缴费,政府财政负担,对于没有其他收入来源的老年居民,还可获得一定数额的收入保障金;领取年龄为65岁;职业年金为强制性保险计划,60岁后可按月领取,并额外提供伤残、遗属津贴;自愿型保险计划更侧重退休储蓄、利润分享方面	加拿大将养老保障的救助性和强制性分开规定,前者用一般税收为全体退休者和其中的特殊困难群体提供低水平的保障,属于再分配性质。后者是国家立法强制所有就业人员都要参加,属于互助共济、风险(寿命长短)分担的制度安排

上述三种类型的养老保险制度，其实只是分别突出了企业、个人、国家在养老保险中特殊的地位和作用，并不排除企业、个人、国家在养老保险中的互补共存的地位和作用：在以企业为第一责任主体的收入相关型养老保险中，国家的兜底作用和个人储蓄的补充作用也是不可缺少的；在以个人为第一责任主体的储蓄型养老保险中，企业和国家也是不能缺位的；在以国家为第一责任主体的普惠制养老保险中，企业和个人也是积极参与的。世界银行在1994年出版的《防止老龄危机——保护老年人及促进增长的政策》中首次提出公共养老金计划（第一支柱）、职业养老保险计划（第二支柱）和个人储蓄计划（第三支柱）的概念。11年之后，世界银行在2005年出版的《21世纪的老年收入保障——养老金制度改革国际比较》中，将三支柱扩展为五支柱：一是非缴费型养老金的"零支柱"，就是作为定额式养老金的国民养老金或社会养老金，以提供最低水平的保障；二是缴费型养老金制度，这是"第一支柱"，它与本人的收入水平不同程度地挂钩，旨在替代部分收入；三是强制性的个人储蓄账户，这是"第二支柱"，但各国建立形式各有不同；四是灵活多样的自愿型保险，这是"第三支柱"，如完全个人缴费型、雇主资助型、缴费确定型或待遇确定型，个人可自主决定是否参加以及缴费多少；五是非正规的保障形式，如家庭成员之间、代际之间、社区和社会组织对老年人在经济或非经济方面的援助，包括医疗和住房方面的资助。

由这五支柱组成的养老保险体系，基本上做到了全覆盖的、平等而有差异的、公平正义的对公民养老权的保障和落实：所谓全覆盖和平等，是指人人都获得了能够满足基本生存需要的养老金；所谓差异，指养老金与在职收入和缴费数额挂钩，在底线平等的基础上具有合理的差别；所谓公平正义，是指既实现了部分转移支付、缩小了贫富差别，又保留了个体差异，鼓励了个体参与养老体系建设的积极性和责任心。可以说，包括养老保险在内的社会保障、社会保险、社会福利体系的建设，是人类历史上最伟大的制度发明和创新之一。

三　不平等的养老：中国养老保险现状

（一）中国基本养老保险制度体系

现阶段中国社会养老保险体系包括基本养老保险、企业补充养老保险、个人储蓄性养老保险三个层次。其中，基本养老保险是最基本的一个层次，目前已基本形成城镇企业职工基本养老保险制度、城乡居民基本养老保险制度和机关事业单位工作人员基本养老保险制度三大板块；实行"统账结合"模式，社会统筹部分采用现收现付模式，均由单位（集体）负担，个人账户采用积累模式，全部由个人缴费形成（见表3）。

表3　中国基本养老保险制度体系

项目		城镇企业职工	机关事业单位	城乡居民
基本模式		社会统筹 + 个人账户		
覆盖群体		城镇各类企业职工、个体工商户灵活就业人员、农民工等	按照公务员法管理的单位、参照公务员法管理的机关（单位）、事业单位及其编制内的工作人员	年满16周岁（不含在校学生），非国家机关和事业单位工作人员及不属于职工基本养老保险制度覆盖范围的城乡居民，可以在户籍地参加城乡居民养老保险
筹资模式	单位/政府/集体	本单位职工工资总额的20%，进入"统筹账户"		每年100～2000元12个档次，省级政府可以根据实际情况增设缴费档次，参保的城乡居民自主选择缴费档次，多缴多得，地方政府适当补贴
	个人	本人缴费工资的8%，由单位代扣，进入"个人账户"，个人工资超过当地上年度在岗职工平均工资300%以上的部分，不计入个人缴费工资基数；低于当地上年度在岗职工平均工资60%的，按当地在岗职工平均工资的60%计算个人缴费工资基数		
领取条件		参加工作、缴费年限（含视同缴费年限）累计满15年		年满60周岁、累计缴费满15年，且未领取国家规定的基本养老保障待遇

续表

项目		城镇企业职工	机关事业单位	城乡居民
基本模式		社会统筹＋个人账户		
给付模式	新人 基础养老金	（当地上年度在岗职工月平均工资＋本人指数化月平均缴费工资）/2×缴费年限×1%		月养老金＝基础养老金＋个人账户储存额/计发月数制度规定基础养老金标准为55元 新农保或城居保制度实施时已年满60周岁，在本意见印发之日前未领取国家规定的基本养老保障待遇的，不用缴费，自本意见实施之月起，可以按月领取城乡居民养老保险基础养老金
	新人 个人账户养老金	月标准为个人账户储存额除以计发月数		
	中人	基础养老金＋个人账户养老金＋过渡性养老金		
	老人	按原来的规定发给基本养老金，执行基本养老金调整办法		
缴费未满15年人员养老金待遇		达到退休年龄但缴费年限累计不满15年的人员，不发给基础养老金；个人账户储存额一次性支付给本人，终止基本养老保险关系		距规定领取年龄不足15年的，应逐年缴费，也允许补缴，累计缴费不超过15年；距规定领取年龄超过15年的，应按年缴费，累计缴费不少于15年
调整机制		据当地企业在岗职工平均工资和物价变动等进行调整	根据职工工资增长和物价变动等情况，统筹安排机关事业单位和企业退休人员的基本养老金调整	2015年初，将基础养老金最低标准提高至70元/（人·月），今后可随国家政策调整

（二）事实上的养老"五轨制"

1. 农村老人基本没有养老保障

早在2008年，就有过像电影桥段一般的"入狱养老"报道。湖南农村老人付达信为了养老，故意抢劫被捕；在监狱里，他两年来第一次吃到了肉，做了有生以来的第一次体检；和以前生病硬扛着不同，每天均有医生来巡诊，有急病随时到狱内医院就诊，病重了还会有专人来照顾。在如愿度过一年半"牢"有所养的美好时光后，养老问题再次现实地摆在他面前。自2010年出狱回村养老，老人却总在惦记"不用劳动、解决温饱"的"监狱生活"。

中国人民大学老年学研究所发布的调研报告显示，"有41.2%的农村老人，仍要靠劳动收入养活自己"。更为无奈的是，一些丧失劳动能力又无子女照料的老人被逼自杀了结生命。武汉大学教师刘燕舞在湖北、山东、山西、河南等11个省份的40多个村庄调研之后发现，农村老人的自杀现象"已经严重到触目惊心的地步"。经统计，在各村去世的老人中，自杀率高得惊人，"至少30%，这还是保守估计"。在六年调研里，刘燕舞发现有不少老人，因为行动困难，拿不到药水瓶也站不上板凳悬梁，便在不及人高的窗户上，搭起一根绳，挂住头，蜷起腿活活吊死。这样惨烈的自杀，在农村数不胜数。"药儿子""水儿子""绳儿子"成为替老农民"养老送终"的"孝顺儿子"。

为了解决农村地区的养老问题，中国从2009年开始试点新型农村养老保险，即"新农保"。这是国家为未参加城镇职工基本养老保险的广大农村老人提供基本生活保障的主渠道。从2009年起，它在全国10%的县试点，基础养老金定为每人每月55元。换句话说，一个农村劳动者每年缴纳100元，60岁后每月能领取55元（甚至低于农村居民最低生活保障的57元）。九年过去了，2018年的基础养老金仅调整为90元。从各地实施城乡居民社会养老保险制度的情况看，多数农村老年人反映缴费档次太少，待遇水平过低，城乡居民社会养老金仅仅是企业退休金的14.8%，更不到公务员退休金的4.5%，参保对于养老问题的解决意义较小。

2. 农民工的养老权利残缺不全

我国的农民工，到2016年，已经超过28171万，临近退休年龄的农民工将近5000万。数十年间他们并没有纳入社会保障体系之中，直到2009年2月，才由人力资源和社会保障部依据2008年通过的《社会保险法》，制定了《农民工参加基本养老保险办法》（见表4）。

城镇企业职工养老保险费是单位缴纳20%、个人缴纳8%，再加上一些单位搞了企业补充养老保险，两者相加，农民工所获得的养老权益，仅相当于城镇企业职工的一半左右。而且这只是在理论上、制度上的权利，实际

表 4　农民工的养老权利情况

覆盖范围		在城镇就业并与用人单位建立劳动关系的农民工
制度模式		社会统筹 + 个人账户
筹资方式	单位	单位缴纳 12%
	个人	本人缴纳工资的 4%～8%，由单位代扣
领取条件		参加工作，缴费年限累计满 15 年以上（含 15 年）
基本养老金待遇	基础养老金	以当地上年度在岗职工月平均工资和本人指数化月平均缴费工资的平均值为基数，缴费每满 1 年发给 1%
	个人账户养老金	个人账户储存额除以计发月数，计发月数由本人退休时城镇人口平均预期寿命、本人退休年龄、利息等因素决定
缴费未满 15 年	参加新农保	由社保机构将其基本养老保险权益记录和资金转入户籍地新型农村社会养老保险，享受相关待遇
	未参加新农保	比照城镇同类人员，一次性支付其个人账户养老金
关系转移接续	到新地区就业	向新就业地社保机构出示参保缴费凭证，由两地社保机构负责为其办理基本养老保险关系转移接续手续，其养老保险权益累计计算
	未能继续参保	由原就业地社保机构保留基本养老保险关系，暂时封存权益记录和个人账户，其间个人账户继续按国家规定计息

上农民工参保人数还不到农民工总数的 20%。也就是说，多达 22500 万农民工没有加入基本养老保险，由于常年在外打工，其中很大一部分也没有加入新农保，也就是说，他们没有任何养老保险。

雪上加霜的是，按现行制度规定，养老保险转移时只转个人账户，统筹基金就留在农民工流出地，而流入地则要承担职工退休后的资金。流入地为减轻当地财政的压力，通常会设置一定的准入"门槛"，拒绝外来农民工养老保险关系的转入。我国各省份根据实际情况建立了地方性的养老保险制度，地方之间缴费水平和保障程度不一，为农民工养老保险的转移接续制造了障碍。在实际操作中，由于缴费年限长、转移接续困难，大部分农民工都选择退保，而退保之后仅可得到个人账户中自己缴纳的部分，无法再享受退休领取养老保险的待遇。

3. 城镇企业职工与机关事业单位人员的养老双轨制

长期以来，机关和事业单位人员与企业职工执行的是全然不同的养老制度，前者主要是由国家财政负担，后者被纳入养老保险体系运转。据统计，中国在职公务员数量716.7万（截至2015年底），各类事业单位在职人员3000多万，这些人的养老金无须自己支付，直接由财政统一支付，退休后能领取到的养老金为在职工资的80%~90%。而企业和职工每月需按一定标准缴纳养老保险费，退休人员每月拿到的养老金只是其退休前月工资的40%左右，还须面对养老保险资金出现缺口的风险。这两个群体在社会保障方面的巨大落差，成为中国社会一个长期存在的阶层矛盾，不断引发公平性质疑。

2015年，国务院印发《关于机关事业单位工作人员养老保险制度改革的决定》，机关事业单位人员也将实行社会统筹与个人账户相结合的基本养老保险制度。基本养老保险费由单位和个人共同负担。单位缴纳基本养老保险费的比例为本单位工资总额的20%，个人缴纳基本养老保险费的比例为本人缴费工资的8%，由单位代扣。按本人缴费工资8%的数额建立基本养老保险个人账户，全部由个人缴费形成。养老金并轨方案的通过，似乎标志着实行近20年的中国养老金双轨制即将谢幕。

但至少在改革初期，事情并没有想象的那么简单。首先，养老金并轨并不意味着待遇并轨，养老改革将按照"老人老办法，新人新制度，中人逐步过渡"的原则，妥善处理改革前后退休人员待遇水平的平稳衔接。对改革前已经退休的"老人"，继续按原来标准发放基本养老金，保持已有待遇不降低。对改革后参加工作的"新人"，实行新制度，建立新机制。对改革前参加工作、改革后退休的"中人"，按照合理衔接、平稳过渡的原则，在基本养老金中除了基础养老金和个人账户养老金外，再加发过渡性养老金。同时建立职业年金，以更好地保证退休待遇。由此可见，"并轨"并不等同于"制度融入"以及"各群体待遇拉平"。此前时任人社部副部长的王晓初在接受媒体专访时就已表示，"改革的一个基本原则是确保事业单位退休人员的待遇水平不降低。"其次，职业年金制度造成了"隐性双轨制"。为了解决最核心的"替代率"问题，与养老金并轨同步将为机关事业单位推出职业年金计划，同时，政府机关给公务员购买职业年金花的是纳税人的钱。而大部分企业不会给员工购买职业年金，一旦做实职业年金，可能形成新的隐性双轨制。可以认为职业年金的真实作用就是改革的"买路钱"，按中国社会科学院世界社保研究中心主任郑秉文早前的说法："职业年金和基本养老保险金之和不低于以前的退休金，如此维护了这个群体的利益，使他们容易进入改革的程序当中。"最后，如果职业年金将保证机关事业单位的养老金替代率不会降低，企业年金又无法充分推广，那么养老保险并轨后，养老待遇还不依然是"两张皮"？改革方案并未对此拿出明确的制度设计，更加无法实现缴费方式的程序公平和养老金替代率的实质公平。

四 平等养老的目标和推动力量

（一）我国建立平等养老权利保障系统迫在眉睫

1978 年改革开放至今，中国的工业化、市场化、城市化已经持续进行 40 多年了。到 2017 年，中国国内生产总值占世界经济的比重为 15% 左右，总量达到 82.7 万亿元；农业增加值占国内生产总值的比重仅为 7.9%，工业占 40.5%，服务业占 51.6%，工业化实际上已经完成，正在向信息化、知识化转型。然而，城市化进程远远没有跟上工业化速度，官方公布的 2017 年城市化率达到 58.52%，但这是把 2.8 亿常住城市就业的农民工算进去的统计结果，实际上，这些完全缺乏城市居民各项权利的农民工不仅户口不在城市，实质上也根本不能算作城市市民。如果刨除农民工，中国城市化率不到 37%。

这种以牺牲劳工权利、国民分享经济发展成果权利、社会公正和环境保护为代价的工业化，带来了极为严重的后果，贫富两极分化程度高居全球榜首、内需萎缩市场后继乏力、社会矛盾日益尖锐，其中，包括养老在内的社会保障的残缺不全，既是这种低福利经济发展模式导致的结果，又成为制约经济进一步发展的瓶颈和障碍。到 2017 年，60 岁以上人口已经超过 2.41 亿，占总人口的 17.3%，65 岁以上老年人口占比飙升至 11.4%。其中的很多低收入老年人缺乏养老保障，根据预测，到 2020 年，失能老人将达到 4200 万，80 岁以上高龄老人将达到 2900 万，而空巢和独居老年人将达到 1.18 亿。再不建立和完善平等的、惠及全民的社会保障的话，后果是整个中国和中华民族难以承受的。

（二）平等养老的目标

自 20 世纪 90 年代以来，我国政府积极推进社会保障制度的建立和建设，取得了一些成绩，然而，却基本上没有实现平等的、普惠制的社会保障，没有保障大多数人养老、医疗等基本的生存权，并继续通过社会保障制度的差别化实施，将一些公民群体排除在保障范围之外。之所以出现这种情况，对比一下发达国家社会保障制度的建立和建设过程就清楚了。发达国家最初的社会保障制度，其实都不是由政府单方面自上而下、主动积极地建立起来的，而是由劳工运动、公民运动、社会运动自下而上地推动，由政府自上而下地因应和配合，两种力量汇合而建立起来的。中国公民平等养老权利和其他社会保障权利的实现，也有赖于中国公民积极地努力和争取，不可能从天而降。推动平等养老是一个各阶层公民通过广泛的讨论和交流，求同存异，就实现和保障普适于所有公民的养老权利、建立完善公平正义的养老保险制度达成基本共识，由全国人民代表大会将这一基本共识变成养老保险立法并由政府执行和实施的过程。

平等养老的目标可以大致归纳如下。

1. 实行全民普惠制基本养老

这也就是民间呼声很高的"免费养老"（与"免费医疗""免费教育"构成最基本的社会保障）。具体含义是指，由国家财政拨款支付给所有年满 60 岁的公民一笔可以维持基本生存需要的养老金，按目前物价水平，在城乡最低生活保障标准（534 元）的基础上，可提高到每月 1000 元左右（随物价上涨而增加，也可有一定的地区差别），以 2017 年 2.41 亿老年人计算，此笔基本养老金支出约为 2.9 万亿元。这个全民基本养老金，受益最大的是目前没有或者只有少量养老金的农民、家庭妇女、残疾人等没有计入劳动法意义上的"劳动者"的庞大人群，将会成功地解决目前我国养老领域存在的最严重的不平等问题，即"有"与"无"的问题。关于农民、家庭妇女、残疾人等人群有没有退休养老权的问题，对于拥有基本现代文明意识的人来说，不是一个需要争论的问题，需要争论的是国家和社会能不能拿出这笔钱来？我国2017年GDP已经超过82万亿元，财政收入超过17万亿元，国际上社会保障支出占GDP的10%～20%，占财政支出的30%～50%，分别按10%和30%推算，我国社会保障支出应该达到8.2万亿元，或者5.1万亿元，目前我国的实际支出是1.7万亿元，相当于财政收入的10%。可见我国综合财力完全可以承受免费养老的压力。国际上行政支出占财政支出的平均水平均在10%以下，我国达到40%左右，仅"三公"消费就将近2万亿元，其中绝大部分可以用来充实社保基金。

需要特别指出的是，农民的养老权和养老金，是与其房屋所有权、宅基地使用权、土地承包权等财产权利平行的权利，绝不能像一些学者或一些公众舆论误认为的那样，把农民的土地权利等同于他们的养老、医疗等社保权利。农民退不退出、拥不拥有房屋所有权、宅基地使用权和土地承包经营权，不能成为他们获得养老金的前提和条件，国家和企业征用、购买农民的地权所支付给农民的对价，是农民的财产收入，可以由他们自主选择提高养老保险的缴费水平并因此而获得更多的养老金，不影响他们无条件地获得国家统一支付的基本养老金。

2. 废除农民工与城镇企业职工养老双轨制

农民工和城镇企业职工养老制度并轨，他们的养老金可由以下几部分组成：一是作为"零支柱"的1000元国家基本养老金；二是作为"第一支柱"的由企业和个人缴费形成的养老金，目前缴费率相当于工资的28%，因为已经享受了1000元的基本养老金，缴费比例应该降低一半，腾出的一半应该作为专项的社会保险税，充实国家社保基金；三是作为"第二支柱"的企业补充养老保险或企业年金；四是作为"第三支柱"的个人商业保险。这样，在目前缺乏第二、三支柱的情况下，无论是退休的农民工还是城镇职工，至少都可以获得由国家统一支付的1000元基本养老金和第一支柱支付的养老金（相当于平均工资的 40%）所组成的退休养老金，以 2016 年我国城镇私营单位就业人员平均工资 42833 元（月均 3569 元）为基数，其退休养老金不低于 1000 + 3569 × 40%（1428）= 2428 元。这只是按中等标准计算，以 2016 年全国城镇非私营单位就业人员平均工资达 67569 元（月均 5630 元）这个较高的标准计算的话，退休养老金应为 3252 元；按 2016 年农民工平均工资 3072 元这个较低的标准计算的话，退休养老金应为 2229 元。退休养老金的公平确定，以实现同工同酬、缩小农民工和城镇职工以及私营单位职工与公营单位职工的工资差距为前提。

此外，退休养老金的标准还要参照国际标准予以提高。国际劳工组织的《社会保障最低标准公约》规定，养老金的最低替代率为 55%，同时世界银行建议，如果退休后生活水平与退休前相当，养老金的替代率需要达到 70% 以上。鉴于我国每年的替代率近年来不断下降，目前大约只有 40%，并不能满足退休群体的养老需求，今后必须止住下滑趋势并不断提高养老金替代率。

3. 废除企业职工与机关事业单位工作人员养老双轨制

机关事业单位工作人员与企业职工养老并轨，其养老金主要由零支柱、第一支柱组成，将来逐步补充第二支柱（职业年金）、第三支柱（个人商业保险）。并轨的两个要点：一是机关事业单位和个人要缴纳与企业相同比率的养老保险费，二是机关事业单位工作人员与企业职工按同样的替代率领取养老金，不能企业职工只有 40% 左右的替代率，而机关事业单位人员却有 80%、90%、100% 的替代率。此外，职业年金也不能没有数量上的封顶限制，因为其来源大部分来自纳税人。最终，应像发达国家一样，政府公务员与企业员工的退休养老金相差不大。机关事业单位人员将近 4000 万，是一个拥有很大社会政治文化资源的利益集团，要想把他们的养老医疗等社会保障待遇并轨于全民保障体系，阻力是非常大的。

4. 废除高干养老特权

这是平等养老最难实现的一个目标，在这里遇到的阻力会是最大的，因为改革的对象本身拥有巨大的政治权力（立法、行政、司法权力）。然而，他们令人咂舌的养老特权不能被废除的话，公务员和事业编制人员与企业职工的养老并轨也不会成功。当然，这个人数极少的阶层有高于一般人的养老金，正如他们有高于一般人的工资一样，是可以被民众接受的，但必须遵守同样的养老制度和养老法规。

（三）平等养老的推动者和参与者

平等养老的推动者和参与者，一般而言，当然首先是现行养老体制的受损者，是那些迄今为止尚未获得基本养老权利和公平养老权利的人群，他们包括以下人员。

（1）农村常住人口，总数达 5.7 亿以上，其中年满 60 岁的老人达 1 个亿以上；

（2）常住城里的农民工，总数 2.8 亿以上，加上他们的子女，总数在 4 亿以上，其中达到退休年龄的超过 5000 万；

（3）城市户籍职工，包括原国有企业下岗工人、在职国企和非国企城市户籍职工，总数在 1 亿以上；

（4）未获养老待遇的复转军人、城市家庭妇女、家庭保姆、个体户、灵活就业和自由职业者、残疾人、刑满释放人员等，人数在 1 亿以上。

所有这些人群，总数在 12 亿左右，他们是不平等的养老等级制度的受害者，也是平等养老制度的受益者，是呼唤、追求和推动平等养老当然的主体力量。

附　　录

ℝ.29

附录一　盘古智库老龄社会
研究中心工作回顾与展望

盘古智库老龄社会研究中心

一　着力打造一个有品质的、建设性的交流平台

目前盘古智库老龄社会研究中心的交流载体是一系列活动，包括月度沙龙讲座、论坛以及调研。前四期讲座的主讲嘉宾分别是党俊武老师、田兰宁老师、徐永光老师、原新老师，几位老师都是业内声望卓著的大咖。

（1）老龄社会：新时代新课题。

（2）中日养老体系与政策比较。

（3）养老产业发展之管见。

（4）中国人口老龄化形势与积极应对。

从政策视角、社会视角、产业视角讨论老龄社会这个话题。老师们谈

到了老龄社会转型有挑战，更多的是对这个事业的热爱。老龄社会 30 人论坛每月都有讲座，并会一直办下去，并与思德库养老信息化研究院联合主办了中关村思德智能养老产业联盟跨界融合大会。论坛成员前往国内外专业从事老龄事业的机构进行调研交流，过程中搜集了各类非常有价值的案例、经验以及模式。

二　着力打造一个跨领域跨学科的研究平台

我们认为，为了更好地认知、研究或者拥抱老龄社会，我们的研究必须具备三个特点。

（1）深度，面对这个跨领域复杂且紧迫的社会问题，我们的研究必须站在巨人的肩膀上，也就是需要建立在大家的研究基础上，才可能有意义。

（2）广度，首先老龄社会问题研究领域广，涉及社会学、经济学、政治学、医学等多学科领域，年龄层广，对少年、青年人、中年人等全年龄阶段的人都适用，因为我们生活在同一个社会；同时既是城市要面对的，也是农村要面对的，也不分东西南北。

（3）厚度，面对如此重要的一个社会课题，我们的研究需要沉下心，扎下去，这样才能有分量、有生命，真正被社会认同，产生应有的价值。

深度、广度、厚度是我们努力的方向，我们也一直在求索，这六个月我们初步建立老龄社会知识库并不断完善，发布了老龄社会十大议题，还发布了香山共识。接下来我们将不断使研究成果系统化，计划在 2019 年发布 2018 年老龄社会研究年度报告，并出版我们的一本《老龄社会研究报告》。

三　着力打造一个传播正能量的媒体平台

老龄社会是一个新的概念，也是一个中性的概念，是对一个未来中国社会年龄结构变迁的客观描述。

如何让社会认知这种变迁，接受这种变迁，乃至超越这种变迁。通过媒体传播进行合理的引导极为重要。

尤其是与这个变迁相关联的政策变化，很多时候是利国利民的，但很多人因为并不了解这个社会变迁，不了解如何拥抱这种变迁。

这就需要媒体界的支持。我们在过去六个月中开展了很多不同形式的媒体合作，有很多探索，下一个阶段我们将继续加强与媒体的合作。这并不单纯是为了宣传论坛或者中心，而是通过媒体让社会能对老龄社会有大的共识。

再次感谢各位学界、政策界、媒体界、产业界嘉宾的关注与支持，也希望未来各位能将好的经验、案例、模式、思考通过这个平台分享，让我们的祖国在迈向老龄社会这一过程中走得更稳、更扎实。

ℝ . 30
附录二　老龄社会十大议题

老龄社会 30 人论坛

在长寿、少子及人口迁移流动等多因素共同作用下，与许多国家一样，中国正在从有史以来的年轻社会步入老龄社会。毋庸置疑，老龄社会将成为中国社会发展的新常态。这场由人口结构引发的前所未有的老龄社会革命，影响之广之深，遍及人口、经济、社会、文化、政治，以及城乡、区域和国际战略格局等几乎所有领域、所有层面，已经成为全社会关注的热点和焦点。尽管如此，当下人类文明的方方面面依然停留在年轻型社会的传统思维定式上，对老龄社会的到来及其挑战几乎毫无准备。老龄社会带来的挑战是全局的、长期的、不可逆转的，不是局部的，也不是暂时的；不仅限于养老，也不仅限于社会保障；不可一味悲观，但也不可盲目乐观。老龄社会对中国乃至全人类的社会结构、社会形态、社会政策的影响将日益超出人们的理解和想象，必须立足于更全面、更系统、更复杂、更长远的创新型研究，以新思维催生新观点、新范式，进而为老龄社会提供新理解、新想象和新动力。

老龄社会研究涉及众多学科、领域和视角，必须站在人类发展、社会转型的高度，从整体趋势、特征、变迁的层次，以社会、经济、文化、科技、制度和公共政策等维度，结合翔实数据和典型案例，各领域专家学者有识之士通力合作，共同展开对老龄社会的全方位、大视野、整体性、前瞻性研究。中国老龄化是工业化、信息化、城镇化和农业现代化进程中的老龄化，中国老龄社会与经济崛起和文化复兴几乎同时到来，中国特定的文化传统也决定了中国老龄社会有其特定的发展路径和模式。因此，追踪老龄社会的市场创新、社会创新和政务创新，为世界输入老龄社会的中国方案，也是中国老龄社会研究者们应予关注的题中之义。

为此,"老龄社会30人论坛"和"盘古智库老龄社会研究中心"在广泛交流、研究和展望的基础上,结合既有研究方向和成果,总结提炼出"老龄社会十大议题",以期引发关注、整合资源、推动研究,逐步形成面向老龄社会的认知体系和行动方略。

一　议题一:重新认识和界定养老、老龄化、老龄社会

切实加强对老龄社会的研究。老龄社会是一种新的社会形态。不同于以往的社会老龄化、老龄人口保障的视角,老龄社会研究是在人类社会发展带来的整体寿命大幅延长、少子及人口迁移流动之下,基于社会结构、形态、特征发生整体性、持久性和不可逆的变化条件下,对老龄社会的经济、社会、文化、科技、制度如何进行调整的全方位研究,需要在哲学观念、研究范式和行动理念上做出重大改变。

二　议题二:信息技术、信息化、信息
社会条件下的老龄社会

充分重视科技发展趋势下信息技术、信息化、信息社会与老龄社会的协调、协同发展。信息社会带来了新经济模式与动力,与老龄社会间相互影响,对社会参与、社会运转和社会目标提出了新的要求。如何充分利用老龄社会人口寿命提升带来的总体智慧智力资源增长,是老龄社会和信息社会下的重大命题。与此同时,要全面评估信息化等科技进步带给老龄社会的各种现实和潜在作用。

三　议题三:城镇化进程中的老龄社会

高度关注城镇化对老龄社会的影响,以及老龄社会下的再城镇化、逆

城市化等议题。新型城镇化对经济持续发展、城乡一体化、乡村可持续、人口迁移流动与分布等有着深远影响，通过公共基础设施、公共服务均等化建设，规划合理的城乡发展模式和保障制度，实现保持城市活力与乡村振兴、精准扶贫等各个具体目标。

四　议题四：全球化格局下的老龄社会

密切观察全球化格局下的老龄社会变迁带来的综合效应。老龄社会的建立不仅影响到地区乃至各国内部的政治与政策变化，也影响到全球化趋势下的国际关系、地缘政治和国家竞争。在复杂的意识形态和法律制度之下，全球范围的人口流动与劳动力转移、经济与文化的输入输出等都会对全球合作产生深刻、持续的影响。

五　议题五：老龄社会与文化传统、文化建构

全面洞察老龄社会对社会关系与文化的重构和创新。老龄社会不仅改变生理意义上的人口结构，也对社会关系和社会文化产生全方位的影响，相较于年轻社会，老龄社会下，各个群体的世界观、人生观、价值观等将通过一系列对生命、传统、伦理和家庭的具体文化表现和社会行为进行新的构建。建立面向老龄社会的跨代际、全龄化思考和参与通道，缩小代际鸿沟。

六　议题六：老龄社会与社会创新、公益转型

深刻认识中国特色老龄社会，结合中国实际推动老龄社会创新与公益转型。老龄社会的到来必然催生新的社会主体和社会关系，必然伴随着涉及社会各个主体、连接和交互的社会创新，促进公益慈善从面向年轻社会、工业社会向面向老龄社会、信息社会转型。作为新兴社会主体、组织形态和价值模式的社会企业，尤其值得关注。

七 议题七：老龄社会与经济发展、经济转型

深入研究老龄社会下经济发展的特点，切实发挥各群体的社会贡献。老龄社会下，社会人口整体寿命延长带来了经济供需两侧的重大改变，基本的经济模式、生产方式、增长动力、核心要素、产业结构、收入分配和市场供需等都会发生重大调整和改变，以适应老龄社会人口结构变化所提出的需求。

八 议题八：老龄社会与乡村振兴

加快推进乡村老龄社会研究，破解乡村老龄化难题。年轻人口大量迁出极大地加剧了乡村老龄化程度，乡村老龄社会面临比城市老龄社会更大的压力和挑战。发挥包括乡村老龄人口在内的各类群体的积极作用，将应对乡村老龄化挑战纳入乡村振兴方略，以乡村振兴及其经济发展、文化重建带动乡村老龄社会建设和发展。

九 议题九：老龄社会的生活方式与身心健康

不断创造适应老龄社会的新型生活方式。老龄社会特别是老龄人口的急剧增加必然要求与之相应的生活方式，包括适应老龄人口的生活空间、家庭形态、消费模式、心理状态、社会网络和社交方式等。充分重视老龄人口身心健康，有效调适年龄增长带来的心理变化。创造老龄生活无障碍条件。建立全生命周期的健康管理体系。构建和倡导老龄社会的生命体验和生死观，积极养老、有为生活，而不是消极养老、无为活着。

十 议题十：老龄社会的公共政策与制度创新

科学制定顺应老龄社会的公共政策、法律法规，加快从年轻社会到老

龄社会的制度创新，包括老龄社会的人口政策、产业政策、医疗政策、社保政策和老龄人口权利保障政策等。支持影响力投资、社会企业等新兴投资模式和组织形态，推动养老事业发展。明确公办养老机构转型要求，避免政府投入错位。尽力扩大和深化全社会特别是老龄人口在公共政策和制度创新过程中的参与度。

2018 年 6 月 25 日

附录三 老龄社会香山共识（2018）

老龄社会 30 人论坛

今天，与许多国家一样，中国正在从有史以来的年轻社会步入前所未有的社会形态——老龄社会。老龄社会与人口老龄化相伴而生，与社会发展相向而行，与人类进步相促而进。老龄社会的到来，是对人类文明及其成熟程度的新考验，是 21 世纪人类共同面对的重大课题。

为此，我们相聚在北京香山重阳阁下，共同表达对老龄社会的观察、认知和期待。

我们看到，人口老龄化浪潮正在席卷全球。随着工业化、城市化、信息化、全球化程度不断提高，经济不断发展，科技不断进步，以发达国家为首，世界绝大多数国家的人口在从高出生、高死亡、低寿命、低流动向低出生、低死亡、高寿命、高流动快速转变，人口老龄化程度不断提高，传统的"金字塔形"人口年龄结构正在发生重大转变。

我们看到，人口老龄化正在成为全社会关注的焦点和热点。关注人口老龄化的人群正在从个别专业人士扩展到全社会各个群体，所关注的视角正在从个人、家庭及其生活方式扩展到全社会的各个方面，人口老龄化关注的领域正在从局部性的养老、人口政策、社会保障等民生问题扩展到全局性的经济、社会、文化、政治，以及城乡、区域和国际战略格局等几乎所有领域、所有层面。

我们看到，人口老龄化正在重塑人类社会。在人口老龄化的影响和冲击下，人类社会的结构、形态、政策和生活等正在持续改变，其改变的广度、深度、浓度和强度日益超出人们的理解和想象。人口是经济社会发展的长期性、全局性、基础性和战略性因素，人口老龄化正同工业化、城市化、信息化、全球化一道，构成重塑人类社会的认知背景和基础力量。

我们认为，老龄社会的到来大势已定。寿命的不断延长是人类进步带来的重要成就，生育的不断减少是思想多元带来的选择特权，迁移的不断增多是经济发展带来的客观现象，只要和平与发展继续成为世界的主旋律，人口老龄化的大趋势就不可逆转，人类迈向老龄社会的步伐就不会停止。

我们认为，老龄社会的挑战不容忽视。发展中国家普遍存在的经济上未富先老、社会上未备先老、区域上农村先老、身体上未健先老等难题，加上我国人口老龄化的超大规模、超快速度、超高程度、超级稳定等特性，以及由此产生的年龄歧视、代际矛盾、供给失衡、发展受限等问题，老龄社会带来的挑战异常紧迫、严峻而复杂，必须高度重视，妥善应对。

我们认为，老龄社会的创新至关重要。从容步入老龄社会，创新至关重要。要充分运用老龄社会的更加丰裕的智慧资源，变革增长动力、经济模式、产业结构和分配体系，推动市场创新、经济创新、社会创新、政务创新、公共政策创新，以及认知创新、理论创新等各个领域、各个层面的全面创新，催生适应老龄社会的创新平台、创新模式、创新产品和创新生活方式。

我们期望，全社会积极应对老龄社会。政府充分发挥公共服务和管理职能，着眼全局，因地制宜，积极引导，不断创新和完善顺应老龄社会的公共政策及政策储备。社会与市场切实体现和发挥多元利益群体参与的优势，实现在老龄社会条件下保持社会活力和持续发展等社会和经济目标。个人则应积极构建百岁人生规划，从孩童开始培养良好行为习惯并终身实行。

我们期望，全社会深入探讨老龄社会。走出年轻社会的传统思维定式，重新认识和界定养老、老龄化、老龄社会等，从多学科、多领域、多视角，加强国家、区域、国际等多层次交流与合作，对老龄社会的经济、社会、文化、科技和制度重塑展开全方位、大视野、整体性、前瞻性研究。

我们期望，全社会理性应对老龄社会。应对新的挑战，把握新的机遇，必须具有新的思维。要立足于更全面、更系统、更复杂、更长远的科学认识，建立跨代际、全龄化的思考和参与通道，理性审视老龄社会带来的全局性、长期性变革，既不一味悲观，也不盲目乐观，以新思维催生新观点、新范式，为老龄社会提供新理解、新想象和新动力。

　　人类社会的发展和进步没有终点。每一个人都拥有追求美好生活的权利和希望，是人类社会发展的内在动力和坚实基础。今天，人类社会正在从年轻社会步入老龄社会；明天或后天，人类必将超越和挣脱年龄束缚，创造出一个任何年龄都有未来、天下众生参与共享的更加幸福、更加美好的社会！

2018 年 10 月 17 日

图书在版编目（CIP）数据

老龄社会研究报告. 2019：大转折：从年轻社会到
老龄社会 / 易鹏，梁春晓主编. -- 北京：社会科学文
献出版社，2019.6
　　ISBN 978 - 7 - 5201 - 4759 - 0

　Ⅰ.①老…　Ⅱ.①易…②梁…　Ⅲ.①人口老龄化 -
研究报告 - 中国 - 2019　Ⅳ.①C924.24

　　中国版本图书馆 CIP 数据核字（2019）第 075589 号

老龄社会研究报告（2019）
　　——大转折：从年轻社会到老龄社会

主　　编／易　鹏　梁春晓

出 版 人／谢寿光
责任编辑／吴　敏

出　　版／社会科学文献出版社·皮书出版分社 （010）59367127
　　　　　　地址：北京市北三环中路甲 29 号院华龙大厦　邮编：100029
　　　　　　网址：www. ssap. com. cn
发　　行／市场营销中心（010）59367081　59367083
印　　装／三河市龙林印务有限公司

规　　格／开　本：787mm × 1092mm　1/16
　　　　　　印　张：21.5　字　数：324 千字
版　　次／2019 年 6 月第 1 版　2019 年 6 月第 1 次印刷
书　　号／ISBN 978 - 7 - 5201 - 4759 - 0
定　　价／98.00 元

本书如有印装质量问题，请与读者服务中心（010 - 59367028）联系